Contratos Agrários

Contratos Agrários

NOVAS MODALIDADES E CLÁUSULAS OBRIGATÓRIAS

2023

Francisco de Godoy Bueno

CONTRATOS AGRÁRIOS
NOVAS MODALIDADES E CLÁUSULAS OBRIGATÓRIAS
© Almedina, 2023
AUTOR: Francisco de Godoy Bueno

DIRETOR ALMEDINA BRASIL: Rodrigo Mentz
EDITORA JURÍDICA: Manuella Santos de Castro
EDITOR DE DESENVOLVIMENTO: Aurélio Cesar Nogueira
ASSISTENTES EDITORIAIS: Larissa Nogueira e Rafael Fulanetti
ESTAGIÁRIA DE PRODUÇÃO: Laura Roberti

DIAGRAMAÇÃO: Almedina
DESIGN DE CAPA: Roberta Bassanetto

ISBN: 9786556277493
Janeiro, 2023

Dados Internacionais de Catalogação na Publicação (CIP)
(Câmara Brasileira do Livro, SP, Brasil)

Bueno, Francisco de Godoy
Contratos agrários : novas modalidades e cláusulas obrigatórias / Francisco de Godoy Bueno. --

Bibliografia.
ISBN 978-65-5627-749-3

1. Agronegócios – Brasil 2. Contratos agrários Brasil 3. Contratos agrários – Leis e legislação Brasil I. Título.

22-134192   CDU-349.42(81)

Índices para catálogo sistemático:

1. Brasil : Contratos agrários agroindustriais : Direito agrário 349.42(81)

Eliete Marques da Silva - Bibliotecária – CRB-8/9380

Este livro segue as regras do novo Acordo Ortográfico da Língua Portuguesa (1990).

Todos os direitos reservados. Nenhuma parte deste livro, protegido por copyright, pode ser reproduzida, armazenada ou transmitida de alguma forma ou por algum meio, seja eletrônico ou mecânico, inclusive fotocópia, gravação ou qualquer sistema de armazenagem de informações, sem a permissão expressa e por escrito da editora.

EDITORA: Almedina Brasil
Rua José Maria Lisboa, 860, Conj. 131 e 132, Jardim Paulista | 01423-001 São Paulo | Brasil
www.almedina.com.br

Para Camila,

A mulher a quem dedico meu amor
A mulher de quem recebo muito amor
A mulher com quem transbordo novo amor

AGRADECIMENTOS

Agradeço ao Professor Titular Dr. Fernando Campos Scaff por toda a inspiração e orientação. Seu sempre oportuno espírito crítico e seus sólidos princípios representam um farol de conduta e compromisso com a atividade acadêmica e com a Faculdade de Direito da USP.

Agradeço à Professora Dra. Flávia Trentini por ter incentivado a continuação da minha carreira acadêmica. Sem seu estímulo e amizade, esse trabalho não seria apresentado. Agradeço também suas essenciais contribuições e revisão, quando do exame de qualificação.

Agradeço à Professora Ana Lúcia Tinoco Cabral, minha mãe querida, que não só foi fonte de inspiração, mas também participou deste trabalho. Com seu amor infinito, fez múltiplas revisões do texto e das ideias apresentadas, facilitando, mais uma vez, minha trajetória.

Agradeço aos meus amigos, companheiros e conselheiros da Sociedade Rural Brasileira, na pessoa do Dr. Flávio Páscoa Telles de Menezes, decano de nosso conselho superior e veterano das arcadas do Largo de São Francisco. Na Rural, pude aprender com líderes natos importantes nuances das relações políticas, jurídicas e sociais que circundam a agropecuária. Esses ensinamentos foram fundamentais para o desenvolvimento deste trabalho.

Agradeço aos colegas e clientes do Bueno, Mesquita e Advogados. Sem o apoio dos meus sócios e colegas, Gastão Mesquita Filho, Regina Nakamura Murta, Vitória Carone Bellodi, Lupércio Cruz Carvalho, Fabio Rogério Correa de Lima e Larissa Cavalcante, esse trabalho não teria sido concluído. O aprendizado diário na prática jurídica de questões do agronegócio foram fundamentais às reflexões do presente trabalho.

Agradeço ao meu pai, Sérgio de Godoy Bueno, com quem aprendi a advogar e a pensar o direito visando aos interesses práticos das empresas e das pessoas. Seu exemplo de vida e conduta profissional foram essenciais à minha formação profissional e intelectual.

Agradeço, finalmente, e de modo especialmente importante, à minha sempre companheira, Camila, que compreendeu minha ausência e me incentivou, passando ao meu lado sábados, domingos e feriados dedicados aos estudos, e tolerando, ainda, a bagunça de livros amontoados em nossa casa, que no curso da preparação desta obra ficou ainda mais alegre, com o nascimento da nossa filha, Isabel, resultado de um amor transbordado em incontáveis alegrias.

NOTA DO AUTOR

O Estatuto da Terra (Lei n. 4.504/64) estabelece uma regulamentação estrita para os contratos agrários que tem por objeto a cessão temporária da terra: contratos de arrendamento e de parceria. Editado em uma época caracterizada pela intervenção absoluta do Estado na liberdade das pessoas, essa regulamentação foi complementada pela Lei nº 4.947/66, que estabeleceu a imperatividade das normas do Estatuto da Terra, reduzindo, para os contratos agrários, os limites da autonomia contratual em prol de objetivos compatíveis de dirigismo estatal para uma agricultura ainda pouco desenvolvida e insuficiente para a exploração das potencialidades agrárias do país.

Quando essa legislação foi editada, o Brasil era importador de alimentos e as relações agrárias se compreendiam sob uma ótica patrimonialista, em que a cessão da terra era instrumento de ocupação, preservação do patrimônio e garantia de renda básica a lavradores em situação de subsistência.

Passados quase 60 anos do Estatuto da Terra, a agropecuária brasileira apresenta uma nova realidade. Embora reconheçamos a defasagem desse diploma legal, no presente trabalho demonstramos que não é preciso aguardar uma nova legislação para adequar o sistema jurídico as modernas necessidades sociais. É preciso, no entanto, que se faça uma releitura da Lei posta, especialmente das cláusulas obrigatórias cogentes estabelecidas na legislação agrária, de modo a compatibilizar a disciplina jurídica dos contratos agrários com a realidade econômica e social do agronegócio.

O ponto de partida dessa releitura não é, evidentemente, desconsiderar o direito vigente, mas considerá-lo sob a ótica da legislação superveniente, em especial a Constituição Federal de 1988, o Código Civil de 2002 e a Lei da Liberdade Econômica, que devem nortear uma hermenêutica capaz de compatibilizar os preceitos do Estatuto da Terra e os da proteção da atividade agrária, no âmbito de sua função social própria, dependente do exercício da empresa agrária.

Defendemos que as cláusulas obrigatórias devem ser agrupadas em três categorias, estabelecidas de acordo com seus objetivos próprios: a) o cumprimento da função social da propriedade, b) a proteção social dos cultivadores diretos; e c) a garantia de tipicidade dos contratos agrários. Essas três funções, próprias de cada um dos grupos de cláusulas obrigatórias, devem ter aplicação adequada a cada modalidade contratual, considerando a função econômica e social da contratação.

Utilizamo-nos, na presente obra, do conceito de negócios indiretos para demonstrar que a disciplina contratual nem sempre corresponde à finalidade própria do tipo, especialmente nos casos em que a disciplina se mostre incompatível com novos interesses contratuais, mas que essas novas modalidades contratuais não podem também ser condenadas à ilicitude, especialmente quando os interesses das partes estão alinhados com os princípios que norteiam a disciplina agrária. Assim, é possível compatibilizar necessidades novas das empresas agrárias com os elementos enraizados na nossa disciplina contratual agrária.

Essa visão do regulamento contratual, que pretende ser inovadora em relação à doutrina e a jurisprudência tradicional, parte do desafio de estabelecer critérios mais adequados para a análise da validade e da disciplina dos contratos agrários no novo contexto. Deixa-se, assim, de lado as fórmulas literais de interpretação, especialmente aquelas do Regulamento do Estatuto da Terra (Decreto 59.566/64), para assumir uma consideração funcional da disciplina desses contratos, atento ao conceito de agrariedade e com consideração da legitimidade dos interesses sociais e econômicos pertinentes a cada modalidade de contratação.

Essas foram ideias, que pretendem ser mais um convite à reflexão a respeito da nossa disciplina agrária do que a apresentação de verdades absolutas, compuseram a Tese que apresentei para doutoramento perante a Faculdade de Direito do Largo de São Francisco. Agradeço de forma especial meu orientador, Professor Titular Dr. Fernando Campos Scaff e a banca examinadora, composta pelos eminentes Professores Dr. Marco Fábio

Morsello (FD-USP), Dr. Manoel de Queiroz Pereira Calças (FD-USP), Dr. Marcelo Fortes Barbosa Filho (Mackenzie), Dra. Flávia Trentini (FDRP-USP) e Dr. Fábio Floriano Melo Martins (FGV). Agradeço aos eminentes juristas pela aceitação do meu trabalho e pelas muitas contribuições ao aprimoramento das ideias durante a arguição.

PREFÁCIO

O mais importante princípio contratual é o da liberdade. Liberdade concedida ao cidadão para que ele decida se irá contratar, quando o fará, com quem se vinculará e qual será o conteúdo desse negócio jurídico. Essa é a regra.

Além disso, os outros princípios clássicos que orientam a criação e a interpretação dos contratos são o da sua força obrigatória e o da incidência dos seus efeitos de modo relativo, ou seja, atingindo especialmente aqueles que realizaram a manifestação das suas respectivas vontades de se vincularem, tendo essas declarações de alguma forma se encontrado, a despeito de não se igualarem.

Princípios inspiram não somente as regras, mas também exceções a essas mesmas regras, também reconhecidas pelo direito em circunstâncias determinadas.

Essa perspectiva está até aqui circunscrita a elementos essencialmente jurídicos, a partir da ideia de que esses princípios, com alto grau de abstração e de generalidade, devam inspirar a redação de normas mais objetivas e concretas, o que se faz, principalmente, a partir da criação das leis.

Essas leis, em especial aquelas que regulam os contratos, juntamente com o compromisso ajustado pelas partes, não se voltam para si mesmas, mas para tratar de situações e de relações que as antecedem, sejam elas sociais, econômicas e ambientais, por exemplo.

Assim, no tocante ao contrato, o princípio inspira as regras que, ao se aplicarem a realidades específicas, determinam como a liberdade de lidar dos próprios interesses de cunho patrimonial poderá ser, na prática, exercida. Faz-se, assim, a regulamentação jurídica de operações econômicas que estabelecem a dita circulação de bens materiais e também imateriais entre as pessoas.

Portanto, a finalidade do contrato é, fundamentalmente, a de dar, de acordo com os interesses lícitos das partes, regramento jurídico à circulação de bens e de serviços que preexistem ao conceito jurídico e contemporâneo de contrato, ou seja, tal como o negócio jurídico bilateral ou multilateral que, partir do acordo de vontades, cria, modifica ou extingue relações jurídicas de fundo especialmente patrimonial.

Voltando à questão da liberdade, reafirme-se: essa é a regra; a sua restrição, no âmbito do contrato, a exceção.

Há, com efeito, inúmeras situações que justificam a limitação da liberdade contratual. Dentre elas estão as diferentes situações econômicas em que se colocam cada uma das partes, o que pode levar a que uma delas acabe por impor, de modo desarrazoado, os seus interesses em detrimento da outra; ou então, oriundas de distintos níveis de acesso ao conhecimento acerca de determinadas questões cruciais envolvidas na contratação; também aquelas decorrentes da existência de monopólios ou oligopólios naturais que venham a impedir a livre concorrência entre os agentes de mercado, ou ainda, por se tratarem daqueles contratos ditos existenciais, as que têm por conteúdo bens da vida.

No caso específico do Direito Agrário, objeto da obra de Francisco de Godoy Bueno, o estudo desenvolvido analisa situações que também se referem a essas mesmas questões: destrinchou ele contratos altamente regulamentados pela lei, especialmente no Estatuto da Terra, surgido num determinado momento econômico e social dotado de características muito distintas daquelas existente hoje, o que acabou por criar um descompasso entre várias operações econômicas lícitas e os tipos contratuais inflexíveis impostos por regras que, em vários aspectos, não mais serve aos objetivos a que se propunha quando surgiu.

O título da obra – Contrato Agrário, novas modalidades e cláusulas obrigatórias – elucida claramente a intenção do autor: fazer a avaliação das consequências determinadas pelas cláusulas obrigatórias dos contratos agrários, a partir de considerações sobre os seus pressupostos inspiradores.

Ao longo do seu texto, revela-se de forma clara a insuficiência dos tipos contratuais previstos no Estatuto da Terra para responder às necessidades das novas operações econômicas surgidas no âmbito da empresa agrária contemporânea, desenvolvidas por agentes com características que não foram antevistas pelo legislador de cerca de sessenta anos atrás.

Nesse confronto de dinâmicas diferentes e nem sempre coordenadas, a economia e o Direito, Francisco Godoy Bueno indica os contornos de uma das soluções encontradas, qual seja a de se fazer uso dos negócios jurídicos indiretos – instituto sempre instigante e que, por vezes, permite construções verdadeiramente engenhosas – para a resolução de dilemas que ainda não foram enfrentados adequadamente pelo legislador.

Assim, realiza o autor, de forma coerente e sistemática, a descrição analítica dos contratos agrários típicos, com as suas características, regras principais, objetivos e insuficiências, para então analisar também novos modelos contratuais mais consentâneos com as finalidades buscadas pelas partes, em uma nova realidade econômica e social.

Para tanto, vale-se FRANCISCO DE GODOY BUENO de visão amadurecida, decorrente não apenas da sua trajetória acadêmica consolidada pelos seus títulos obtidos na Faculdade de Direito da Universidade de São Paulo – onde se graduou, na qual já obteve o seu mestrado e, com a obra que tenho a honra de prefaciar, o seu doutorado, o que logrou com grande mérito –, mas também da sua atuação como advogado de renome que, diariamente, confronta problemas concretos e que dele exigem soluções adequadas.

Desse modo, muito grande é a minha satisfação de ter acompanhado a realização desse novo trabalho – *Contrato Agrário, novas modalidades e cláusulas obrigatórias* – com o qual FRANCISCO DE GODOY BUENO não só acrescenta mais uma distinção à sua trajetória de estudioso sério e de autor de obras relevantes para a doutrina nacional, como também novamente dignifica a sua *alma mater* – que também é minha – a Faculdade de Direito do Largo São Francisco, cumprindo assim, com honradez, o dever de retribuir à instituição da qual tanto recebemos graciosamente.

São Paulo das Arcadas, em novembro de 2022.

Fernando Campos Scaff
Professor Titular da Faculdade de Direito
da Universidade de São Paulo

SUMÁRIO

Introdução... 19

1. **A Disciplina dos contratos agrários no Direito Brasileiro**........... 33
   1.1. Cláusulas obrigatórias que visam ao cumprimento da função social do imóvel rural.. 45
       1.1.1. Exploração adequada da terra............................. 48
       1.1.2. Conservação dos recursos naturais e adoção de boas práticas agrícolas... 52
       1.1.3. Garantia de realização da colheita........................ 57
       1.1.4. Preservação da empresa agrária........................... 68
   1.2. Cláusulas obrigatórias que visam à proteção social do lavrador – vantagens ao cultivador direto..................................... 84
       1.2.1. Cláusulas que estabelecem obrigações acessórias ao pagamento do preço pela cessão da terra................... 87
       1.2.2. Direito à moradia e à subsistência nos contratos agrários...... 91
       1.2.3. Preferência dos cultivadores pessoais e diretos nas políticas públicas previstas pelo Estatuto da Terra..................... 92
       1.2.4. Titularidade da safra e poder de disposição das safras........ 93
       1.2.5. Levantamento, retenção e indenização de benfeitorias........ 95
   1.3. Cláusulas obrigatórias que visam à disciplina do tipo contratual de arrendamento e de parceria rural............................... 98
       1.3.1. Vedação ao pagamento em produtos nos contratos de arrendamento... 99
       1.3.2. Preços máximos devidos ao proprietário nos contratos de arrendamento e de parceria rural....................... 107

1.3.3. Reajuste e revisão dos contratos de arrendamento
e de parceria 114

2. Perspectivas dos contratos agrários além do Estatuto da Terra 117
2.1. Contratos agrários na visão econômica: pagamento do preço
da terra e alocação de riscos 118
2.2. Cláusulas obrigatórias do Estatuto da Terra e o critério
da hipossuficiência 131
2.3. Cláusulas obrigatórias do Estatuto da Terra e o critério
da agrariedade 140
2.4. Cláusulas obrigatórias e os contratos agrários não regulados
pelo Estatuto da Terra 148
2.5. Propostas de atualização do Estatuto da Terra 153

**3. Modalidades contratuais não previstas pelo Estatuto da Terra:
análise sob a ótica dos negócios indiretos** 159
3.1. Contratos de arrendamento com pagamento do preço em produtos.. 164
3.2. Contratos de arrendamento ou de parceria para rotação de cultura.. 174
3.3. Contratos de prestação de serviço de colheita, com pagamento
em produtos 180
3.4. Contratos de fornecimento de produtos agropecuários em campo ... 183

Considerações finais 195
Proposta de nova regulamentação do Estatuto da Terra 201
Referências 215
   Bibliografia 215
   Decisões de tribunais judiciais e administrativos 223

INTRODUÇÃO

Submetido a uma visão das necessidades de um país que usava mal o seu território, o Estatuto da Terra, Lei n. 4.504, de 30 de novembro de 1964, ainda é o principal diploma legal que regula o direito agrário no Brasil. Esse estatuto serviu como marco legal de políticas públicas e regras de direito administrativo, especialmente no tocante à execução da Reforma Agrária e à promoção da Política Agrícola[1], concernente a uma ideia de promoção da exploração das fronteiras agrícolas, em um território subutilizado. Esse viés do direito agrário brasileiro mostrou-se evidente com a Lei n. 4.947/66, que definiu claramente o Direito Agrário como disciplina da reforma agrária[2]. Essas regras foram estabelecidas em conjunto

---

[1] Lei nº 4.504/64. Art. 1° Esta Lei regula os direitos e obrigações concernentes aos bens imóveis rurais, para os fins de execução da Reforma Agrária e promoção da Política Agrícola.
[2] Essa visão não é única do Brasil. Em diversos países da américa latina, o direito agrário se estabeleceu como o direito da reforma agrária. ZELEDÓN, Ricardo Zeledón. *Sistemática del Derecho Agrario*. Mexico: Porrúa, 2002, p. 133 et seq. Importante mencionar que não obstante a crítica seja pertinente, também em outros regimes jurídicos o Direito Agrário se espraia para uma disciplina que vai além da Empresa Agrária, assumindo matérias relativas ao direito público. Nesse sentido, é de se destacar que na União Europeia o termo mais recorrente na atualidade é de um direito da agricultura, que não se refere exclusivamente à prática desta atividade, mas aos mercados agrícolas, visando, dentre outros temas, à importante dimensão da segurança alimentar. Ou seja, trata-se de um direito que visa regular a intervenção estatal no sistema de oferta e de demanda de gêneros agrícolas, inclusive com a fixação de preços, quotas, subsídios e incentivos diversos, bem como discriminação ou não discriminação de produtos e produtores, com a finalidade de colocação dos bens agrícolas naquele mercado. Trata-se, antes de tudo, de um direito dos mercados de produtos agropecuários. Nesse sentido, René Barents menciona a ampliação do escopo do direito da agricultura, da posse da terra arável para os aspectos da produção (qualidade da produção, do processamento e do mercado, incluindo aspectos industriais e de biotecnologia), os aspectos ambientais da agricultura, etc. Destaca que esse ramo do direito, embora possa ter uma concepção diferente

também com diretrizes concernentes ao direito de propriedade e outros elementos do direito privado e agrário.

Pela concepção que se evidencia do Estatuto da Terra, o direito agrário seria uma disciplina específica do imóvel rural, para o qual esse estabeleceu uma função social própria, vinculada à destinação produtiva e equitativa, fins esses atendidos por meio da reforma agrária e da colonização ordenada de terras incultas pelo Poder Público e por particulares, de modo a combater o latifúndio improdutivo e também a criação de minifúndios. Assim, apesar da importância dogmática do Estatuto da Terra em estabelecer uma disciplina própria para o direito agrário, o direito agrário fixado no Estatuto da Terra manteve-se fiel a uma estrutura patrimonial do agrarismo vigente à época de sua edição.

Dos anos 1960 para a atualidade, mais de meio século se passou. Embora não tenha sido expressamente revogado ou alterado quase nenhum dispositivo do Estatuto da Terra, são muitos os seus pressupostos que já não têm mais vigência ou eficácia. A Constituição de 1988 e diversas leis esparsas que se seguiram alteraram, de fato, profundamente os delineamentos do direito agrário brasileiro, fazendo uma nova disciplina da agricultura atenta a uma dinâmica social e econômica diferente daquela dos anos 1960. Os conceitos jurídicos foram atualizados, aproximando a disciplina da agropecuária dos princípios vigentes para o direito privado. Vejamos.

---

de país para país, refere-se primeiramente a todas as estruturas e condições sob as quais a atividade agrícola é exercida. O direito agrícola comunitário, adicionalmente, crescentemente passa a se relacionar com estruturas de mercado em geral e com a regulação da quantidade e da qualidade da produção agrícola (e menos com o sistema de preço), promovendo profundas consequências no direito nacional, quanto a propriedade, herança, terras, etc., influenciadas não só pela disciplina tradicional da posse e uso da terra, mas pela titularidade de quotas de acesso a mercados, subsídios e outras benesses vinculadas ao uso agrícola da terra. O autor indica que para o conteúdo, aplicação e eficácia da legislação agrária comunitária, a situação individual do agricultor é irrelevante. Não há direitos genéricos dos operadores em função da sua situação econômica e social. Em contrapartida, ao operador não é dado o direito de exigir um direito de exploração ilimitada da propriedade, liberdade contratual ou de exercício profissional. Todos esses direitos podem ser restringidos na extensão necessária para regular o mercado. Assim, o agricultor (operador agrícola) é, na dinâmica do direito europeu moderno, um mero instrumento da política agrícola comum, para abastecimento do mercado europeu na quantidade, qualidade (e preço) determinado pela política. (BARENTS, Rene. *The agricultural law of the EC*: an inquiry into the administrative law of the European Community in the field of agriculture. Zuidpoolsingel, Netherlands: Kluwer Law International, 1994. p. 375.)

INTRODUÇÃO

A disciplina da reforma agrária foi amplamente alterada pela Constituição de 1988 (Art. 184[3]). Ficou revogado o conceito de latifúndio (Art. 185[4])[5] e as propriedades passaram a ser classificadas entre pequenas, médias e grandes (sendo as pequenas e médias igualmente protegidas, se forem a única propriedade do seu titular); e produtivas ou improdutivas (independentemente do tamanho). A função social da propriedade ganhou novos e mais complexos contornos (Art. 186[6]).

---

[3] Art. 184. Compete à União desapropriar por interesse social, para fins de reforma agrária, o imóvel rural que não esteja cumprindo sua função social, mediante prévia e justa indenização em títulos da dívida agrária, com cláusula de preservação do valor real, resgatáveis no prazo de até vinte anos, a partir do segundo ano de sua emissão, e cuja utilização será definida em lei.

§ 1º As benfeitorias úteis e necessárias serão indenizadas em dinheiro.

§ 2º O decreto que declarar o imóvel como de interesse social, para fins de reforma agrária, autoriza a União a propor a ação de desapropriação.

§ 3º Cabe à lei complementar estabelecer procedimento contraditório especial, de rito sumário, para o processo judicial de desapropriação.

§ 4º O orçamento fixará anualmente o volume total de títulos da dívida agrária, assim como o montante de recursos para atender ao programa de reforma agrária no exercício.

§ 5º São isentas de impostos federais, estaduais e municipais as operações de transferência de imóveis desapropriados para fins de reforma agrária.

[4] Art. 185. São insuscetíveis de desapropriação para fins de reforma agrária: I - a pequena e média propriedade rural, assim definida em lei, desde que seu proprietário não possua outra; II - a propriedade produtiva.

Parágrafo único. A lei garantirá tratamento especial à propriedade produtiva e fixará normas para o cumprimento dos requisitos relativos a sua função social.

[5] Nos termos demonstrados por SANCHEZ, Fernando M. Aragon; RESTUCCIA, Diego RUD, Juan Pablo. Are Small Farms Really More Productive than Large Farms?. *NBER working paper No. 26331*. September 2019. Disponível em https://www.nber.org/papers/w26331ww.nber.org/papéis/w26331. Acesso em 9 out. 2019, resta superada a visão, predominante em economias em desenvolvimento, de que imóveis rurais pequenos são mais produtivos que grandes. O autor demonstra que Receita não é uma medida adequada de produtividade para comparar pequenas e grandes propriedades. A análise de dados do autor, a partir da realidade de Uganda, demonstra a aplicabilidade de dois métodos mais adequados para medir a produtividade: a produtividade da terra e a produção total da propriedade. Os dados mostram empiricamente que a diferença entre a pequena e a grande propriedade é mascarada pelos ganhos de escala decorrentes da tecnologia empregada. Assim, conclui o autor que tamanho de propriedade não é uma variável útil para a implementação de políticas públicas. Não identificamos, no Brasil, um estudo semelhante que tenha embasado a revogação do conceito de latifúndio por dimensão. Certamente, no entanto, a percepção empírica dos legisladores foi no sentido de privilegiar a produtividade, independentemente da dimensão, permitindo aos proprietários e empresas agrárias que pudessem adaptar a sua escala de produção aos seus interesses e capacidades de operação e atuação nos mercados, mascarada pelos ganhos de escala decorrentes da tecnologia empregada.

[6] Art. 186. A função social é cumprida quando a propriedade rural atende, simultaneamente, segundo critérios e graus de exigência estabelecidos em lei, aos seguintes requisitos:

I – aproveitamento racional e adequado;

Do ponto de vista infraconstitucional, as determinações do Estatuto da Terra também foram suplantadas por novos diplomas[7], tais como a Lei nº 8.629/93 e a Lei Complementar 76/93, que disciplinaram a reforma agrária e a ação de desapropriação para fins de reforma agrária sob novos contornos, atentos aos preceitos constitucionais. Com essa lei, ficou definitivamente superada a "empresa rural" prevista no estatuto da Terra, um conceito confuso que se remetia à adequação do empreendimento agropecuário aos padrões fixados pela autarquia governamental. Com a nova legislação, ficou claro que a produtividade, critério fundamental para o cumprimento da função social, seria auferida pela verificação do Grau de Utilização ("GU") e do Grau de Eficiência na Exploração ("GEE"), uma sistemática objetiva e com melhor atendimento aos preceitos do devido processo legal para preservar o direito de propriedade do imóvel rural.

A Política Agrícola, a Tributação da Terra e do Rendimento da Atividade Rural, a Política de Crédito, Produção de Sementes, Genética, Mecanização, Cooperativismo, Titulação de Terras Federais, e outros temas regulados pelo Estatuto da Terra também tiveram sua disciplina

II – utilização adequada dos recursos naturais disponíveis e preservação do meio ambiente;
III – observância das disposições que regulam as relações de trabalho;
IV – exploração que favoreça o bem-estar dos proprietários e dos trabalhadores.

[7] Nesse sentido, é de se destacar que se chegou a questionar inclusive a recepção de determinados dispositivos do Estatuto da Terra após a Constituição de 1967, especialmente porque o Decreto-Lei nº 2.363, de 21 de outubro de 1987, havia extinto o INCRA. Esse Decreto, no entanto, foi rejeitado pelo Decreto-legislativo nº 02, de 29 de março de 1989, tendo a jurisprudência do Superior Tribunal de Justiça fixado que a revogação do Decreto-lei implicou a ultratividade da Lei anterior, possibilitando o reconhecimento da existência jurídica do INCRA. Nesse sentido, RMS 848/CE, Rel. Ministro GARCIA VIEIRA, Rel. p/ Acórdão Ministro DEMÓCRITO REINALDO, PRIMEIRA TURMA, julgado em 11/12/1991, DJ 16/03/1992, p. 3075, assim ementado: CONSTITUCIONAL E AGRARIO. DECRETO-LEI QUE VEM A SER REJEITADO PELO CONGRESSO NACIONAL. NÃO REVOGAÇÃO DAS NORMAS ANTERIORES A SUA EDIÇÃO. ESTATUTO DA TERRA. RECEPÇÃO PELA NOVA CONSTITUIÇÃO. O DECRETO QUE REVOGA NORMAS ANTERIORES E VEM A SER REJEITADO DESAPARECE DO ORDENAMENTO JURIDICO, PREVALECENDO OS DISPOSITIVOS QUE SERIAM REVOGADOS. "A ORDEM JURIDICA PERMANECE COMO SE NUNCA TIVESSE SIDO ALTERADA" (GERALDO ATALIBA), O QUE SE NÃO CONFUNDE COM REPRISTINAÇÃO. COM A REJEIÇÃO DO DECRETO-LEI N. 2363, DE 21/10/87, REMANESCEM VIGENTES O DECRETO-LEI N. 1110, DE 09/07/70, ALTERADO PELA LEI N. 7231, DE 23/10/84, E A LEI N. 4504, DE 30/11/64. O ESTATUTO DA TERRA (LEI N. 4504, DE 30 NOVEMBRO DE 1964) FOI RECEPCIONADO PELA NOVA CONSTITUIÇÃO, NO QUE NÃO FOR COM ELA INCOMPATIVEL, ATE A PROMULGAÇÃO DA LEI COMPLEMENTAR A QUE ALUDE O ARTIGO 184, PARAGRAFO 3., DA CARTA POLITICA. RECURSO IMPROVIDO, POR MAIORIA.

alterada pela Constituição de 1988 e pelos diplomas normativos que se seguiram. Destaca-se, nesse sentido, apenas a título de mais um exemplo, a Lei nº 9.393/96, editada para regulamentar o Imposto Territorial Rural ("ITR"), fixando diretrizes amplas para a regra matriz de incidência daquele imposto, em situação adequada ao disposto no Art. 153, § 4º da Constituição Federal[8]. Assim, os artigos 47 e seguintes do Estatuto da Terra foram tacitamente revogados.

De fato, portanto, o Estatuto da Terra é um diploma superado em muitos dos seus dispositivos, cuja falta de revogação expressa mais confunde os aplicadores do direito do que esclarece a orientação normativa que os cidadãos devem obedecer. Com base nesse diploma, ainda são recorrentes, na doutrina e na jurisprudência, manifestações que se mostram incompatíveis com a dinâmica social das relações agrárias, presas ao saudosismo do que representou o Estatuto da Terra em sua época e que continuam sustentando esse "farol" do direito agrário, atualmente, vale dizer, já um pouco apagado.

Uma das últimas fronteiras de utilidade do Estatuto da Terra, que remanesce plenamente vigente, é a regulamentação dos contratos agrários. Nesse sentido, é necessário reconhecer que a imperatividade de suas disposições dificulta o avanço da dogmática contratual na esfera agrária.

Diferentemente do que ocorreu em outros temas, ao reformar a disciplina dos contratos agrários, o legislador infraconstitucional não estabeleceu uma nova lei para os contratos agrários, mas alterou as suas próprias disposições, ao editar a Lei nº 11.443, de 5 de janeiro de 2007. Essa, vale dizer, foi a única reforma que o Estatuto da Terra recebeu após a assembleia nacional constituinte de 1988. Todas as outras mudanças na Lei ocorreram antes de 1980.

O atraso de 40 anos em atualizar a legislação agrária, em um tempo em que a agropecuária do Brasil sofreu tantas modificações tecnológicas, sociais e territoriais, é apenas mais um dado que comprova a defasagem desse diploma legal. A constatação do abismo social entre a realidade social e o Estatuto da Terra não é apenas uma figura de retórica. Como

---

[8] Sobre este tema ver BUENO, Francisco de Godoy. A extrafiscalidade e progressividade do Imposto Territorial Rural: progressividade e produtividade In: ANAN JR., Pedro; PEIXOTO, Marcelo Magalhães (coords.). *Imposto Territorial Rural*: à luz da jurisprudência do Conselho Administrativo de Recursos Fiscais. São Paulo: MP, 2015.

afirmado anteriormente, é na disciplina dos contratos que o Estatuto da Terra ainda conserva a sua ultra-atividade. O estudo dos contratos agrários ainda depende da análise dogmática dos seus preceitos, que em muitos pontos restringem o regulamento dos contratos celebrados pelos agentes do agronegócio e inspiram as formas contratuais de melhor aceitação social e jurídica.

Conforme relata GARCIA, o Estatuto da Terra estabeleceu uma disciplina especial no âmbito dos contratos com um objetivo determinado: a proteção aos trabalhadores da terra, numa época em que imperava o coronelismo no campo e a legislação trabalhista amparava apenas o trabalhador urbano. Essa visão, construída a partir da obra do Professor Fernando Pereira Sodero, está no âmago da definição dos contratos agrários de arrendamento e de parceria rural[9]. Esses contratos, estabelecidos na Lei como sendo os contratos agrários *stricto sensu*, estabelecem o modelo contratual para a cessão da posse e do uso do imóvel rural.

OPITZ e OPITZ estabelecem que as regras do contrato de arrendamento e de parceria aplicam-se a todo e qualquer contrato entre possuiro e arrendatário[10]. Essa é uma constatação importante, porque configura que, no âmago desses contratos, não está, efetivamente, a empresa rural, mas a propriedade rural, que é, na verdade, o objeto principal desses contratos. A iniciativa do Estatuto da Terra corresponde à ideia de instaurar um regime especial para os contratos de cessão do uso da terra que se sobrepusesse ao regime do Código Civil de 1916, que já disciplinava o arrendamento rural e a parceria agrícola e pecuária sem estabelecer um regime protetivo, mas sob um regime de liberdade contratual[11]. Intervir, ou melhor, limitar a amplitude da liberdade contratual foi, portanto, a principal razão do legislador de 1964 para estabelecer uma disciplina especial para os contratos agrários de arrendamento e de parceria

---

[9] GARCIA, Augusto Ribeiro. Os contratos agrários nominados e inominados sob a ótica contemporânea e pragmática. In: GRECHI, Frederico Price; ALMEIDA, Maria Cecília Ladeira de (orgs.). *Direito Agrário*: homenagem a Octávio Mello Alvarenga. Rio de Janeiro: LMJ Mundo Jurídico, 2016. p. 329.

[10] OPITZ, Oswaldo; OPITZ, Silvia. *Contratos Agrários no Estatuto da Terra*. 2. ed. São Paulo: Borsoi, 1971. p. 25.

[11] GARCIA, Augusto Ribeiro. Os contratos agrários nominados e inominados sob a ótica contemporânea e pragmática. In: GRECHI, Frederico Price; ALMEIDA, Maria Cecília Ladeira de (orgs.). *Direito Agrário*: homenagem a Octávio Mello Alvarenga. Rio de Janeiro: LMJ Mundo Jurídico, 2016. p. 329.

fundada no dirigismo estatal e na interferência do Estado na autonomia da vontade.

Editada dois anos após o Estatuto da Terra, a Lei nº 4.947/66 estabeleceu expressamente, como preceito de direito agrário, a proibição de renúncia, por parte do arrendatário ou do parceiro não-proprietário, de direitos ou vantagens estabelecidas em leis ou regulamentos; e a proteção social e econômica aos arrendatários cultivadores diretos e pessoais (Art. 13, IV e V). Esses preceitos vêm sendo até hoje considerados como totalmente aplicáveis.

Conforme reconheceu HIRONAKA, a jurisprudência do Superior Tribunal de Justiça tem reconhecido a nulidade da fixação do preço em quantidade de produtos, valendo o contrato meramente para ação monitória, bem como a nulidade da renúncia ao pagamento de indenização por benfeitorias, dentre outras cláusulas comuns nos contratos de arrendamento e que se manifestam contrárias ao Estatuto da Terra. Segundo a autora, as normas de direito agrário possuem como regra um viés protetivo para garantir a tutela daquelas pessoas que são as mais frágeis socioeconomicamente nas relações juridicamente estabelecidas, assim como a tutela da função social da propriedade[12].

De fato, apesar da importante menção à função social da propriedade, a análise dos precedentes apresentada pela autora confirma que o critério da hipossuficiência e da proteção social do arrendatário e do parceiro outorgado é preponderante na jurisprudência, ao observar os critérios de limitação da autonomia privada estabelecidos pelo Estatuto da Terra. Nesse sentido é o entendimento que afasta as normas protetivas do Estatuto da Terra às relações contratuais mantidas entre hipersuficientes, que serão adiante comentados com melhor detalhe (Cap. 2.2).

A jurisprudência tem definido que o prazo mínimo de cinco anos aplica-se para a pecuária de grande escala, independentemente do porte dos animais[13], reforçando a imperatividade das disposições não só do Estatuto

---

[12] HIRONAKA, Giselda Fernandes Novaes. Arrendamento rural na jurisprudência do STJ. *Revista do Advogado*. Ano XXXIX, nº 141, p. 115-120, abril 2019.

[13] Superior Tribunal de Justiça. REsp 1336293/RS, Rel. Ministro JOÃO OTÁVIO DE NORONHA, TERCEIRA TURMA, julgado em 24/05/2016, *DJe* 01/06/2016). Assim ementado: RECURSO ESPECIAL. INTERPOSIÇÃO NA VIGÊNCIA DO CPC/1973. CONTRATO DE ARRENDAMENTO RURAL. FUNÇÃO SOCIAL DA PROPRIEDADE. ATIVIDADE DE CRIAÇÃO DE GADO BOVINO. PECUÁRIA DE GRANDE PORTE. PRAZO DE DURAÇÃO. 1. A Constituição

da Terra, mas também do Decreto nº 59.566, de 14 de novembro de 1966, estabelecido pelo Poder Executivo como regulamento da Lei.

Apesar da tendência de manter intacta a imperatividade da disciplina dos contratos agrários imposta pelo Estatuto da Terra, é cada vez mais evidente a necessidade de acomodação ao *status quo* das atividades e dos negócios agrários. De fato, da edição daquela Lei para os dias atuais, o setor rural adquiriu nova realidade[14]. Passamos de um país dependente da importação de alimentos para um dos mais importantes fornecedores

---

Federal de 1988 dispõe que a propriedade atenderá a sua função social (art. 5º, XXIII), revelando-se, pois, como instrumento de promoção da política de desenvolvimento urbano e rural (arts. 182 e 186). 2. O arrendamento rural e a parceria agrícola, pecuária, agroindustrial e extrativista são os principais contratos agrários voltados a regular a posse ou o uso temporário da terra, na forma do art. 92 da Lei n. 4.504/64, o Estatuto da Terra. 3. A atividade pecuária para a criação de gado bovino deve ser reconhecida como de grande porte, de modo que incide o prazo de 5 (cinco) anos para a duração do contrato de arrendamento rural, nos termos do art. 13, II, "a", do Decreto n. 59.566/66. 4. Recurso especial provido.

[14] Importante mencionar que a vigência do Estatuto da Terra correspondeu, do ponto de vista da atividade agrária, a um crescimento considerável das atividades agropecuárias no país. Conforme demonstram ALVES, CONTINI e GASQUES, foi considerável o aumento de produção total e de produtividade das mais variadas culturas nesse período. O acesso à terra a lavradores, que o diploma legal visava promover, no entanto, não corresponde necessariamente a um dos fatores determinantes desse desenvolvimento, que permitiu ao Brasil aumentar sua safra de cereais, leguminosas e oleaginosas, de 46.943,1 toneladas, em 1976/77, para 131.103,8 em 2006/2007. Os autores destacam três instrumentos na modernização da agricultura: a) crédito subsidiado, para a compra de insumos modernos e financiamento de capital; b) investimentos em ciência e tecnologia, com a Embrapa e os cursos de pós-graduação; c) extensão rural pública e, mais recentemente, extensão rural privada. Adicionalmente, os autores apontam que a abundante disponibilidade de fatores de produção, como terras mecanizáveis, insumos modernos e gente empreendedora, contribuiu para o aumento da eficiência da agricultura, independentemente de ações governamentais, o que corrobora com a tese de que a Reforma Agrária e as teses intervencionistas do Estatuto da Terra na estrutura fundiária não se mostraram efetivas ou determinantes. (ALVES, Eliseu Roberto de Andrade; CONTINI, Elisio; GASQUES, José Garcia. Evolução da produção e produtividade da agricultura brasileira. In: ALBUQUERQUE, A. C. S.; SILVA, A. G. da (orgs.). *Agricultura tropical*: quatro décadas de inovações tecnológicas, institucionais e políticas. Brasília, DF: Embrapa Informação Tecnológica, 2008. v.1, p. 67. Disponível em https://ainfo.cnptia.embrapa.br/digital/bitstream/item/153552/1/Evolucao-da-producao.pdf. Acesso em 20 fev. 2021.) É importante mencionar que, entre 2006 e 2019, a produção de cereais, leguminosas e oleaginosas cresceu ainda mais, superando a marca de 251 milhões de toneladas, progressão esta explicada tão somente com ganhos importantes de produtividade obtidos pela atividade agropecuária empresarial de larga escala. Para consulta das estatísticas: IBGE Instituto Brasileiro de Geografia e Estatística. Levantamento Sistemático da Produção Agrícola LSPA. Séries históricas. Dezembro de 2020. Disponível em <https://www.ibge.gov.br/estatisticas/economicas/agricultura-e-pecuaria/9201-levantamento-sistematico-da-producao-agricola.html?=&t=series-historicas>, Acesso em 09 Abr. 2021.

de gêneros agrícolas do mundo, essencial para o suprimento da segurança alimentar mundial.

Como explicita JANK, a revolução tecnológica tropical ocorrida no Brasil permitiu o cultivo de variedades fundamentais ao suprimento da demanda mundial em áreas antes tidas como pouco produtivas (no Centro-Oeste, por exemplo) e proporcionou a migração dos produtores e o aproveitamento de crescentes ganhos de escala de produção de diversas *commodities* agropecuárias e em setores agroindustriais estratégicos[15]. Essa revolução tecnológica, associada ao aumento da demanda global, por meio do incremento de renda nos países emergentes, foi um dos principais fatores de sucesso do agronegócio brasileiro e de sua inserção internacional.

De fato, GASQUES ET. AL indicam que o Brasil deverá exercer um papel importante no suprimento de alimentos nas próximas décadas, sobretudo para corresponder a um déficit no suprimento de cereais e carnes já evidenciado pelos organismos internacionais. Essa atuação e crescimento do agronegócio brasileiro somente serão possíveis em virtude da tecnologia, com base nos ganhos de produtividade[16].

Nessa situação, é de se questionar a prevalência das bases conjunturais pressupostas pelo Estatuto da Terra e pelos preceitos de direito agrário estabelecidos pela Lei nº 4.947/66. O agronegócio brasileiro é, atualmente, um dos setores mais dinâmicos da economia nacional, em que se evidencia não apenas uma ampla tecnificação das atividades, com desenvolvimento de tecnologia, mas também uma acentuada inserção internacional. A agropecuária brasileira não é mais de subsistência, como predominava quando da edição do Estatuto da Terra, mas inserida em cadeias globais de suprimento e essencial para a segurança alimentar mundial, por meio de empresas que atuam em sistemas agroindustriais.

Mesmo a atividade em pequena escala, em regime de economia familiar, realiza-se como atividade de empresa, em que se identificam organização, profissionalidade e habitualidade correspondentes ao fenômeno

---

[15] JANK, Marcos S. et al. Competitividade internacional do agronegócio brasileiro, visão estratégica e políticas públicas. In: RODRIGUES, Roberto (org.). *Agro é paz:* análises e propostas para o Brasil alimentar o mundo. Piracicaba: ESALQ, 2018.

[16] GASQUES, José Garcia et al. Tendências do agronegócio brasileiro para 2017-2030. In: RODRIGUES, Roberto (org.). *Agro é paz:* análises e propostas para o Brasil alimentar o mundo. Piracicaba: ESALQ, 2018.

empresarial de produção ou circulação de bens e serviços em mercados e para mercados, de forma organizada e profissional[17].

Diante dessa constatação é de se perguntar: como reconhecer, em uma situação de contratos entre empresários, a prevalência dos interesses do cultivador direto, fixada pelo Estatuto da Terra?

A falta de aderência dos preceitos do Estatuto da Terra à vigente realidade econômica e social do setor agropecuário tem ensejado na doutrina a defesa de um novo "direito do agronegócio", a ser destacado do direito comercial ou empresarial.

Segundo BURANELLO, os instrumentos específicos das atividades agropecuárias demandariam a identificação de um regime jurídico coerente com a materialidade econômica do agronegócio[18]. Seria necessário, assim, o reconhecimento de uma disciplina das relações jurídicas respectivas à produção, armazenamento, comercialização e financiamento da agricultura diferente do direito agrário, vinculado a valores impertinentes à realidade do agronegócio.

De fato, causa perplexidade, especialmente no tocante aos contratos agrários, que ainda se tenha uma limitação absoluta da autonomia contratual. Numa situação em que as partes se organizam de modo empresarial, com profissionalidade, para otimizar o aproveitamento econômico dos bens e meios de produção, fica inadequado estabelecer o regulamento contratual em função do imóvel rural e da situação subjetiva de uma das partes, presumidamente vulnerável.

A estrutura antiga, de disciplina do trabalho rural vulnerável, em regime de colonato, como meio para a ocupação e o uso do imóvel rural,

---

[17] STAJN, Rachel. *Teoria Jurídica da Empresa*. São Paulo: Atlas, 2004. p. 143.
[18] BURANELLO, Renato. A autonomia do direito do agronegócio. *Revista de Direito Mercantil, Industrial, Econômico e Financeiro*, São Paulo, v. 46, n. 145, p. 185-93, jan./mar. 2007. Conforme explica Leticia Bourges, o termo agronegócio corresponde à necessidade de se dar uma forte conotação econômica com uma perspectiva global e com o reconhecimento da importância do setor agropecuário para as economias nacionais, realçando a sua implicação em termos econômicos com as indústrias, as atividades e serviços conexos e derivados do seu desenvolvimento. Trata-se, portanto, de uma realidade que ultrapassa os limites da disciplina jurídica da agricultura. A autora chama a atenção, assim, para que a ambição pelo progresso não banalize os termos e termine em detrimento da matéria objeto de regulação ou política, que é basicamente a agricultura. (BOURGES, Leticia. Evolucion del derecho de la agricultura: las fases historicas y a redefinición del derecho de la agricultura frente a los nuevos desfíos del siglo XXI. In: ESPADA, Esther Muñiz; LLOMBART, Pablo Amat (orgs.). *Tratado de derecho agrario*. Madrid: Wolthers Kluer, 2017. p. 97).

não corresponde mais à realidade da agropecuária brasileira. Atualmente, a atividade agrária não é mais uma simples forma de exercer a ocupação do território rural; ao contrário, é uma atividade empresarial propriamente dita, cujo reconhecimento, implícito na sociedade, deve se fazer também por meio de regras jurídicas adequadas para os seus negócios jurídicos.

Atento a essa mudança conjuntural da agropecuária brasileira, o presente trabalho tem como objetivo fundamental propor uma visão jurídica dos contratos agrários que seja compatível com a realidade econômica e social do agronegócio brasileiro, sem, no entanto, romper com os paradigmas estabelecidos pela tradição do nosso direito agrário. Nossa premissa é de que o contexto econômico social atual do agronegócio não necessariamente demanda uma disciplina desses contratos diferente daquela prevista pelo Estatuto da Terra, mas que é necessária uma acomodação, especialmente para que a disciplina jurídica possa considerar com melhor propriedade novas modalidades contratuais, importantes para a organização das empresas agrárias no novo contexto.

Analisamos, assim, sob uma perspectiva funcional, a disciplina dos contratos agrários no direito brasileiro, considerando os elementos da nova realidade, para, em seguida, colocar à prova as estratégias contratuais das empresas agrárias, que muitas vezes se estabelecem por meio de negócios indiretos, ou seja, adotando negócios jurídicos submetidos a uma disciplina típica conhecida para atender uma finalidade própria distinta daquela pressuposta pelo tipo contratual.

No primeiro capítulo, apresentamos uma releitura do regulamento contratual previsto pelo Estatuto da Terra, analisando as disposições Estatuto da Terra, da Lei nº 4.947/66 e do Decreto 59.566/66 que implicam direitos e obrigações para as partes. Evidenciamos, assim, que não se pode tratar de modo unitário as cláusulas obrigatórias do Estatuto da Terra, as quais podem ser classificadas em três grupos distintos, de acordo com as suas funções próprias. Em primeiro lugar, as cláusulas obrigatórias que se justificam para garantia da preservação do cumprimento da função social do imóvel rural. Em segundo lugar, as cláusulas obrigatórias que se justificam para a proteção social do lavrador. E, em terceiro lugar, as cláusulas obrigatórias que se justificam para a definição dos tipos contratuais previstos pelo Estatuto da Terra, a partir do pagamento efetuado ao cedente do imóvel, arrendante ou parceiro outorgante.

No segundo capítulo, analisamos novas abordagens para as mesmas cláusulas obrigatórias e os contratos agrários. Para tanto, expomos os contratos agrários sob a visão dos economistas, que situam as decisões dos contratantes de contratos agrários em função dos custos de transação. Em seguida, abordamos a visão da jurisprudência do Superior Tribunal de Justiça, que defende a relativização das cláusulas obrigatórias com base no critério da hipossuficiência das partes. Alternativamente a essa visão, apresentamos, na sequência, uma outra abordagem que justifica a obrigatoriedade de algumas cláusulas em função de outro critério, o da agrariedade. Dando continuidade a essa perspectiva, analisamos a aplicabilidade dessas cláusulas obrigatórias a outros contratos, não regulados pelo Estatuto da Terra. Por fim, apresentamos as perspectivas de atualização da legislação, comentando as propostas em tramitação no Congresso Nacional.

No terceiro capítulo, aplicamos os pressupostos das análises anteriores a novas modalidades contratuais, recorrentes na realidade econômica e social, mas que seriam, em princípio, incompatíveis com a disciplina do Estatuto da Terra, a saber: os contratos de arrendamento mediante pagamento em produtos; os contratos de arrendamento ou de parceria para fins de rotação de cultura; os contratos de prestação de serviço de colheita; e os contratos de fornecimento de produtos agrários a campo.

Essas quatro modalidades contratuais apresentam, em comum, elementos essenciais dos contratos de arrendamento e de parceria, mas uma função própria diferente daquela pressuposta pelo Estatuto da Terra. Entendemos que essa disparidade entre regulamento e função poderá ser mais bem compreendida se analisada à luz da teoria dos negócios indiretos. Estes não se confundem, necessariamente, com formas ilícitas de contratação, mas, por sua peculiaridade, devem submeter-se a um crivo de validade que leve em consideração não apenas a forma, ou melhor, os elementos característicos do tipo contratual, mas também, a substância negocial, que deve ser compatível com os preceitos do ordenamento jurídico.

No caso dos contratos agrários, a substância não se dá apenas por critérios econômicos e sociais, mas especialmente de ordem agrária, devendo o contrato viabilizar o cumprimento dos preceitos próprios da atividade agrária, especialmente o cumprimento da função social da terra e do imóvel rural, que é o princípio norteador do direito agrário, que justifica e orienta as cláusulas obrigatórias[19].

Tomados esses pressupostos do ordenamento jurídico vigente, pretendemos demonstrar, com o presente trabalho, que, embora pudesse ser desejável a revogação do Estatuto da Terra, confirmando a superação dos seus dispositivos pela legislação superveniente e estabelecendo uma nova disciplina para os contratos agrários, a edição de um novo diploma não é necessária para que os novos interesses sociais em torno do agronegócio sejam adequadamente disciplinados e juridicamente reconhecidos. Nesse sentido, propomos que sejam simplesmente reconsideradas as cláusulas obrigatórias em seu fim próprio, relativizando a sua imperatividade a todos os contratos de maneira uniforme. Defendemos que o ordenamento jurídico pode e deve referendar a validade de modalidades contratuais que viabilizem novos interesses econômicos, desde que não impliquem ofensa à função social da propriedade, ao equilíbrio econômico do contrato e à alocação de direitos e obrigações compatíveis com a operação econômica subjacente.

Em complementação ao estudo, com vistas a estabelecer uma contribuição prática dos delineamentos do trabalho, apresentamos, após as considerações finais, uma proposta de redação para um novo Decreto que possa, independentemente de alterações legislativas, substituir o Decreto nº 59.566/66, de modo a estabelecer, no curto prazo, um novo patamar de segurança jurídica aos agentes econômicos do agronegócio, por meio de uma adequada regulamentação dos contratos agrários, compatível com a legislação em vigor, em especial a Constituição Federal de 1988 e o Código Civil de 2002.

---

[19] Cf. Alberto Ballarin Marcial, ao discorrer sobre a proteção que a legislação espanhola concede aos arrendatários e parceiros outorgados, defende que as disposições da legislação agrária não se justificam para proteger o patrimônio do colono, mas para tutelar uma atividade empresarial. (MARCIAL, Alberto Ballarín. *Estudios de Derecho Agrario e Politica Agraria*. Zaragoza: Madrid, 1975. p. 967.)

1
A DISCIPLINA DOS CONTRATOS AGRÁRIOS NO DIREITO BRASILEIRO

Os contratos agrários, no âmbito dogmático, são compreendidos como categoria vinculada à noção de agrariedade, ou seja, da sua relação com um fato técnico, consistente no desenvolvimento de um ciclo biológico vegetal ou animal[1]. Nesse sentido, DE MATTIA situa o direito agrário como um ramo especial do Direito Privado, cuja especialidade se consubstancia pelos institutos jurídicos e não por princípios gerais[2]. O fato técnico seria o principal fator dessa especificação, transformando o direito agrário em um *jus proprium*[3].

O fato técnico é o elemento essencial da noção de agrariedade[4], desenvolvida a partir da obra de CARROZZA, que estabeleceu o Direito Agrário

---

[1] BUENO, Francisco de Godoy. *Contratos Agrários Agroindustriais:* análise à luz da teoria dos contratos atípicos. São Paulo: Almedina, 2017.
[2] MATTIA, Fabio Maria de. A modernidade dos contratos agrários. *Revista da Faculdade de Direito da Universidade de São Paulo*, São Paulo, v. 99, p. 124, 2004.
[3] Ibidem, p. 125.
[4] O conceito de agrariedade, cunhado por CARROZZA, mostra-se fundamental para o desenvolvimento da disciplina do direito agrário. Foi a concepção de agrariedade que permitiu a esse ramo do direito manter-se fiel ao tecnicismo defendido por Bolla, no desenvolvimento inicial do direito agrário, com a construção de uma teoria geral pregada por Arcangeli, através de um elemento aglutinador, cuja noção permite ao jurista identificar os institutos que pertencem ao Direito Agrário e, portanto, que constituem objeto desta disciplina. (CARROZZA, Antonio; ZELEDÓN, Ricardo Zeledón. *Teoría general e institutos de derecho agrario*. Buenos Aires: Astrea, 1990. p. 62-92.)

em torno dessa noção extrajurídica do fenômeno agrário, consistente no desenvolvimento de um ciclo agrobiológico, vegetal ou animal[5]. O vínculo dos bens, dos sujeitos de direito e das relações jurídicas por eles estabelecidas, no âmbito da atividade desenvolvida para fins de atender esse ciclo agrobiológico, é que qualificam os institutos jurídicos como pertinentes ao direito agrário[6]. Essas são as noções que influenciaram a doutrina agrarista, a qual vislumbra, na forma proposta por SCAFF, que o direito agrário é o direito da empresa agrária[7].

A definição de agrariedade está inspirada na disciplina da empresa agrária definida pelo *Codice Civile* italiano[8] e corresponde àquilo que somente ocorre nas atividades agrárias, ou seja, o desenvolvimento de um ciclo

---

[5] CARROZZA, Antonio; ZELEDÓN, Ricardo Zeledón. *Teoría general e institutos de derecho agrario*. Buenos Aires: Editora Astrea, 1990. p. 64.

[6] SCAFF, Fernando Campos. *Origens, evolução e biotecnologia*. São Paulo: Atlas, 2012, p. 18.

[7] SCAFF, Fernando Campos. A empresa e o direito agrário. *Revista de Direito Civil, Imobiliário, Agrário e Empresarial*. São Paulo, v. 15, n. 57, p. 60, jul./set. 1991.

[8] Art. 2135. Imprenditore agricolo
 È imprenditore agricolo chi esercita una delle seguenti attività: coltivazione del fondo, selvicoltura, allevamento di animali e attività connesse.
 Per coltivazione del fondo, per selvicoltura e per allevamento di animali si intendono le attività dirette alla cura e allo sviluppo di un ciclo biologico o di una fase necessaria del ciclo stesso, di carattere vegetale o animale, che utilizzano o possono utilizzare il fondo, il bosco o le acque dolci, salmastre o marine.
 Si intendono comunque connesse le attività, esercitate dal medesimo imprenditore agricolo, dirette alla manipolazione, conservazione, trasformazione, commercializzazione e valorizzazione che abbiano ad oggetto prodotti ottenuti prevalentemente dalla coltivazione del fondo o del bosco o dall'allevamento di animali, nonché le attività dirette alla fornitura di beni o servizi mediante l'utilizzazione prevalente di attrezzature o risorse dell'azienda normalmente impiegate nell'attività agricola esercitata, ivi comprese le attività di valorizzazione del territorio e del patrimonio rurale e forestale, ovvero di ricezione ed ospitalità come definite dalla legge
 Em vernáculo: "é empresário agrário aquele que exerce uma das seguintes atividades: cultivo do fundo, silvicultura, criação de animais e atividades conexas. Por cultivação do fundo, silvicultura e por criação de animais se entendem as atividades diretas em prol e para o desenvolvimento de um ciclo biológico ou de uma necessária fase desse ciclo, de caráter vegetal ou animal, que utilizem ou possam utilizar o fundo, a floresta, a água doce, salgada ou marinha. Entendem-se como conexas as atividades exercidas pelo mesmo empresário agrário, direcionadas à manipulação, conservação, transformação, comercialização e valorização que tenham por objeto produtos obtidos prevalentemente do cultivo do fundo ou da floresta ou da criação de animais, bem como as atividades destinadas ao fornecimento de bens ou serviços mediante o uso predominante de equipamentos ou recursos que são normalmente utilizados na atividade agrícola, incluindo as atividades de promoção da região e do património rural e da silvicultura, nomeadamente recepção e hospitalidade, tal como definido pela lei." (tradução livre).

biológico vegetal ou animal, com a conjugação de esforços e organização humana para desfrutar direta ou indiretamente das forças e dos recursos naturais, para a obtenção, economicamente orientada, de frutos, vegetais ou animais, destinados ao consumo ou à industrialização[9].

DE MATTIA ensina que a agrariedade, como fato técnico, atua como fator de especificação do direito agrário, definindo a especialidade da matéria e transformando o direito agrário em um *jus proprium*[10]. A definição do direito agrário não estaria, assim, vinculada a uma noção de subsistema jurídico, mas a regras especiais do direito comum que teriam como norte a organização da atividade empresarial com vistas a conduzir as forças e os recursos da natureza para a obtenção de frutos econômicos.

SCAFF define que a agrariedade atribui função econômica aos bens, aos sujeitos de direito e à atividade desenvolvida, por meio do seu vínculo com o ciclo biológico. Diferencia-se, dessa forma, o imóvel rural do que é efetivamente uma propriedade agrária, permitindo ao direito agrário deslocar-se da ótica fundiária (estática) para a ótica da atividade agrária (dinâmica)[11], ou melhor, fazendo do direito agrário o direito da empresa agrária[12].

No âmbito dos contratos, a agrariedade possui também uma importância fundamental. Na esteira da especialidade da disciplina, a agrariedade é um atributo próprio do contrato agrário, que implica conceber uma teoria geral em algum modo diferenciada em relação à teoria geral do contrato civil ou empresarial[13]. Como ensina SCAFF, a agrariedade é *fattispecie* identificável nas relações agrárias que exerce função qualificadora dos institutos do direito agrário[14] e, portanto, do contrato como agrário.

---

[9] Tradução livre. Texto original: "desarrollo de un ciclo biológico, vegetal o animal, ligado directa o indirectamente al disfrute de las fuerzas o de los recursos naturales, y que se resuelve económicamente en la obtención de frutos, vegetales o animales, destinados al consumo directo, se como tales o bien previa una o múltiples transformaciones". CARROZZA, Antonio. La Noción de derecho Agrario. *Jornadas Ítalo-Españolas de Derecho Agrario*. p. 321. Apud CARROZZA, Antonio; ZELEDÓN, Ricardo Zeledón. *Teoría general e institutos de derecho agrario*. Buenos Aires: Astrea, 1990. p. 64.

[10] DE MATIA, Fabio Maria. A modernidade dos contratos agrários. *Revista da Faculdade de Direito da Universidade de São Paulo*. São Paulo. v. 99. p. 87-132. 2004. p. 125.

[11] SCAFF, Fernando Campos. *Origens, evolução e biotecnologia*. São Paulo: Atlas, 2012. p. 18.

[12] SCAFF, Fernando Campos. A empresa e o direito agrário. *Revista de Direito Civil, Imobiliário, Agrário e Empresarial*. São Paulo, v. 15, n. 57, p. 60, jul./set. 1991.

[13] DE MATTIA, Fabio Maria. A modernidade dos contratos agrários. *Revista da Faculdade de Direito da Universidade de São Paulo*. São Paulo. v. 99. p. 87-132. 2004. p. 99.

[14] SCAFF, Fernando Campos. *Origens, Evolução e Biotecnologia*. São Paulo: Atlas, 2012. p. 18.

Nessa concepção, os contratos agrários não se limitam aos contratos regulamentados pelo Estatuto da Terra. Submetem-se à disciplina especial do direito agrário todos os negócios jurídicos cujo objeto ou função estejam vinculados ao desenvolvimento do ciclo agrobiológico. Assim, se na ótica do Estatuto da Terra pode parecer que os contratos agrários se limitam a instrumentos jurídicos a serviço do cumprimento da função social da propriedade, sob o paradigma moderno do direito agrário, o núcleo fundamental dos contratos agrários não deve ser o imóvel rural, mas a atividade agropecuária, a interação da empresa e da sua função produtiva, econômica, com o ciclo biológico.

Essa interação não é de ordem jurídica. A submissão aos princípios e objetivos próprios do direito agrário decorre da situação de fato, da conexão entre o contrato, seu objeto e sua função, e o ciclo agrobiológico da atividade agrária. Considera-se que o ciclo agrobiológico influi na disciplina contratual e deve ser considerado por esta como interesse jurídico fundamental a ser objeto da tutela jurídica. Trata-se de uma relação fundamental, que deve ser pressuposta a partir do objeto ou da função dos contratos agrários, conduzindo o intérprete a considerar a agrariedade como elemento de interpretação e adjudicação de direitos.

Não obstante a importância da concepção de agrariedade para a evolução da disciplina do direito agrário em termos dogmáticos, e para a adequada compreensão dos institutos agrários, os preceitos da empresa agrária não tiveram, no ordenamento jurídico brasileiro, uma assimilação expressa, especialmente no tocante aos contratos. A disciplina dos contratos agrários, no Brasil, continua submetida a uma visão fundiária da experiência agrária, com base nos preceitos do Estatuto da Terra (Lei nº 4.504/64).

Para o Estatuto da Terra e legislação correlata, os contratos agrários são aqueles que envolvem a cessão e o uso da posse da terra, ou seja, os contratos de arrendamento e de parceria, disciplinados pelo Estatuto da Terra[15]. Nesses termos, a agrariedade se confundiria com o exercício do direito de posse ou de uso do imóvel para fins de realização da atividade agrícola ou pecuária. Ou melhor, a agrariedade estaria, de acordo com o

---

[15] Estatuto da Terra. Art. 92: "A posse ou uso temporário da terra serão exercidos em virtude de contrato expresso ou tácito, estabelecido entre o proprietário e os que nela exercem atividade agrícola ou pecuária, sob forma de arrendamento rural, de parceria agrícola, pecuária, agro-industrial e extrativa, nos termos desta Lei."

direito positivo, vinculada ao exercício do direito sobre os bens agrários, sem uma consideração própria quanto à atividade. Essa concepção é confirmada pela Lei nº 4.947/66, que relacionou os contratos agrários aos tipos contratuais disciplinados pelo Estatuto da Terra, promovendo as regras dos tipos contratuais de arrendamento e de parceria ao patamar de princípios gerais específicos dessa categoria de contratos.

Segundo o que previu o legislador, além dos princípios gerais que regem os contratos de Direito comum, no que concerne ao acordo de vontade e ao objeto, seriam de ser observados os seguintes preceitos especiais do direito agrário: a) as diretrizes dos artigos 92, 93 e 94 da Lei nº 4.504, de 30 de novembro de 1964 (Estatuto da Terra), quanto ao uso ou posse temporária da terra; b) os princípios previstos nos artigos 95 e 96 da mesma Lei, no tocante ao arrendamento rural e à parceria agrícola, pecuária, agroindustrial e extrativa; c) a obrigatoriedade de cláusulas irrevogáveis, estabelecidas pelo IBRA, que visam à conservação de recursos naturais; d) a proibição de renúncia, por parte do arrendatário ou do parceiro não-proprietário, de direitos ou vantagens estabelecidas em leis ou regulamentos; e e) a proteção social e econômica aos arrendatários cultivadores diretos e pessoais.

OPITZ e OPITZ defendem que esses princípios devem abranger todos os contratos e não apenas aqueles regulamentados pelo Estatuto da Terra[16], o que certamente leva a um preceito de condução dos contratos agrários aos modelos legalmente previstos. O esquema contratual pressuposto para os contratos agrários é de uma relação entre uma parte hipossuficiente (cultivador direto), a quem se deve dar proteção social, e de uma finalidade de interesse público, que é o cumprimento da função social do imóvel rural. A compreensão dos contratos agrários, nesses termos, estaria vinculada ao objetivo de dar destinação produtiva aos imóveis rurais, promovendo o cumprimento da sua função social, e possibilitando o acesso à terra a lavradores excluídos do direito de propriedade[17].

De fato, é preciso considerar que os contratos de arrendamento e de parceria eram disciplinados pelo Código Civil de 1916. O arrendamento, como modalidade do contrato de locação de prédios, prevista nos Arts. 1200 e

---

[16] OPITZ, Oswaldo; OPITZ, Silvia. *Contratos Agrários no Estatuto da Terra*. 2. ed. São Paulo: Borsoi, 1971. p. 26.
[17] HIRONAKA, Giselda Maria Fernandes Novaes. A função social do contrato. *Revista de Direito Civil, Imobiliário, Agrário e Empresarial*. São Paulo. v. 12. n. 45. p. 1412-52. jul./set. 1988. p. 148.

seguintes, sendo a locação de prédios rústicos disciplinada com cláusulas especiais nos Arts. 1210 a 1215 do Código de Beviláqua. A parceria rural também já era um contrato tipificado pelo Código Civil de 1916, com disciplina nos Artigos 1410 e seguintes. A edição do Estatuto da Terra veio no sentido de substituir essa disciplina, impondo novos contornos a esses contratos, de modo a vinculá-los ao objetivo de política estabelecido pelo novo diploma agrário – a intensificação da ocupação produtiva do solo, favorecendo as estruturas de colonato, com proteção social dos cultivadores diretos. As diretrizes do Código Civil foram, portanto, revogadas pela Lei Especial, mantendo-se o vínculo do direito agrário com o direito comum como disciplina supletiva, para os casos de omissão da lei agrária, conforme previsto no Art. 92, § 9º do Estatuto da Terra[18].

Ao estabelecer regras próprias para esses contratos, de importância para a ampliação das fronteiras agrícolas que se fazia àquele momento da História do Brasil, o Estatuto da Terra deslocou os contratos agrários do paradigma liberal do direito privado, impondo à sua disciplina uma importância social, correspondente àquela política pública. Assim, estabeleceu que esses contratos seriam objeto de uma disciplina regulamentada pelo Poder Executivo, mediante a edição de cláusulas e condições obrigatórias, a serem implementadas por regulamento.

Antes da edição do regulamento, no entanto, foi sancionada a Lei nº 4.947, de 6 de abril de 1966, com o objetivo de complementar a disciplina do Estatuto da Terra, fixando normas de Direito Agrário, dispondo sobre o sistema de organização e funcionamento do Instituto Brasileiro de Reforma Agrária e outras providências. Essa Lei teve especial importância para a disciplina dos contratos agrários porque foi ela, não o Estatuto da Terra, que estabeleceu "a proibição de renúncia, por parte do arrendatário ou do parceiro não-proprietário, de direitos ou vantagens estabelecidas em leis ou regulamentos" (Art. 13, IV), submetendo esses contratos ao preceito do "dirigismo estatal" e limitando a amplitude da autonomia privada.

Foi na esteira dessa Lei, não do Estatuto da Terra, que foi editado o Decreto nº 59.566, de 14 de novembro de 1966, para implementar diversas cláusulas obrigatórias, algumas delas não previstas na Lei, submetendo o regime de transferência temporária da terra a um regulamento contratual

---

[18] Lei nº 4.504/64 (Estatuto da Terra). Art. 92. § 9º Para solução dos casos omissos na presente Lei, prevalecerá o disposto no Código Civil.

imperativo, em que há pouco ou nenhum espaço para as partes definirem a melhor alocação econômica e de riscos no contrato.

Em que pesem as disposições imperativas do Estatuto da Terra, a concepção de regulamento contratual[19] permite reconhecer que os efeitos dos contratos não são estabelecidos, a priori, a partir de uma simples dedução lógica de ordem jurídica ou interpretativa. Impõe-se ao jurista considerar o contrato no âmbito da operação econômica que este visa a regular. Nesse sentido, o contrato deixa de ser reconhecido simplesmente como um acordo de vontades para que possa ser concebido como uma relação jurídica patrimonial qualificada pela vontade e pela função. A vontade é determinada pelas declarações das partes, a serem consideradas sob a ótica da boa-fé objetiva. A função, de forma complementar, é determinada pela operação econômica subjacente à transação que o contrato regula[20].

No caso dos contratos agrários, o regulamento contratual depende, ainda, de um terceiro elemento. Como a operação econômica é qualificada pelo vínculo com o fato técnico, da criação de animais ou cultivo de vegetais, o regulamento desses contratos deve também corresponder aos preceitos da agrariedade, ou seja, deve adequar-se ao ciclo agrobiológico sobre o qual a transação atua. Em outras palavras, a agrariedade será determinante para que se possa estabelecer o regulamento contratual a que as partes estarão submetidas.

Dessa forma, do mesmo modo que se compreende que não podem as partes infringir a operação econômica para impor as suas vontades contratuais[21], não poderão as partes também exigir prestações que inviabilizem

---

[19] O regulamento contratual foi a fórmula concebida por ROPPO para sintetizar os diversos elementos jurídicos do contrato (objeto, causa e efeitos), de modo a sistematizar os interesses das partes. O regulamento contratual é o conjunto de movimentos que o contrato imprime às posições jurídicas das partes, em correspondência do seu objeto e sobre o fundamento da sua causa. O regulamento contratual não se limita ao texto do contrato, estabelecido pelos contratantes como fontes autônomas de direito, nem se completa simplesmente com as fontes heterônomas do contrato – leis e regulamentos aplicáveis para superar lacunas ou impor o interesse público aos acordos de vontade. A sua definição é sobretudo o resultado de um processo múltiplo, que envolve interpretação dessas fontes, qualificação dos contratos e integração das manifestações de vontade com os pressupostos legais, estabelecendo um condicionamento recíproco da valorização do fato e do direito em torno do contrato. (ROPPO, Vicenzo. Il Contrato. 2. ed. Milano: Giuffrè, 2011. p. 312.)
[20] Conforme ROPPO, Vicenzo, Il Contrato, cit. p. 72, sob a perspectiva econômica, o contrato corresponde à veste jurídica da operação econômica.
[21] De fato, cada vez mais, a força obrigatória dos contratos tem sido colocada em perspectiva de uma finalidade contratual, a ponto de que a frustração da causa seja reconhecida como motivo

a realização da atividade agrária. É preciso que o contrato se amolde aos seus próprios objetivos, os quais, vale dizer, serão dependentes do tempo e das forças da natureza.

O regulamento contratual não é estático e decorrente simplesmente da lei ou da qualificação dos negócios jurídicos em tipos contratuais. A necessidade econômica das partes molda as escolhas contratuais e, por conseguinte, altera os efeitos dos contratos. Nesse sentido, é imperioso reconhecer que o contrato não se faz simplesmente por meio de declarações de vontade, mas que as escolhas das partes ao celebrar o contrato correspondem a um arranjo de interesses correspondentes a uma arquitetura de termos e condições que correspondem aos riscos e resultados pretendidos pelas partes ao comprometer-se com custos e investimentos, tendo em consideração não apenas a transação propriamente dita, mas também a operação econômica como um todo e inclusive as incertezas decorrentes da vagueza das disposições jurídicas, que permitirão, *a posteriori*, adaptar o contrato às necessidades que se impuserem[22].

No caso dos contratos agrários, essas necessidades não serão apenas de ordem negocial ou econômica, como ocorre nos contratos em geral, em especial aqueles de empresa. A presença da agrariedade e a dependência da atividade econômica de forças naturais para a criação de animais e cultivo de vegetais importa a necessidade de regulamentos contratuais ainda mais maleáveis, que possam adaptar as obrigações ao que a doutrina agrarista qualifica como o risco duplo da atividade[23].

---

justo do desfazimento do vínculo contratual, ainda que não ocorram os pressupostos expressamente previstos no Código Civil, de impossibilidade superveniente da prestação ou onerosidade excessiva em decorrência de acontecimentos extraordinários. Nesse sentido, veja-se a posição de SALGADO, Bernardo. A frustração do fim do contrato no direito brasileiro. *Revista de Direito Civil Contemporâneo*. vol. 23/200. p. 173-197. abr-jun, 2020.

[22] Conforme Analluza Bravo Bolivar, a ausência de um termo preciso pode encorajar as partes a barganharem. Assim, reconhece-se, diferentemente do que se poderia supor sob a ótica de completude do ordenamento jurídico, que as partes ao celebrar o contrato podem ponderar sobre os custos de definição *a priori* das condições contratuais ou deixar a solução de questões para a etapa final do processo de execução, conforme os custos que isso acarretar. (BOLIVAR, Analluza Bravo. A teoria do "design" contratual: sua aplicabilidade face às regras de interpretação do contrato no Brasil. *Revista de Direito Empresarial*. São Paulo. v. 4. n. 18. p. 123-49. set. 2016.)

[23] A par de reconhecer o consenso doutrinário que aponta, de um lado, o risco empresarial, e, de outro lado, o risco da atividade agrícola como um risco duplo da atividade, Mariagrazia Alabrese propõe um desenvolvimento da matéria, com identificação de uma pluralidade de riscos da

Da perspectiva da agrariedade, os contratos agrários teriam como causa a obtenção da utilização das energias naturais[24]. Nesse sentido, o regulamento contratual deve ser orientado para buscar o aproveitamento ótimo do ciclo agrobiológico para a produção de riqueza por meio da colheita de bens agrícolas e pecuários pelo empresário agrário, na qualidade de cultivador direto do imóvel. Essa perspectiva, no entanto, é recepcionada apenas como fator implícito no ordenamento jurídico brasileiro, uma vez que o Estatuto da Terra não mencionou a atividade agrária como fim desses contratos, estabeleceu que eles são simplesmente modalidades possíveis para a cessão do uso temporário da terra[25].

Definida como finalidade própria dos contratos agrários, a cessão do uso da terra não é uma função desprovida de interesse social. POSNER demonstra que a proteção legal de direitos de propriedade e da sua transferência por meio de contratos se mostra decisiva para a exploração dos recursos de modo eficiente. Nesse sentido, aduz que a eficiência econômica requer um mecanismo pelo qual um fazendeiro possa ser induzido a transferir a propriedade para alguém que possa trabalhar a terra de modo mais produtivo[26]. Assim, a atividade agrária, embora seja propriamente empresarial, dirigida por finalidades econômicas, caracteriza-se por corresponder também a interesses sociais supraindividuais. Trata-se do que SERRANO considera como uma multifuncionalidade da atividade agrária, em que aos interesses propriamente econômicos se somam o interesse de contribuir com o fomento e o desenvolvimento das populações rurais, a conservação do espaço natural e o aproveitamento adequado dos recursos naturais[27].

Esses interesses, de natureza social e difusa justificam, para os contratos agrários, uma disciplina própria, especial, por meio do estabelecimento de um regulamento contratual cogente. Assim, o Estatuto da Terra

---

agricultura, que possuem relevância jurídica para a disciplina agrária. (ALABRESE, Mariagrazia. *Riflessioni sul tema del rischio nel diritto agrario*. Pisa: ETS, 2009.).

[24] DE MATTIA, Fabio Maria. A modernidade dos contratos agrários. *Revista da Faculdade de Direito da Universidade de São Paulo*. São Paulo. v. 99. p. 87-132. 2004. p. 96.

[25] Estatuto da Terra. Lei nº 4.504/64. Art. 92. A posse ou uso temporário da terra serão exercidos em virtude de contrato expresso ou tácito, estabelecido entre o proprietário e os que nela exercem atividade agrícola ou pecuária, sob forma de arrendamento rural, de parceria agrícola, pecuária, agro-industrial e extrativa, nos termos desta Lei.

[26] POSNER, Richard. *Economic analysis of law*. p. 33.

[27] SERRANO, Augustíns Luna. La actividad agraria. In: ESPADA, Esther Muñiz; LLOMBART, Pablo Amat (orgs.). *Tratado de derecho agrario*. Madrid: Wolthers Kluer, 2017. p. 265.

determinou que caberia ao Poder Executivo regulamentar as suas disposições, complementando as condições que obrigatoriamente constariam dos contratos de arrendamento. Adicionalmente, o Art. 13, III, da Lei nº 4.947/66, estabeleceu que as cláusulas dispostas pelo IBRA que visem à conservação de recursos naturais seriam obrigatórias e irrevogáveis. Essa mesma Lei, não o Estatuto da Terra, estabeleceu proibição de renúncia, por parte do arrendatário ou do parceiro não-proprietário, de direitos ou vantagens estabelecidas em leis ou regulamentos.

Esse dirigismo estatal da atividade agrária corresponde ao pressuposto de uma autonomia privada assistida[28], sob a forma de tutela de uma categoria social, no caso, os cultivadores diretos – arrendatários e parceiros outorgados[29], que recebem do ordenamento jurídico uma tutela

---

[28] ROPPO reconhece que o dogma da autonomia da vontade se foi. Nesse sentido, explica que a vontade das partes mantém um papel decisivo sobre o que é o contrato, de modo que o consentimento continua sendo fundamental para a existência do negócio jurídico. Hoje, entretanto, se reconhece que a vontade das partes não atua sozinha, mas em concorrência com a Lei, com a qual deverá ser conforme. Especialmente no caso de contratos típicos, em que o regulamento contratual é fortemente determinado pela Lei, às partes muitas vezes cabe um papel subsidiário, mesmo no caso de contratos atípicos. À Lei incumbe o papel de estabelecer aquilo que as partes não regulam, de modo que o regulamento do contrato se faça definitivo. Em paralelo, há, de fato, uma relativização da onipotência da vontade, que deve muitas vezes estar sujeita a preceitos de ordem pública que condicionam o dirigismo estatal sobre os contratos de natureza privada. Na doutrina nacional também são recorrentes as lições no sentido de restabelecer o papel da autonomia da vontade. (ROPPO, Vicenzo. Il Contrato. 2. ed. Milano: Giuffrè, 2011. P. 49). Conforme ensina Darcy Bessone em muitas oportunidades, a liberdade das partes é apenas teórica, o que remete ao reconhecimento de uma igualdade de direito distinta da desigualdade de fato. Segundo o autor, é preciso entender os princípios da liberdade e da igualdade em uma compreensão mais larga das necessidades sociais, certo de que é na harmonia entre autonomia individual e solidariedade social que repousa o grande ideal da sociedade humana. Nesse sentido, chama a atenção às ponderações feitas por Ripert, de que todos apelam para o Estado exigindo-lhe ordem econômica, de forma que, premido por urgentes solicitações, o Estado passa a dirigir o contrato, não tanto segundo a vontade comum e provável dos contratantes, mas, sobretudo, segundo as necessidades gerais da sociedade que justificam intervenções legislativas e jurisdicionais que se multiplicam, regulamentando tudo em minúcia. O autor pondera, entretanto, que se é a Lei que as determina, desnatura-se o contrato e o conceito deixa de corresponder às exigências do real acordo das partes. De fato, a Lei não exige que o contrato seja preparado por uma livre discussão de cláusulas, nem que o seu regulamento se contente com o consentimento livre na sua conclusão; a regulamentação não exclui o contrato nem altera seu conceito. (ANDRADE, Darcy Bessone de Oliveira. *Do contrato*. Rio de Janeiro: Forense, 1960. p. 57).

[29] A proteção de categorias, conforme a sua vulnerabilidade social por meio de legislações especiais, também ocorreu na Itália, permitindo a ROPPO identificar um retorno do "contrato" ao "status", em movimento oposto àquele que permitiu o desenvolvimento da sociedade liberal após

contratual especial[30], sob a pressuposição de que os contratos agrários são assimétricos[31].

No âmbito da assimetria, o regime contratual muda e sofre a crescente confusão entre regras de conduta e normas de validade. A regulamentação dos contratos assimétricos impõe, de fato, uma restrição à autonomia privada, alterando essencialmente a fonte do regulamento contratual, que deixa de ser unicamente a vontade, mas também a lei[32].

Não obstante a importância da lei para estabelecer o regulamento dos contratos dessa natureza, não se pode perder de vista que ainda é o acordo que confere ao regulamento contratual a sua natureza própria[33]. Nesse sentido, ALPA esclarece que a criação negocial não pode ser considerada

---

a superação do antigo regime pela revolução francesa. (ROPPO, Vicenzo. *Il Contrato*. 2. ed. Milano: Giuffrè, 2011. p. 48.)

[30] Fernando Campos Scaff, ao tratar dos contratos referentes ao direito à saúde defende a necessidade de controle estatal das manifestações da vontade sob duas espécies de juízos de valor. De um lado, a necessidade de proteção do contratante que se encontra em posição mais frágil e que, portanto, está sujeito a aceitar modelos contratuais que não atendem seus interesses. De outro lado, a necessidade de padronização da contratação, mediante a aprovação de critérios contratuais pré-estabelecidos e sujeitos à fiscalização de uma agência reguladora. Esses dois juízos de valor correspondem, por sua vez, a um pressuposto subjetivo da relação jurídica, vinculado à posição das partes, e um pressuposto objetivo do trato contratual, concernente à função que esses contratos exercem para as Partes e para a sociedade como um todo. De fato, reconhece o autor, estar-se diante de contratos assimétricos e de contratação em massa, cuja contratação uniforme interessa não só às Partes como um todo, mas à sociedade (SCAFF, Fernando Campos. *Direito à saúde no âmbito privado*: contratos de adesão, planos de saúde, seguro-saúde. São Paulo: Saraiva, 2010, p. 57.). Embora não sejam contratados em massa, os mesmos preceitos aplicam-se também aos contratos agrários, cuja finalidade é de interesse social, como também o é a proteção dos lavradores, enquanto partes vulneráveis.

[31] A assimetria contratual é um fenômeno que, hoje, é reconhecido como espraiado para todo o direito comum, não se limitando a determinadas categorias contratuais, como os contratos consumeristas, ou mesmo os contratos agrários, ou ainda os contratos de trabalho, em que é pressuposta uma hipossuficiência de uma das partes, como característica subjetiva, mas referindo-se a uma categoria vinculada a um elemento de debilidade que se se pode denominar de assimetria de poder contratual. (ROPPO, Vicenzo. *Il contrato del duemila*. 3. ed. Torino: G. Giappichelle Editore, 2011. p. 83.)

[32] Biagio De Giovanni estabelece que a vontade atua, ao mesmo tempo, como elemento do negócio jurídico e como *fattispecie* reconhecida pelo ordenamento, como um comportamento típico. E, assim, estabelece que o acordo assume a posição de um fato que, é classificado e individualizado pelo ordenamento, que lhe atribui efeitos jurídicos e, ao mesmo tempo, um valor que orienta o reconhecimento justifica o próprio reconhecimento do vínculo contratual. (DE GIOVANNI, Biagio. *Fatto e Valutazione nella teoria del negozio giuridico*. Napoli: Jovene, 1958. p. 51.)

[33] ROPPO, Vicenzo. *Il Contrato*. 2. ed. Milano: Giuffrè, 2011. p. 314.

em abstrato, prescindindo da qualidade dos sujeitos envolvidos e das circunstâncias em que se estabelece[34]. Essa verificação permite ao autor reconhecer que as categorias de *status* não foram totalmente suplantadas pela Codificação Italiana de 1942, de maneira que continuam convivendo com a disciplina jurídica um *status* de privilégio e um *status* de proteção, correspondentes a uma concepção sociológica do contrato[35]. Essa proteção se faz em diversos regulamentos específicos de determinados contratos que consideram interesses especiais a determinadas relações jurídicas. Nesse diapasão, emerge a importância do contrato no contexto econômico social e o poder das partes em atender esses objetivos. As diretrizes legais devem indicar as providências das partes em realizar esses objetivos, tornando obrigatória a relação entre manifestação de vontade e interesses institucionais envolvidos.

No caso dos contratos agrários, a prevalência do regime legal e a conhecida fórmula de *dirigismo* estatal deve ser considerada sob essa perspectiva. A atividade agrária, de fato, atende não apenas ao interesse privado, da empresa agrária, mas diz respeito igualmente a uma necessidade de interesse público, correspondente, no direito brasileiro, ao princípio da função social do imóvel rural[36]. Assim, ao passo que seja lícito às partes estabelecerem entre si a contratação da exploração da terra e a organização da empresa agrária sob o prisma da livre iniciativa, é também exigido que a atividade agrária esteja preservada pelo contrato, para que possam seus resultados atenderem objetivos maiores da sociedade. Esses objetivos justificam uma autonomia da vontade limitada que impõe aos contratos agrários uma disciplina própria, vinculada a interesses sociais, que se sobrepõe à vontade das partes contratantes e modaliza a validade dos contratos a uma função própria.

---

[34] ALPA, Guido. *Il contrato in generale*: fonti, teorie, metodi. Milano: Giuffrè, 2014. p. 328.
[35] ALPA, Guido. *Il contrato in generale*: fonti, teorie, metodi. Milano: Giuffrè, 2014. p. 329.
[36] O interesse público reconhecido à atividade agrária toma diferentes contornos múltiplos. Em virtude do histórico de subutilização da terra, no Brasil, o interesse público sempre foi associado com a destinação produtiva do imóvel. E, na forma da Constituição de 1988, ao desenvolvimento sustentável, corroborando uma multiplicidade de valores estampados no art. 186 do texto constitucional. No direito comparado, entretanto, vimos outras facetas da importância da atividade agropecuária para o bem estar social, especialmente no tocante à preservação da segurança alimentar e da preservação da paisagem, que correspondem a abordagens diferentes do mesmo princípio, segundo o qual a agropecuária possui uma importância especial para a sociedade, que justifica uma proteção a essa atividade.

Ao lado desse preceito, que vinculamos à agrariedade, o Estatuto da Terra vislumbra também a preservação das pessoas hipossuficientes, especialmente os lavradores, cultivadores diretos do imóvel rural. O pressuposto da legislação, nesse sentido, é que o arrendatário ou parceiro outorgado é a pessoa ou o grupo familiar que explora o imóvel rural, atuando diretamente sobre a terra para o seu sustento e eventual produção de excedentes, em situação de vulnerabilidade em relação ao proprietário rural.

Para adequadamente compreender o regulamento contratual desses contratos, a ponto de refletir a sua adequação à realidade econômica e social hodierna é fundamental relacionar as cláusulas obrigatórias ao seu objetivo, identificando, no regime obrigatório a que esses contratos estão submetidos, a efetiva função das cláusulas imperativas. Destacamos, nesse sentido, três categorias de cláusulas obrigatórias. Em primeiro lugar, as cláusulas obrigatórias relacionadas ao cumprimento da função social do imóvel rural, que condicionam o regulamento contratual em função do objetivo agrário desses contratos. Em segundo lugar, as cláusulas sociais, de proteção do lavrador hipossuficiente. Em terceiro lugar, as cláusulas de tipo, relativas à forma de pagamento devido pelo arrendatário ou parceiro outorgado. Apresentamos a seguir as principais diretrizes dessas categorias de obrigações impostas ao regulamento contratual dos contratos agrários.

1.1. Cláusulas obrigatórias que visam ao cumprimento da função social do imóvel rural

Embora o Estatuto da Terra qualifique os contratos agrários como um meio de transmitir a posse temporária da terra, o núcleo central que distingue esses contratos não é simplesmente a cessão, mas a finalidade de dar uma destinação qualificada ao imóvel rural, inserindo-o no contexto produtivo. Considerando que esse contexto produtivo é essencial ao dever do proprietário (no cumprimento da função social do imóvel rural), são os contratos que permitem ao proprietário cumprir o seu dever de dar destinação produtiva ao imóvel sem exercer atividade agrária pessoalmente. Por consequência, ao mesmo tempo, ao cessionário cabe não apenas garantir o pagamento da contraprestação, mas também cumprir o encargo de utilizar o imóvel rural conforme a sua função social[37].

---

[37] Nesse sentido, veja BUENO, Francisco de Godoy. Propriedade e empresa rural: separação das funções a partir dos contratos de arrendamento e de parceria. *Revista Forense, vol.* 404, 2009 (julho/agosto).

A função social do imóvel rural compõe, assim, o regulamento contratual dos contratos agrários de modo essencial. Diversas das cláusulas obrigatórias previstas na legislação agrária correspondem a esse dever, compartilhado entre proprietário e arrendatário ou parceiro outorgado.

O Estatuto da Terra estabeleceu que a propriedade da terra desempenha integralmente a sua função social quando, simultaneamente: a) favorece o bem-estar dos proprietários e dos trabalhadores que nela labutam, assim como de suas famílias; b) mantém níveis satisfatórios de produtividade; c) assegura a conservação dos recursos naturais; e d) observa as disposições legais que regulam as justas relações de trabalho entre os que a possuem e a cultivem (Art. 2º, § 1º).

Essa redação foi parcialmente incorporada pela Constituição Federal de 1988, que estabeleceu os seguintes requisitos simultâneos para o cumprimento da função social: a) aproveitamento racional e adequado; b) utilização adequada dos recursos naturais disponíveis e preservação do meio ambiente; c) observância das disposições que regulam as relações de trabalho; d) exploração que favoreça o bem-estar dos proprietários e dos trabalhadores.

Conforme pontificou SCAFF, não há prioridade entre as diretrizes mencionadas nos parágrafos anteriores; ao contrário, o cumprimento da função social deve corresponder a um equilíbrio entre esses diversos valores[38]. É preciso reconhecer, no entanto, que as diretrizes trazidas pelo texto constitucional não foram inócuas, tendo havido uma sensível alteração do que se considera para o cumprimento da função social dos imóveis rurais.

Em primeiro lugar, o Estatuto da Terra previa que a exploração do imóvel rural deveria favorecer "o bem-estar dos proprietários e dos trabalhadores que nela labutam", indicando a inclinação em prol da proteção dos cultivadores diretos. Essa limitação aos proprietários e trabalhadores "que nela labutam" foi excluída do texto constitucional, que não faz mais referência expressa aos cultivadores diretos.

Em segundo lugar, o Estatuto da Terra previa a necessidade de que se mantivessem níveis satisfatórios de produtividade, correspondendo a uma verificação quantitativa da exploração da terra, que, se rendesse pouco, poderia não corresponder ao anseio social. A Constituição de 1988, por

---

[38] SCAFF, Fernando Campos. A função social dos imóveis agrários. *Revista dos Tribunais*, vol. 94. n. 840. p. 107. out. 2005.

outro lado, optou por um viés qualitativo, promovendo a utilização adequada dos recursos naturais disponíveis, o que, certamente, corresponde a uma produtividade responsável, equilibrada, e que deve ser buscada não a qualquer custo, mas com consideração à necessidade de preservação do meio ambiente.

Por último, não passa desapercebido que o Estatuto da Terra promovia a observância das disposições legais que regulam as relações de trabalho sob um aspecto de justiça entre proprietários e cultivadores diretos, opondo os que possuem aos que cultivam a terra[39]. A Constituição de 1988, também nesse particular, não manteve a mesma referência de oposição entre possuidores de imóveis e cultivadores diretos, tendo simplesmente referenciado o cumprimento das disposições que regulam as relações de trabalho. Esse estado de coisas constitucional, no tocante ao cumprimento da função social dos imóveis rurais, sobrepõe-se às disposições do Estatuto da Terra e, assim, essas modificações devem ser consideradas para a análise das cláusulas obrigatórias desses contratos.

O Estatuto da Terra não contempla expressamente nenhuma disposição diretamente vinculada ao cumprimento da função social e ao modo como deve ser exercida a posse pelo arrendatário ou parceiro outorgado. Quatro grupos de obrigações veiculadas na Lei, entretanto, correspondem a essa finalidade: as determinações relativas à exploração adequada da terra; as cláusulas que obrigam a atenção do cessionário à conservação dos recursos naturais e adoção de boas práticas agrícolas; a garantia ao cessionário de realização da colheita, por meio de diferimentos do prazo contratual estabelecido pelas partes; e as disposições voltadas à preservação da empresa agrária, por meio da oponibilidade do contrato em relação a terceiros. Apresentamos a seguir considerações a respeito dessas três dimensões do regulamento contratual cogente previsto pelo Estatuto da Terra.

---

[39] Nesse sentido, Luiz Stefanini entende que, no Estatuto da Terra, o princípio da justiça social vem à frente do princípio do aumento de produtividade, paradigma este que foi superado pela função social da propriedade. O autor destaca que o Direito Agrário se estigmatiza a partir de quatro princípios: o princípio da função social, o princípio da função econômica, o princípio da conservação dos recursos naturais e o princípio da beneficidade da produção. (STEFANINI, Luiz. Principiologia do Direito Agrário. In: GRECHI, Frederico Price; ALMEIDA, Maria Cecília Ladeira de (coords.). *Direito agrário*: homenagem a Octavio Mello Alvarenga. Rio de Janeiro: LMJ Mundo Jurídico, 2016. p. 97).

1.1.1. Exploração adequada da terra

O aproveitamento racional e adequado do imóvel rural, diretriz fundamental do cumprimento da função social do imóvel rural, remete à vagueza com a qual se procurou definir os objetivos a serem buscados pelo proprietário no exercício do direito de propriedade[40]. De fato, na aplicação do preceito, a racionalidade e a adequação do uso do imóvel acabam se definindo por outras diretrizes normativas, entre as quais a produtividade, que, nos termos do Art. 185, II, da Constituição Federal, torna imune o imóvel rural à desapropriação. A produtividade do uso do imóvel rural pelo arrendatário ou parceiro outorgado mostra-se, assim, uma diretriz fundamental para o adequado cumprimento do contrato.

Direcionado a esse mesmo objetivo, mas ainda sob as diretrizes do Estatuto da Terra, o Decreto nº 59.566/66 (Art. 38) estabelece que os benefícios do arrendatário ou parceiro outorgado somente são eficazes quando a exploração da terra for correspondente à classificação do imóvel como empresa rural, nos termos do art. 25 do Decreto nº 55.891, de 1965, ou seja: o cultivo de percentual igual ou superior a 50% (cinquenta por cento) da área agriculturável do imóvel; a obtenção de rendimento médio igual ou superior aos mínimos fixados pelo Poder Público; a adoção de práticas conservacionistas; o emprego da tecnologia de uso corrente nas zonas em que se situe; e a manutenção das condições de administração e as formas de exploração social estabelecidas como mínimas para cada região.

O regulamento ainda estabelece a necessidade de exploração direta e pessoal, pelo arrendatário ou parceiro, e seu conjunto familiar, podendo esses valer-se de assalariados em número que não ultrapasse a quantidade de membros ativos daquele conjunto (Art. 38, II). Essas regras, aplicáveis a arrendatários e parceiros, devem ser adotadas em toda e qualquer modalidade contratual, mesmo que diversa dos contratos de arrendamento e de parceria, sempre que envolver o uso ou posse temporária da terra (Art. 39).

No cenário normativo atualmente em vigor, as diretrizes citadas pelo regulamento do Estatuto da Terra encontram-se revogadas. Desde a Constituição Federal de 1988, não se distinguem mais os imóveis como empresa rural ou latifúndio. Esses são classificados como propriedades produtivas

---

[40] Sobre o assunto, BUENO, Francisco de Godoy; CABRAL, Ana Lúcia Tinoco. A função social do imóvel rural na Constituição da República Federativa do Brasil de 1988. In: CABRAL, Ana Lúcia Tinoco; BUENO, Francisco de Godoy (org.). *Direito e Linguagem*: a Constituição de 1988. Londrina: Toth, 2019. p. 199-215.

ou improdutivas, passíveis ou não de desapropriação para fins de reforma agrária. A Lei nº 8.629, de 25 de fevereiro de 1993, é que estabelece as diretrizes para a definição do imóvel produtivo, que, em linhas gerais, correspondem às diretrizes supraelencadas, considerando como propriedade produtiva aquela que, explorada econômica e racionalmente, atinge, simultaneamente, graus de utilização da terra e de eficiência na exploração, segundo índices fixados pelo órgão federal competente (Art. 6º).

O grau de utilização corresponde ao percentual da área agricultável utilizada, sendo o mínimo de 80% (maior do que os 50% fixados anteriormente). O grau de eficiência na exploração corresponde à razão entre a produção efetivamente atingida na propriedade e a produção mínima estabelecida pelo Poder Público (índice de produtividade). Essas diretrizes devem ser consideradas como parte do regulamento contratual dos contratos agrários, tornando-se, portanto, de observância obrigatória pelo arrendatário e pelo parceiro outorgado.

A incorporação dessas obrigações, em princípio vinculadas à propriedade, pelo regulamento contratual dos contratos agrários, é um imperativo lógico. Com efeito, se o proprietário está obrigado a atingir esses índices mínimos de produtividade quando explorar diretamente o seu imóvel, é razoável que essa obrigação seja exigida também do arrendatário e do parceiro outorgado, ou seja, quando a exploração da terra for delegada a terceiro.

O reconhecimento dessa obrigatoriedade torna o seu inadimplemento, que em princípio implica uma sanção ao proprietário (por meio de desapropriação por interesse social para fins de Reforma Agrária), uma questão também de descumprimento contratual. Assim, é de se reconhecer, de um lado, que o arrendatário ou o parceiro outorgado pode estar adimplente em relação às suas obrigações principais, de pagamento da renda ou entrega da quota-parte da colheita, mas inadimplente com respeito à exploração adequada do imóvel, nos termos anteriormente pontuados. A frustração de safra, por exemplo, ocasionará o inadimplemento do contrato, por falta de atendimento aos índices mínimos de produtividade. O arrendatário ou parceiro outorgado, assim, além de suportar o prejuízo da atividade e, se devido, o pagamento da renda, também arcará com os prejuízos decorrentes do descumprimento da função social da propriedade, a menos que seja comprovado pelo órgão competente que a frustração de safra foi decorrente de renovação de pastagens tecnicamente conduzida; de força maior; ou de caso fortuito (Art. 6, § 7º da Lei nº 8.629/93).

A consideração do cumprimento dos índices mínimos de produtividade como condição essencial do uso e do gozo do imóvel rural, e, portanto, como obrigação contratual, permite considerar como inadimplemento a exploração do imóvel rural pelo arrendatário ou parceiro outorgado que não atenda essa diretriz por razões que não sejam enquadradas como escusáveis pela legislação agrária. Assim, ainda que o regulamento contratual desses contratos seja orientado para a preservação da atividade agrária e a continuação da exploração do imóvel pelo cessionário, nesses casos, seria admissível a resolução antecipada do contrato, por descumprimento de obrigações essenciais, ainda que não haja falta de pagamento da renda ou da quota-parte.

Do mesmo modo, é necessário que se identifique de que forma o arrendatário ou parceiro outorgado será responsável nos casos em que o imóvel rural for submetido a processo de desapropriação por interesse social para fins de reforma agrária. Na esteira do que consideramos anteriormente, defendemos que, caso o proprietário sofra processo de fiscalização pelo Incra por ter sido a sua propriedade reconhecida como improdutiva, o cessionário do imóvel deverá ser responsável pelos prejuízos e lucros cessantes que o proprietário venha a sofrer. Nesse caso, se a exploração do imóvel que se verificou irregular ou insuficiente ficou a cargo do cessionário, todos os prejuízos decorrentes do processo e da perda da propriedade deverão ser indenizados pelo arrendatário ou parceiro outorgado.

A visão sistemática da disciplina da propriedade rural, com efeito, implica que não basta ao cessionário exercer atividade agrária ou mesmo pagar contraprestação pelo uso da terra. É necessário que a atividade agrária seja suficiente para atender a função social do imóvel rural, mantendo este como produtivo, de acordo com os critérios estabelecidos pelo Poder Público.

Por último, é de se considerar, anda, especialmente no caso dos contratos de parceria em que as partes partilham o risco da colheita, ou seja, que o pagamento ao proprietario é feito em quota-parte daquilo que o parceiro outorgado produz, os índices de produtividade correspondentes ao rendimento fixado pelo INCRA poderão ser incorporados também pelo regulamento contratual, representando um valor mínimo exigível de produção e, por conseguinte, um patamar mínimo para a quota-parte a ser distribuída pelo parceiro outorgado ao parceiro outorgante.

A exigência de produtividade mínima para a exploração de imóveis agrários representa, portanto, um fator de ajuste na alocação dos custos e dos riscos contratuais em torno desses contratos. Por ser uma obrigação inafastável do proprietário rural no uso do seu imóvel, deve esse ônus também ser compartilhado com o cessionário agrário deste. Não raro, no entanto, essa responsabilidade agravada pela posse e pelo uso da terra pode inviabilizar o equilíbrio econômico-financeiro do contrato, levando as partes a assumir obrigações incompatíveis com o retorno financeiro esperado com a exploração do imóvel, situação pouco considerada pela lei agrária.

A obrigação de exercer a atividade agrária para a qual o contrato foi firmado de modo adequado e suficiente para atender os preceitos legais, inclusive no tocante à produtividade, é obrigação principal a ser cumprida pelo arrendatário ou pelo parceiro outorgado, tão importante, senão mais importante até que o pagamento do preço. O cumprimento dessa obrigação deve acontecer ainda que represente um ônus econômico não previsto pelas partes ao considerar a alocação de riscos contratuais. É de se destacar, nesse sentido, que a adimplência se desdobra em múltiplas prestações.

Em primeiro lugar, a atividade agrária deve corresponder à atividade contratada. Salvo disposição diversa em contrato, nem o arrendatário, nem o parceiro outorgado tem a liberdade de escolher a atividade a ser exercida no imóvel. Se o contrato foi firmado para o plantio de uma determinada cultura, não pode o cessionário, sem anuência do cedente, alterar a destinação do imóvel.

Em segundo lugar, a atividade agrária deve ser realizada de forma adequada, de modo a garantir o cumprimento da função social do imóvel rural. Assim, estará inadimplente o arrendatário ou o parceiro outorgado que não adote as práticas agrícolas adequadas, seja no preparo de solo, no plantio, na condução das lavouras ou na criação de animais previstos pelo contrato.

Em terceiro lugar, conforme já afirmado anteriormente, exige-se do arrendatário e do parceiro outorgado que contribuam com o proprietário na sua obrigação de manter o imóvel produtivo, atendendo aos graus mínimos de utilização (GU) e eficiência na exploração (GEE), nos termos da Lei nº 8.629/93.

A consequência desse inadimplemento por parte do arrendatário ou do parceiro outorgado é, muitas vezes, negligenciada pelos juristas, mas, conforme expressamente prevista no Art. 92, § 6º do Estatuto da Terra, poderá ensejar a rescisão do contrato, porque o mencionado dispositivo não restringiu o inadimplemento ao pagamento do preço e, assim, o inadimplemento como causa resolutória do contrato deve ser tido de forma ampla, tomado por inteiro, não bastando o pagamento da contraprestação, se não houver exploração racional e adequada do imóvel sob o ponto de vista do ciclo agrobiológico.

1.1.2. Conservação dos recursos naturais e adoção de boas práticas agrícolas

A conservação dos recursos naturais é outra dimensão importante do cumprimento da função social do imóvel rural, constituindo obrigação inerente ao uso e exploração da terra que, portanto, se incorpora ao regulamento contratual dos contratos agrários.

Como reconhece GERMANÒ, o caráter distintivo da agricultura está no fato de que essa, desenvolvida de modo racional, é, entre as atividades econômicas, a única capaz de "fazer" ambiente. Nesse sentido, pontua o agrarista que, se a agricultura pode produzir externalidades negativas ao meio ambiente, possui, também, em si, uma função ambiental. Assim, enquanto no caso da indústria há uma clara oposição entre o interesse de lucro do empreendedor e a expectativa da sociedade em desfrutar de um ambiente puro e salubre, no caso das atividades agrárias, essa contradição não acontece. Não porque a atividade agropecuária não possa poluir, mas pelo fato de que o respeito ao meio ambiente e aos ciclos biológicos são coincidentes com a necessária gestão produtiva desse gênero de empresa. A agropecuária não pode ser entendida exclusivamente como atividade econômica, deve ser reconhecida também como base de um tecido social com raízes históricas e culturais que devem ser mantidas, inclusive por seu efeito no patrimônio ambiental[41].

---

[41] GERMANÒ, Alberto. *Manuale di diritto agrario comunitario*. 3. ed. Torino: G. Giappichelli Editore, 2014. p. 406. O autor italiano apresenta a política da União Europeia reconhecendo um ponto de inflexão, a partir dos anos 1980, a partir da qual o meio ambiente passou a ser tomado em consideração de forma mais evidente. Assim, se antes o sistema comunitário era orientado por uma política de sustentação de preços, de modo a garantir ao agricultor europeu um preço suficientemente remuneratório para toda a sua produção, a partir de 1985, a política agrícola abandonou o escopo de massificação da produção para abraçar o conceito de uso racional do território agrícola, como diz o autor, em vista da tutela do ambiente e da redução de despesas da União Europeia. Esse processo foi intensificado ao longo dos anos 2000, de modo que, se antes o comprometimento ambiental era incentivado por uma compensação, o exercício da atividade agrícola de acordo com as exigências de tutela ambiental passou a ser uma obrigação passível de sanção, sob os seguintes princípios reconhecidos pelas diretivas comunitárias: a) o princípio da subsidiariedade, pelo qual se deve privilegiar as soluções que possam ser atingidas por meio do direito nacional; b) o princípio da precaução e da prevenção, pelo qual as obras de intervenções públicas e privadas que causarem

No Estatuto da Terra, assim como na Constituição Federal de 1988, essa função essencial da atividade agropecuária foi reconhecida ao se estabelecer a conservação dos recursos naturais entre os critérios do cumprimento da função social (Art. 2º), e a atenção a esse objetivo foi incorporada ao regulamento dos contratos agrários, na condição de preceito fundamental, pelo Art. 13 da Lei nº 4.947/66, que prevê a obrigatoriedade de cláusulas irrevogáveis, estabelecidas pelo IBRA, que visem à conservação de recursos naturais.

Destacamos, nesse sentido, em primeiro lugar, a necessidade de observância, pelo cessionário do imóvel rural, das normas estabelecidas pelo Código Florestal – Lei nº 4.771/65, atualmente substituída pela Lei nº 12.651/2012 (Art. 13, II, "b", do Decreto nº 59.566/66). A orientação dessa legislação é coordenar o uso do imóvel rural, estabelecendo diretrizes de equilíbrio do uso do território, mediante o resguardo de espaços territoriais especialmente protegidos, nos quais a atividade agrária é proibida ou seriamente limitada.

Aquele que utiliza o imóvel rural deve, assim, manter preservado um percentual mínimo do imóvel rural, separando uma área deste como Reserva Legal, para auxiliar a conservação e a reabilitação dos processos ecológicos e promover a conservação da biodiversidade, bem como o abrigo e a proteção de fauna silvestre e da flora nativa. Essa área deve ser conservada com cobertura de vegetação nativa, sendo apenas admitida a exploração econômica mediante manejo sustentável previamente aprovado pelo órgão competente, ou a coleta de produtos florestais não madeireiros, tais como frutos, cipós, folhas e sementes (Arts. 17 a 21 da Lei nº 12.651/12).

Adicionalmente, os cessionários do imóvel rural devem respeitar a preservação absoluta de Áreas de Preservação Permanente – APPs, assim consideradas determinadas áreas, cobertas ou não por vegetação nativa, com

---

impacto ambiental devem ser precedidas preventivamente de avaliação ambiental, de modo que se possa privilegiar a verificação dos danos a reprimir mediante compensação daqueles que forem verificados; c) o princípio da correção da fonte, pelo qual se deve eliminar os possíveis danos ao ambiente sobretudo por meio da supressão da sua fonte ou causa; d) o princípio do poluidor pagador, que implica a responsabilidade civil pelos danos do meio ambiente por aqueles que houverem provocado e, no caso de exercício de atividades perigosas, a responsabilidade objetiva daqueles que têm o controle da atividade; e e) o princípio do desenvolvimento sustentável, pelo qual se pretende que os recursos renováveis da Terra sejam utilizados de modo a não colocar em risco o seu exaurimento de modo que as vantagens derivadas da sua utilização sejam compartilhadas por toda humanidade.

a função ambiental de preservar os recursos hídricos, a paisagem, a estabilidade geológica e a biodiversidade, facilitar o fluxo gênico de fauna e flora, proteger o solo e assegurar o bem-estar das populações humanas. Nessas áreas, somente é permitido o acesso de pessoas e animais para obtenção de água e para realização de atividades de baixo impacto ambiental, sendo obrigação do proprietário da área, do possuidor ou do ocupante a qualquer título promover a recomposição da vegetação que houver sido suprimida, ressalvadas as áreas rurais consolidadas (Arts. 7º a 9º da Lei nº 12.651/12).

A incorporação dessas diretrizes pelo regulamento contratual implica que o cessionário do imóvel rural deve ser responsável não apenas pela área cuja posse direta foi transferida para uso agrícola, mas também pelas áreas subjacentes, no interior do imóvel rural, que também passam a ser de sua responsabilidade compartilhada. Essa responsabilidade, vale dizer, corresponde não apenas aos danos ambientais que sejam diretamente causados pelo próprio cessionário, mas a todos aqueles que sejam direta ou indiretamente relacionados à sua esfera de atuação, ou seja, à posse do imóvel como um todo, dentro de uma consideração de nexo de causalidade ampliado, em que os agentes são equiparados, para os fins de determinar a reparação do meio ambiente[42].

A responsabilidade do cessionário pelos danos causados ao meio ambiente nos limites do imóvel rural deve ser reconhecida como espécie de responsabilidade compartilhada porque, ainda que não tenha a posse do imóvel, e, portanto, não disponha de meios para, pessoal e diretamente, evitar a ocorrência de danos, o proprietário rural não fica exonerado da responsabilidade por quaisquer danos ambientais que possam ocorrer nos limites do seu imóvel.

O Superior Tribunal de Justiça estabeleceu, nesse sentido, entendimento sumulado sob o nº 623 de que *"As obrigações ambientais possuem natureza* propter rem, *sendo admissível cobrá-las do proprietário ou possuidor atual*

---

[42] Nesse sentido, chama-se a atenção quanto ao entendimento corrente do Superior Tribunal de Justiça, quanto ao nexo de causalidade ambiental, nos seguintes termos: *Para o fim de apuração do nexo de causalidade no dano ambiental, equiparam-se quem faz, quem não faz quando deveria fazer, quem deixa fazer, quem não se importa que façam, quem financia para que façam, e quem se beneficia quando outros fazem. Constatado o nexo causal entre a ação e a omissão das recorrentes com o dano ambiental em questão, surge, objetivamente, o dever de promover a recuperação da área afetada e indenizar eventuais danos remanescentes, na forma do art. 14, § 1º, da Lei 6.938/81.*(REsp 650.728/SC, Rel. Ministro HERMAN BENJAMIN, SEGUNDA TURMA, julgado em 23/10/2007, DJe 02/12/2009).

e/ou dos anteriores, à escolha do credor"[43]. Assim, mesmo que o proprietário possa exigir, ou por meio de ação de regresso, que o arrendatário ou o parceiro outorgado indenize os eventuais prejuízos decorrentes da responsabilidade ambiental, ele continuará responsável pelos eventuais danos ambientais que ocorrerem no imóvel.

A inafastabilidade da responsabilidade ambiental do proprietário rural deve ser considerada como um elemento importante do regulamento contratual dos contratos agrários. Com efeito, mesmo que a posse e o gozo do imóvel rural tenham sido transferidos ao arrendatário ou ao parceiro outorgado, o proprietário poderá, ou melhor, deverá sempre manter certo controle e vigilância sobre o imóvel rural e as atividades do cessionário, atuando como agente fiscalizador da conformidade legal das suas atividades. A gestão desses contratos, por consequência, não será jamais aquela típica dos contratos comutativos, em que o risco de crédito e de pagamento da contraprestação se mostra a atribuição mais importante. Os contratos agrários, nesse particular, ainda que sejam essencialmente de escambo, assumem características próprias de contratos de colaboração[44].

Do mesmo modo, diferentemente do que acontece, por exemplo, nos contratos de locação, seria justo que se reconhecesse também um direito possessório residual, oponível ao cessionário, do proprietário, ainda que a posse direta seja transferida ao arrendatário ou parceiro outorgado. Com efeito, sofrendo as graves consequências da não observância dos preceitos legais e ambientais pelo cessionário, não se pode esperar que o cedente dependa de prévia autorização ou de agendamento de vistoria para que possa acompanhar as atividades realizadas no imóvel e, com isso, precaver-se de eventuais prejuízos, protegendo a sua propriedade de danos, por exemplo, de natureza ambiental.

Corroborando com esse entendimento, o Art. 42 do Decreto nº 59.566/66 estabelece que *"o arrendador poderá se opor a cortes ou podas, se danosos aos fins florestais ou agrícolas a que se destina a gleba objeto do contrato"*,

---

[43] Superior Tribunal de Justiça. Súmula 623, Primeira Seção, julgado em 12/12/2018, *DJe* 17/12/2018.
[44] Os contratos de colaboração são aqueles nos quais uma parte explica a sua atividade em vista da atividade do outro. MESSINEO, Francesco. *Il Contrato in genere*. T. I. Milano: Giuffrè, 1973. p. 795. O referido autor apresenta uma proposta de classificação dos contratos segundo a sua função econômica, a serem considerados sob a ótica da causa dos contratos, de modo que a classificação se mostre relevante tanto do ponto de vista estrutural, como do ponto de vista funcional. Os contratos de colaboração atuam no momento econômico da produção.

confirmando, portanto, que a transferência do poder de destinação do imóvel agrário ao cessionário não é absoluta. Mesmo no caso dos contratos de arrendamento, o proprietário tem resguardado para si um certo poder de gestão do imóvel, tendo não só a legitimidade e o interesse, mas também o ônus de evitar a condução danosa das atividades agrárias pelo arrendatário.

Ao lado da observância das diretrizes impositivas para a preservação do meio ambiente, destaca-se a necessidade de observância de boas práticas agrícolas pelos arrendatários e parceiros outorgados, especialmente aquelas admitidas para os vários tipos de exportação intensiva e extensiva para as diversas zonas típicas do país. Ao disciplinar essa questão, o Art. 13, II, "b", do Decreto nº 59.566/66 faz referência a outros instrumentos normativos revogados. O preceito que prevalece, entretanto, corresponde à exigência de que o arrendatário ou o parceiro outorgado não podem exercer a atividade agrária com plena liberdade, estão adstritos às recomendações técnicas e legais aplicáveis, quanto às quais o proprietário outorgante também poderá manter vigilância.

Destaca-se que atividades agrícolas e pecuárias poderão inclusive estar sujeitas a prévio licenciamento ambiental, cabendo ao arrendatário ou parceiro outorgado solicitar às autoridades públicas o competente alvará para o exercício da atividade agropecuária[45]. O descumprimento desse ônus ou mesmo a utilização de práticas agrícolas não ideais poderão configurar o descumprimento do contrato, mesmo que esteja pago o arrendamento ou a quota-parte do proprietário, ensejando também a resolução do contrato.

Essas diretrizes acrescentam aos contratos agrários uma complexa matriz de risco, em que disputas poderão emergir não de obrigações principais objeto da contratação, mas da observância de obrigações laterais decorrentes do uso adequado do imóvel. A má execução de conservação de solo implicando o risco de ocorrência de erosões; a aplicação incorreta, excessiva ou insuficiente de defensivos ou insumos agrícolas; procedimentos inadequados de preparo de solo, plantio, tratos culturais ou colheita,

---

[45] A Lei nº 6.938, de 31 de agosto de 1981, que estabelece a Política Nacional do Meio Ambiente, não inclui todas as atividades agrárias como potencialmente poluidoras e utilizadoras de recursos ambientais. Apenas as atividades de silvicultura, exploração econômica da madeira ou lenha e subprodutos florestais, assim, pela legislação federal, estariam sujeitas a prévio licenciamento. Em nível estadual, entretanto, diversas legislações locais exigem o licenciamento das atividades agropecuárias.

poderão configurar inadimplemento contratual a ensejar o rompimento do vínculo, mesmo que não falte a contraprestação econômica prevista expressamente no contrato.

Com efeito, a preservação dos recursos naturais é outra obrigação essencial a ser cumprida pelo cessionário do imóvel rural. Nesse sentido, se tomarmos em conta o que é explicitado pelo Art. 27 do Decreto nº 59.566/93, o proprietário ou cedente do imóvel poderá não só rescindir o contrato, mas também exigir as perdas e danos causados. A definição é especialmente importante porque, como afirmamos anteriormente, no caso de serem causados danos ambientais ao imóvel, ainda que pela atividade do arrendatário, o proprietário será solidariamente responsável por sua reparação. Assim, o direito do cedente do imóvel deverá incluir o direito de regresso de toda e qualquer condenação que venha a sofrer, sem prejuízo da resolução do contrato.

1.1.3. Garantia de realização da colheita

O Estatuto da Terra estabelece, tanto para os contratos de arrendamento como para os de parceria, a prorrogação automática do contrato para que o cessionário do imóvel possa ultimar a colheita. Essa disposição implica o ajustamento do prazo do contrato ao ciclo agrobiológico, de modo que o regulamento contratual fique alterado para que possa ajustar-se ao tempo das forças naturais que regem as atividades agrícolas, sobrepondo-se inclusive ao pactuado pelas partes.

De fato, esse preceito se desdobra em diversas disposições que reafirmam a prevalência da agrariedade sobre a autonomia contratual, de modo a ajustar o regulamento contratual ao fato técnico do ciclo agrobiológico. São obrigações que devem incidir de maneira própria e específica para cada tipo de atividade agrícola, de maneira que o contrato se ajuste à dinâmica vegetal ou animal de interesse das partes do contrato.

No caso de atividade pecuária, em que não há propriamente uma "colheita", a Lei foi silente quanto à prorrogação dos contratos. O Decreto nº 59.566/66, entretanto, estabeleceu que os prazos de arrendamento também devem ser estendidos nesses casos, somente sendo extinto o contrato após a parição dos rebanhos ou depois da safra de animais de abate, assim entendido o período oficialmente determinado para a matança, ou o adotado pelos usos e costumes da região. Assim, o tempo do contrato deve ser compatível com o ciclo agrobiológico da atividade pecuária, quer de cria, quer de recria e engorda, devendo o contrato permanecer vigente até que se encerre o ciclo produtivo respectivo.

A observância desse preceito para a pecuária, entretanto, pode dar ensejo a diversos conflitos concretos, inclusive relativos ao cumprimento das demais dimensões da função social da propriedade. De fato, em que pese a importância do ciclo pecuário para a atividade econômica desenvolvida, normalmente os contratos de arrendamento de pastagens consideram também a capacidade de suporte do capim, ou seja, a quantidade de animais, ou seu equivalente em Unidade Animal (450 Kg de peso vivo) a que a pastagem possibilita o pastoreio. Se houver a prorrogação obrigatória do contrato, até que haja a parição das fêmeas ou término da engorda do rebanho, essa capacidade de suporte poderá ser superada. Vê-se, portanto, que, ao tentar definir a aplicação da lei a todos os tipos de contrato, o regulamento pode ter excedido o que seria o seu intento, implicando inclusive degradação ambiental do imóvel rural.

A extensão do contrato além do que foi estabelecido pelas partes poderá ser prejudicial ao solo e aos recursos naturais disponíveis, ensejando a degradação das pastagens, em virtude do sobrepastejo. Contraria-se, assim, o pressuposto da função social do imóvel rural, de aproveitamento adequado, ou melhor, equilibrado, dos recursos naturais. Adicionalmente, é de se questionar se o regulamento, com autoridade infralegal, poderia dispor sobre a extensão obrigatória do prazo contratual, promovendo uma interpretação ampliativa da lei, que não estabeleceu essa diretriz expressamente para o caso de arrendamento pecuário.

A possível divergência dos prazos estabelecidos pelo regulamento do Estatuto da Terra e a necessidade de aproveitamento adequado do imóvel rural também lança luz ao questionamento dos prazos mínimos que se impõem aos contratantes dos contratos agrários: de 3 (três) anos nos casos de arrendamento em que ocorra atividade de exploração de lavoura temporária, de pecuária de pequeno e médio porte, ou em todos os casos de parceria; de 5 (cinco) anos nos casos de arrendamento em que ocorra atividade de exploração de lavoura permanente, ou de pecuária de grande porte para cria, recria, engorda, ou extração de matérias primas de origem animal; de 7 (sete) anos nos casos em que ocorra atividade de exploração florestal. Esses prazos foram estipulados no Art. 13, II, "a" do Decreto nº 59.566/66, sob a alcunha de regulamentar a alínea "b", do inciso XI, do art. 95 e da alínea "b", do inciso V, do art. 96 do Estatuto da Terra. A Lei, no entanto, estabelece que o Poder Executivo deveria fixar prazos mínimos de duração e os limites de vigência segundo os vários tipos de atividade agrícola[46]. Não foi isso exatamente o que ocorreu.

A previsão de prazos mínimos pelo Decreto nº 59.566/66 sem uma correspondente norma na Lei tem sido objeto de controvérsia no âmbito do Superior Tribunal de Justiça. Conforme o acórdão decidido pela terceira turma, no REsp nº 806094/SP, de relatoria do Ministro Humberto Gomes de Barros, os prazos mínimos fixados pelo Decreto nº 59.566/66 não são necessariamente obrigatórios e podem ser afastados por disposição das partes. Nesse sentido, entendeu, por unanimidade, a turma julgadora que não pode o Decreto Regulamentar limitar a autonomia das partes se a Lei não criou essa limitação, sendo de se reconhecer a possibilidade de as partes afastarem as disposições do Decreto, se assim quiserem.

Essa posição, de disponibilidade plena das partes em relação aos prazos mínimos estabelecidos no Decreto nº 59.566/66 não é, entretanto, unânime. Conforme o precedente no REsp 195.177, cujo acórdão for relatado pelo Ministro Ruy Rosado Aguiar, a quarta turma daquele tribunal tem entendimento divergente da terceira turma, tendo proferido acórdão no sentido de reconhecer a obrigatoriedade do prazo mínimo estabelecido pelo Decreto 59.566/66, o qual não poderia ser desrespeitado pelas partes[47].

---

[46] A despeito da ausência de questionamentos da doutrina quanto à legalidade da limitação imposta pelo Decreto nº 59.566/66, mesmo após a edição da Constituição de 1988, esse tema merece melhor reflexão. Nesse sentido, é de chamar a atenção, em primeiro lugar, que o art. 25 do Ato das Disposições Constitucionais Transitórias (ADCT) estabeleceu expressamente a revogação, a partir de cento e oitenta dias da promulgação da Constituição, de todos os dispositivos legais que atribuíssem ou delegassem a órgão do Poder Executivo competência assinalada pela Constituição ao Congresso Nacional, especialmente no que tangesse a ação normativa. Ora, legislar sobre direito agrário é competência privativa da União (Art. 22, I), não havendo autorização constitucional quanto à delegação dessa competência legislativa do Poder Legislativo ao Poder Executivo. Conforme Barroso, o art. 25 do Ato das Disposições Constitucionais Transitórias determinou a revogação de normas dessa natureza, pretendendo "zerar a discussão das delegações legislativa, de modo que somente a lei, jamais o regulamento, passe a ser a via legítima de se criar obrigações para os particulares. BARROSO, Luís Roberto. Disposições constitucionais transitórias (natureza, eficácia e espécies), delegações legislativas (validade e extensão) poder regulamentar (conteúdo e limites). *Revista de Direito Público*. v. 24. n. 96. p. 69-80. São Paulo, out./nov. 1990.

[47] Superior Tribunal de Justiça. REsp 195.177/PR, Rel. Ministro Barros Monteiro. Rel. para o acórdão Ministro Ruy Rosado Aguiar, Quarta Turma, julgado em 03/02/2000, *DJ* 28/08/2000.

Ainda que não se afastasse a obrigatoriedade de observância dos prazos mínimos, estabelecendo esta como cláusula cogente a sobrepor-se à autonomia das partes em prol dos objetivos da política agrária, seria de rigor que o texto da Lei fosse interpretado de um modo mais coerente com o aspecto funcional dos contratos agrários. De fato, parece coerente com a sistemática agrária desses contratos que haja uma adequação entre o contrato e a atividade agrícola exercida, de modo a garantir o cumprimento da função social da propriedade. Esses prazos, vale dizer, deveriam ser mínimos e máximos, de modo a garantir o limite de vigência correspondente à atividade agrícola exercida pelo arrendatário ou pelo parceiro outorgado, como, aliás, previu o Estatuto da Terra.

Ao regulamentar a Lei, no entanto, o Poder Executivo não se atentou ao preceito da agrariedade, promovendo uma tosca distinção dos prazos a serem observados nos casos de lavouras temporárias, lavouras permanentes, pecuária de pequeno e médio porte, ou grande porte, ou, ainda, atividade florestal. Evidentemente, são múltiplas as situações que se enquadram em cada uma dessas grandes categorias, não correspondendo o prazo de três anos e de cinco anos aos ciclos produtivos de cada atividade agrícola, como preceituado no Estatuto da Terra.

Se considerarmos o plantio de soja, atualmente um dos mais importantes do país, identificamos que o ciclo produtivo dessa cultura vai de aproximadamente 100 dias, para variedades precoces, até 150 dias, para variedades tardias. Esse tempo deve ser considerado à luz de uma curta janela de plantio, considerando a época adequada de semeadura, para que a lavoura sofra as adequadas exposições ambientais de insolação, chuvas etc. Semeaduras em épocas inadequadas podem afetar o porte, o ciclo e o rendimento das plantas e aumentar as perdas na colheita. Conforme orientações técnicas da EMBRAPA, sugere-se um esquema de rotação a ser conduzido ao longo de um ciclo de oito anos: em cada talhão cultiva-se a soja por dois anos contínuos, seguido por dois anos do cultivo de outras culturas (milho, arroz, algodão e sorgo). Eventualmente, pode-se ter três anos com soja, no máximo, para que se evitem problemas mais sérios com pragas e doenças[48].

---

[48] EMBRAPA. *Sistemas de Produção* 11. Tecnologias de Produção de Soja – Região Central do Brasil 2007. Londrina: Embrapa, 2006. Disponível em https://www.agencia.cnptia.embrapa.br/Repositorio/tpsoja_2007_000g0v67mto02wx5ok00gmbp4qhts2gj.pdf. Acesso em 02 jun. 2020.

Esse ciclo agrobiológico é diferente para o plantio de tomate, de 95 a 125 dias[49]; de batata, de 100 a 110 dias[50]; ou de alho, que pode ser de até 130 dias[51]. O prazo mínimo de três anos, para todo e qualquer cultivo temporário, portanto, mostra-se muito superior ao ciclo produtivo da maior parte das culturas, implicando, na maior parte das vezes, que o contrato prevaleça por mais de um ciclo de produção.

Em muitos locais do Brasil, o clima tropical, com chuvas esparsas durante o inverno, permite o plantio de uma segunda safra, denominada "safrinha", com aproveitamento da terra com uma cultura diferente da principal, de ciclo mais curto, promovendo, ao mesmo tempo, a rotação de culturas e o incremento da produtividade da terra. Em situações de terras irrigadas, essa produtividade é ainda maior e pode-se obter mais de duas safras por ano, com o cultivo de uma mesma gleba de terras. O Estatuto da Terra, no entanto, não prevê essas hipóteses, pelo que muitas vezes o cedente da terra deixa de ser adequadamente remunerado. Alternativamente, as partes terminam por adotar disposições contratuais não amparadas pela visão predominante da legislação.

É verdade que o Art. 95, VII, do Estatuto da Terra estabelece que *"poderá ser acertada, entre o proprietário e arrendatário, cláusula que permita a substituição de área arrendada por outra equivalente no mesmo imóvel rural, desde que respeitadas as condições de arrendamento e os direitos do arrendatário"*, mas o exercício dessa faculdade não pode ser presumido para que possa ser cumprido o preceito do prazo mínimo. De fato, a interpretação corrente, mas não necessariamente coerente com a Lei, é que o proprietário deverá, no caso das culturas temporárias, tolerar três ciclos produtivos, no caso de culturas anuais, sem qualquer remuneração pela safrinha.

Embora, em determinados casos, essa interpretação possa estar de acordo com o interesse recíproco das partes, que poderão desejar contratar por prazos mais longos, garantindo, de um lado, a renda, e, de outro lado, a exploração contínua do mesmo imóvel por mais de um ano-safra,

---

[49] EMBRAPA. Embrapa Hortaliças. A Cultura do Tomate. Como plantar tomate de mesa. Cultivares. Disponível em https://www.embrapa.br/hortalicas/tomate-de-mesa/cultivares2. Acesso em 02 jun. 2020.
[50] EMBRAPA. Embrapa Hortaliças. A Cultura da Batata. Como plantar batata. Cultivares. Disponível em https://www.embrapa.br/hortalicas/batata/cultivares. Acesso em 02 jun.2020.
[51] EMBRAPA. Embrapa Hortaliças. Como plantar alho. Cultivares e épocas de plantio. Disponível em https://www.embrapa.br/hortalicas/alho/cultivares. Acesso em 02 jun. 2020.

não se pode admitir que a operação econômica mais condizente com a exploração racional e adequada seja impor às partes um contrato de longo prazo. Com efeito, em diversas situações, a manutenção do vínculo contratual além de um ciclo produtivo da cultura que se contratou implantar pode ensejar diversos problemas práticos às empresas agrárias.

Em primeiro lugar, porque a continuidade do contrato pode ser contraditória à recomendação técnica de rotação de culturas. Na medida em que o uso do imóvel pelo arrendatário ou parceiro outorgado é específico para a realização de lavoura de determinada cultura ou pastoreio de animais para determinada finalidade, não pode o cessionário do imóvel simplesmente alterar a sua destinação sem que isso seja previamente estabelecido em contrato. A alteração da destinação do imóvel, de fato, é causa para extinção do contrato, conforme disposto no Art. 26 do Decreto nº 59.566/66.

Em segundo lugar, porque a continuidade do contrato, salvo nos casos em que houver acordo específico sobre a questão, ensejará a períodos de "vazios", em que poderá haver dúvida sobre a legitimidade da posse do imóvel pelos arrendatários ou parceiros outorgados. Como mencionado anteriormente, o período de entressafra das culturas de verão também pode ser reconhecido como uma época de produtividade, sendo cada vez mais comum a realização do aproveitamento das áreas nesse período com culturas de inverno de ciclo curto, conhecidas como "safrinha", ou mesmo o aproveitamento dessas áreas com pastejo intercalado, em regimes de integração lavoura-pecuária, com aproveitamento da "palhada" remanescente do cultivo de grãos. Ademais, as técnicas atuais de cultivo têm permitido um aproveitamento máximo do solo agrícola, com até três safras anuais de diferentes produtos, especialmente em áreas irrigadas, que permitem plantios intercalados e consorciados, cuja organização não corresponde ao modelo contratual pressuposto pelo Estatuto da Terra e seu regulamento[52].

Mesmo no caso das culturas perenes e semiperenes, que são aquelas de ciclo vegetativo longo, permitindo colheitas sucessivas, sem necessidade de novo plantio, nem sempre o prazo de cinco anos previsto pelo regulamento do Estatuto da Terra se mostra adequado, sendo a regra incompleta e incompatível com diversos casos importantes de exploração da terra pelas empresas agrárias.

---

[52] Para um panorama atual da agropecuária nacional, vide IBGE Instituto Brasileiro de Geografia e Estatística. *Pesquisas Agropecuárias*. 3. ed. Série Relatórios Metodológicos, vol. 6. Rio de Janeiro: IBGE, 2018. Disponível em https://biblioteca.ibge.gov.br/visualizacao/livros/liv101552.pdf. Acesso em 04 ago. 2020.

No caso da cana-de-açúcar, por exemplo, estudos mostram que a lavoura é economicamente viável até o 5º corte, pelo menos. Entretanto, considerando que o primeiro corte ocorre aos 18 meses e os subsequentes no prazo de 12 meses, o contrato teria um tempo normal de 66 meses, ou seja, cinco anos e seis meses[53]. Em alguns casos, entretanto, a colheita pode ser viável, no entanto, até o 7º ou 8º corte, o que implicaria a eventual prorrogação do contrato para oito anos e meio, ou seja, um período muito superior ao prazo mínimo previsto pelo regulamento do Estatuto da Terra. A questão que se coloca, nesses casos, é quanto à incidência, nos casos de culturas perenes, do inciso I dos Artigos 95 e 96 do Estatuto da Terra diante da possibilidade e conveniência de prorrogação do contrato. Se o pressuposto do Estatuto da Terra é possibilitar a ultimação da colheita, no caso das culturas semiperenes, como é o caso da cultura de cana-de-açúcar, o adequado é que o contrato seja prorrogado automaticamente até a exaustão do canavial, permitindo que o arrendatário ou parceiro outorgado possa aproveitar a cultura que implantou, mediante o pagamento da renda ou quota-parte do proprietário, enquanto houver colheita pendente, ou seja, viável sob o ponto de vista agronômico e econômico para ambas as partes.

Essa questão não está adequadamente disciplinada na Lei e o regulamento inova com disposições ainda mais pertubatoras a esses legítimos interesses das empresas agrárias. Por consequência, a jurisprudência tem ignorado a peculiaridade desses plantios, não permitindo aos arrendatários e parceiros outorgados a exploração do canavial que plantaram por inteiro, até a exaustão efetiva do canavial[54]. O resultado é que, quando não

---

[53] Nesse sentido, VEIGA FILHO, Alceu de Arruda. Quando Reformar um Canavial?, Disponível em http://www.iea.sp.gov.br/out/TerTexto.php?codTexto=110. Acesso em 04 ago. 2020.

[54] Nesse sentido: ARRENDAMENTO RURAL PLANTIO DE CANA DE AÇÚCAR ARRENDATÁRIO CONTRATO CELEBRADO PELO PRAZO DE DEZ ANOS PRAZO CONTRATUAL FINDO DIREITO À PRORROGAÇÃO PARA APROVEITAMENTO DA SOQUEIRA - IMPROCEDÊNCIA. Embora assegurado ao arrendatário rural o direito de ultimar a colheita findo o prazo contratual, no contrato de arrendamento rural de safra canavieira a existência de brotos de cana de açúcar (soqueira) não implica no direito do arrendatário à prorrogação do arrendamento para safra futura, assegurando-se ao arrendador o direito à retomada. Recurso improvido. (TJSP; Apelação Cível 0016080-22.2009.8.26.0132; Relator (a): Clóvis Castelo; Órgão Julgador: 35ª Câmara de Direito Privado; Foro de Catanduva - 1ª. Vara Cível; Data do Julgamento: 27/08/2012; Data de Registro: 27/08/2012); AGRAVO DE INSTRUMENTO - PARCERIA AGRÍCOLA - AÇÃO DE RESCISÃO DE CONTRATO DE PARCERIA AGRÍCOLA COM RESTITUIÇÃO DO IMÓVEL C/C COBRANÇA DE RENDA - CONTRATO PARTICULAR DE PARCERIA AGRÍCOLA - PRESENÇA DOS REQUISITOS PREVISTOS NO ARTIGO 273 DO CPC A AUTORIZAR A ANTECIPAÇÃO DE TUTELA

são renovados os contratos de arrendamento, os proprietários se beneficiam da soqueira residual, apropriando-se da lavoura residual do arrendatário, o que pode significar verdadeiro enriquecimento sem causa, à custa do investimento do arrendatário ou do parceiro outorgado, em sentido exatamente oposto ao espírito da legislação agrária.

O mesmo problema se verifica na atividade de silvicultura. Embora o prazo mínimo pressuposto pela legislação agrária pareça ser longo, de sete anos, a literatura agronômica indica que as culturas florestais podem estabelecer-se de acordo com diversos modelos de desbaste, programando o corte das árvores. Na cultura de eucalipto, por exemplo, uma das mais comumente utilizadas, são programados cortes aos 6, 12 e 18 anos ou 5, 9 e 20 anos[55]. No caso do mogno africano, por outro lado, o corte raso da floresta ocorre apenas a partir dos 17 anos de idade[56]. Ou seja, o prazo de sete anos poderá ser excessivo se o arrendatário ou parceiro outorgado não tiver o direito de efetuar a colheita da rebrota, ou insuficiente, se o cessionário do imóvel tiver optado por outra cultura florestal mais tardia. Nesses casos, será peculiar compreender que o adiamento da colheita, além dos prazos previstos pelos Contratos, poderá se mostrar compatível e necessário com o regulamento agrário, que deve preservar, antes de tudo, a exploração produtiva do imóvel, garantindo ao lavrador, seja ele cultivador direto e pessoal, seja empresa agrária de

---

- VEROSSIMILHANÇA DA ALEGAÇÃO - CULTIVO DE CANA DE AÇÚCAR - EXTENSÃO DA CAPACIDADE PRODUTIVA QUE NÃO AUTORIZA A PRORROGAÇÃO DO CONTRATO PARA MAIS SAFRAS DO QUE AQUELAS CONTRATADAS - AUSÊNCIA DE HIPÓTESE DE PURGAÇÃO DA MORA.I - No que diz respeito à antecipação de tutela, exige-se para a sua concessão prova inequívoca a consubstanciar a verossimilhança do alegado, bem como a existência de fundado receio de dano irreparável ou de difícil reparação (artigo, 273, I) ou caracterização de abuso de direito de defesa ou, ainda, manifesto propósito protelatório do réu (inciso II).II - Não há que se falar que a extensão da capacidade produtiva das soqueiras no cultivo de cana de açúcar tem o condão de prorrogar o contrato para uma ou mais safras ante a existência de prazo determinado, devendo se entender, s.m.j, apenas a possibilidade de se ultimar a última colheita contratada (6ª), exaurindo-a. Se assim não se intentou contratar, a indicação precisa do número de safras teria sido inútil e, se considerada a tese de oposição, nitidamente contraditória. AGRAVO DE INSTRUMENTO NÃO PROVIDO. (TJPR AI 1268345-9 Engenheiro Beltrão, 11ª Câmara Cível, Rel. Desembargador Gamaliel Seme Scaff, v. u., julgamento em 08.07.2015, *DJ* 22/7/2015.).

[55] PENTEADO, Joel (org.); PICHELLI, Katia; SOARES, Simone (ed.). Embrapa. Transferência de Tecnologia Florestal. Eucalipto. Perguntas e Respostas. Disponível em https://www.embrapa.br/florestas/transferencia-de-tecnologia/eucalipto/perguntas-e-respostas. Acesso em 04 ago. 2020.

[56] IBF Instituto Brasileiro de Florestas. Mogno Africano. Disponível em https://www.ibflorestas.org.br/conteudo/mogno-africano. Acesso em 09 Abr. 2021.

pequeno, médio ou grande porte, a realização da colheita de acordo com a melhor prática agronômica.

Ao lado da preservação da finalidade agrária desses contratos, não se deve perder de vista que a prorrogação dos contratos até a ultimação da colheita será sempre também um imperativo de equilíbrio contratual. Nesse sentido, a regra dos incisos I dos Artigos 95 e 96, do Estatuto da Terra, que tratam da prorrogação do contrato para a ultimação da colheita, tem uma atuação análoga à prescrição do Parágrafo Único do Art. 473 do Código Civil[57]. Nesse dispositivo, o Código trata da eficácia relativa da denúncia do contrato, para que seja possível a preservação da vigência do contrato por prazo compatível com a natureza e o vulto dos investimentos realizados pelas partes, guardada a natureza do contrato. Assim, trata-se de uma regra geral que incorpora o mesmo pressuposto do Estatuto da Terra, qual seja que o contrato deve durar não apenas o tempo estabelecido pelo consenso das partes, mas também o tempo necessário para garantir às partes o cumprimento da finalidade do contrato e o equilíbrio econômico-financeiro compatível com a natureza do contrato, sob pena de frustração da sua finalidade social e econômica.

Como é próprio das cláusulas gerais, no entanto, o dispositivo do Código Civil se mostra vago e de uma aplicação multifacetada. Nem sempre é possível identificar, na relação contratual individualmente considerada, qual seria o prazo compatível com a natureza e o vulto dos investimentos, especialmente se as próprias partes não estabeleceram, ao definir o regulamento contratual, um prazo que fosse efetivamente compatível com seus esforços econômicos. De fato, a boa prática contratual é que a duração contratual, estabelecida pelas partes, seja suficiente à finalidade do contrato. Não por outro motivo, a análise da jurisprudência dos tribunais brasileiros tem demonstrado a cautela na sua aplicação, especialmente em contratos empresariais, preferindo os julgadores, por regra, manter o contratado, ao invés de intervir na duração do contrato[58].

---

[57] Código Civil Art. 473. A resilição unilateral, nos casos em que a lei expressa ou implicitamente o permita, opera mediante denúncia notificada à outra parte.
  Parágrafo único. Se, porém, dada a natureza do contrato, uma das partes houver feito investimentos consideráveis para a sua execução, a denúncia unilateral só produzirá efeito depois de transcorrido prazo compatível com a natureza e o vulto dos investimentos.
[58] Sobre a aplicação desse dispositivo pelos tribunais nos contratos empresariais, veja-se ALMEIDA, A. P. L.; BUENO, F. G.; MILITELLO, D.; NUNES, J. R. Resilição unilateral e investimentos: análise

De qualquer forma, entretanto, a diretriz do Código Civil, voltada ao equilíbrio econômico do contrato, e a diretriz do Estatuto da Terra, voltada ao cumprimento da finalidade agrária do contrato, devem ser interpretadas de modo conjunto, para que a preservação dos contratos agrários se mostre adequada ao pressuposto agronômico e econômico, ajustando-se o contrato às peculiaridades do caso concreto e da natureza da atividade agrária desenvolvida – sujeita às intempéries e às incertezas normais do fato técnico e natural da criação de animais e do cultivo de vegetais.

Embora o Estatuto da Terra disponha expressamente somente no sentido de que o arrendatário e o parceiro outorgado devem continuar na posse do imóvel pelo tempo necessário para concluir a colheita prevista dos frutos que semearam, permitindo a identificação de uma prevalência do ciclo agrobiológico no âmbito do regulamento contratual, esse não deve ser tomado como um critério único e isolado. O tempo de uso e gozo do imóvel rural deve ser compatível também com a natureza e o vulto dos investimentos realizados para a destinação produtiva da terra. Em outras palavras, quando o proprietário outorga ao cessionário o uso e a posse de terras degradadas, sem qualquer melhoramento ou preparo, para que o arrendatário ou parceiro outorgado faça investimentos para a transformação da terra nua em terra produtiva, é normal que se exija uma duração do contrato compatível com o tempo necessário para a amortização dos investimentos. Quando, no entanto, a terra é entregue em condições adequadas de exploração, cabendo ao arrendatário ou parceiro outorgado os investimentos correlatos apenas à sua safra, não se mostra necessária a postergação do prazo contratual[59].

---

da aplicação do parágrafo único do art. 473 do Código Civil pela jurisprudência empresarial. In: FORGIONI, Paula Andrea et al. (orgs.). *Fundamentos Econômicos do Direito de Empresa*. Curitiba: Juruá, 2019. p. 265.

[59] A correlação entre o prazo do contrato e os investimentos realizados pelas partes é um imperativo que transcende a disciplina dos contratos agrários. Nesse sentido, o Código Civil de 2002 estabeleceu no parágrafo único do Art. 473 que, mesmo os contratos sujeitos a resilição unilateral, por previsão legal ou contratual, somente poderão ser rescindidos após passado o tempo necessário para a compensação dos investimentos realizados. Nesse sentido, a disciplina contratual prevista no Código Civil reforça a noção de que as faculdades contratuais não podem ser exercidas sem uma consideração com a operação econômica e o equilíbrio contratual. O prazo compatível com a natureza e o vulto dos investimentos devem ser observados mesmo que o contrato tenha vigência por prazo indeterminado ou que possa ser rescindido unilateralmente, por vontade de uma das partes.

Da análise dos casos concretos supra, fica evidente que, ao menos quanto à fixação de prazos mínimos, a regulamentação dos contratos pode ser considerada incompleta, tanto quanto à preservação dos objetivos agrários do contrato, como quanto à aplicação de preceitos essenciais da disciplina dos contratos, previstos pelo Código Civil de 2002. No tocante ao previsto pelo Estatuto da Terra, ainda, é de se reconhecer que houve, de fato, um desvirtuamento, na medida em que a fixação dos prazos mínimos deveria considerar os vários tipos de atividades agrícolas, e, portanto, serem os prazos maleáveis, passíveis de adaptação à realidade agrária de cada atividade. Na interpretação corrente, no entanto, esses prazos passaram a ser entendidos como prazos mínimos obrigatórios e cogentes, em benefício dos arrendatários e parceiros outorgados, perdendo o vínculo objetivo que a Lei estabeleceu, como normas de conservação dos recursos naturais.

A atenção à preservação dos recursos naturais é uma obrigação inafastável ao uso e gozo dos imóveis rurais, como parte intrínseca da função social do imóvel rural, mas refere-se a outras obrigações, não necessariamente vinculadas ao tempo de exploração permitida ao cessionário do imóvel. Conforme mencionado, a conservação dos recursos naturais não raro será melhor perseguida pela interrupção dos cultivos contínuos, pela adoção de práticas agrícolas como a rotação de culturas; o pastejo intercalado, com utilização de forrageiras de cobertura e plantio direto; pela utilização da terra de modo adequado, da forma mais produtiva possível, inclusive para evitar a pressão por desmatamento e ampliação da área plantada. Esses são os preceitos que correspondem ao direcionamento mais adequado da legislação agrária, mas que não se coadunam com prazos *a priori*, que limitam a otimização do uso e exploração da terra, limitando a autonomia contratual das partes. Assim, resta claro que os prazos previstos pelo Decreto nº 59.566/66, em muitas situações, não se justificam, porque são longos demais ou curtos demais em relação ao ciclo produtivo vegetal ou animal objeto final do contrato.

Além do fato técnico, necessário à consideração do aproveitamento racional e adequado e da conservação dos recursos nacionais, a duração dos contratos agrários é uma questão relevante a ser considerada em termos do equilíbrio contratual. O Art, 95, III do Estatuto da Terra, possui uma diretriz importante com essa direção, tornando obrigatório que haja prévio ajuste entre as partes, quando o arrendatário pretender iniciar qualquer cultura cujos frutos não possam ser recolhidos antes de terminado o prazo de arrendamento. Se é verdade que o ciclo agrobiológico deve ser considerado para prolongar o contrato, não pode servir essa prorrogação obrigatória como causa do abuso do direito, pelo plantio de uma nova cultura, incompatível com o prazo contratual expressamente previsto pelas partes. Antes do cultivo, o arrendatário (e também o parceiro outorgado) deverá ajustar com o proprietário um novo prazo contratual e uma forma de pagamento do uso da terra considerando o prazo excedente necessário para essa nova cultura.

Ao estabelecer que o arrendatário que sai, extinto ou rescindido o contrato, permitirá ao que entra, a prática dos atos necessários à realização dos trabalhos preparatórios para o ano seguinte, o Art. 44 do Decreto nº 59.566/66 estabelece que a garantia de ultimação da colheita reconhecida ao arrendatário que está na posse do imóvel não é absoluta. O arrendatário, com efeito, não pode exercer esse direito de modo a tumultuar os atos necessários à realização dos trabalhos preparatórios para a safra seguinte, seja ela de responsabilidade ou interesse de um novo arrendatário ou parceiro outorgado, seja do próprio proprietário.

Desse dispositivo, assim, podemos concluir que o ciclo agrobiológico deve ser reconhecido como critério não só para a postergação do prazo contratual, mas também para a sua antecipação, nos casos em que a colheita já tiver sido ultimada e a posse estiver em vias de ser transferida a outro. O resultado desse dispositivo, ainda, é que, em situações excepcionais, o regulamento contratual poderá ensejar a composse por parte de dois arrendatários ou entre o arrendatário e o proprietário, quando for necessário o ingresso no imóvel para preparação das atividades agrícolas da safra seguinte e não houver prejuízo para a ultimação da colheita. Embora excepcional, essa situação relativiza o pressuposto de que a cessão temporária da terra possui efeitos absolutos, devendo, por conseguinte, ser sempre considerada à luz do ciclo agrobiológico, e não como um direito absoluto do arrendatário ou parceiro outorgado.

1.1.4. Preservação da empresa agrária

A preservação da empresa agrária dos arrendatários e parceiros outorgados é outro objetivo que justifica as diversas disposições do Estatuto da Terra que estabelecem que os contratos devem prevalecer e são oponíveis a terceiros (mesmo que não seja formalizado o seu registro público). São disposições que garantem a continuidade da atividade e da empresa agrária, outorgando aos cessionários direito de preferência, no caso de alienação (Art. 92, § 3º); direito de continuar a atividade, no caso de alienação a terceiro (Art. 92, § 5º); e, ainda, direito de renovação automática do contrato ou preferência à renovação, em igualdade com terceiros (Art. 95, IV, e 96, II).

Pretendendo alienar o imóvel, o proprietário deverá sempre ofertar ao arrendatário o direito de preferência, para que, querendo, possa adquiri-lo, em igualdade de condições com terceiros. Assim, havendo proposta firme de aquisição do imóvel, deverá sempre notificar o arrendatário, informando o preço e as condições de pagamento, para que este possa exercer o seu direito de preempção, no prazo de 30 (trinta) dias. Não havendo a notificação, o arrendatário preterido poderá haver para si o imóvel, desde que exerça judicialmente o seu direito, mediante consignação do preço em pagamento, no prazo de seis meses a contar da data do registro da alienação no Cartório de Registro de Imóveis (Art. 92, § 3º do Estatuto da Terra).

Conforme esclarece GRASSI NETO, o decurso do prazo gera a presunção de que o arrendatário renunciou ao direito, por não ser de seu interesse a aquisição do imóvel, ou por não ter condições para igualar a oferta efetuada ao proprietário[60]; mas é preciso compreender que o tempo dos negócios agrários, inclusive os imobiliários, nem sempre se mostra tão claramente. A maior parte dos negócios imobiliários no meio rural, com efeito, aperfeiçoa-se mediante instrumento particular, não sendo raras as hipóteses em a escritura de compra e venda somente é outorgada após o término do pagamento das glebas, frequentemente em dois, três ou até cinco anos após a concretização do negócio e transferência da posse ao comprador. Essa prática, não raro, estende ainda mais o prazo para que o arrendatário exerça o seu direito de preferência, especialmente porque a Jurisprudência do Superior Tribunal de Justiça tem fixado que o prazo para o exercício do direito de preempção por parte do arrendatário é de seis meses a partir do registro da alienação no Cartório de Registro de Imóveis[61].

A informalidade dos contratos agrários, reconhecida pelo Estatuto da Terra, que reconhece plena efetividade mesmo aos contratos verbais, pode

---

[60] GRASSI NETO, Roberto. O "direito de preferência" nos contratos agrários. *Revista de Direito Civil, Imobiliário, Agrário e Empresarial*. São Paulo. v. 18. n. 68. p. 108-23. abr./jun. 1994. p. 116.
[61] Superior Tribunal de Justiça. AgInt no REsp 1319234/MG, Rel. Ministra MARIA ISABEL GALLOTTI, QUARTA TURMA, julgado em 14/03/2017, *DJe* 20/03/2017.

colocar em xeque a segurança jurídica dos negócios em torno dos imóveis rurais. Com efeito, o direito de preferência pode ser exercido pelo arrendatário ainda que o contrato não tenha sido registrado à margem da matrícula do imóvel, dispensando-se a publicidade que os direitos sobre as coisas tradicionalmente requerem[62].

O direito de preferência não é, de fato, um direito real propriamente dito, uma vez que não consta do rol taxativo do Art. 1.225 do Código Civil[63]. Como afirma PEREZ, no entanto, trata-se de direito com eficácia real, podendo ser exercido *erga omnes*, perante qualquer adquirente[64]. Essa eficácia real não se estabelece pelo registro, mas pelo contrato, ou melhor, pela posse do imóvel, exercida de fato e de direito pelo arrendatário.

O reconhecimento do direito de preferência como sucedâneo exclusivamente da posse do arrendatário mostra-se, entretanto, gerador de controvérsias em virtude de duas outras diretrizes em torno desse direito. Em primeiro lugar, o entendimento, cristalizado pela jurisprudência do Superior Tribunal de Justiça, de que o direito de preferência à aquisição do imóvel, reconhecido ao arrendatário, não prevalece para beneficiar o parceiro outorgado, ao qual a Lei não estabeleceu expressamente esse direito[65]. Em segundo lugar, o estabelecido pelos Art. 46 do Decreto nº 59.566/66, no sentido de que o direito de preferência se estende a todo imóvel rural, ainda que o arrendamento seja apenas de parte deste.

Ora, não há, em princípio, afora a contraprestação, vinculada ao resultado da atividade agrária, diferença necessária, ou melhor, visível ao terceiro, entre o arrendatário e o parceiro outorgado. Aliás, mesmo

---

[62] Nesse sentido, a jurisprudência do Superior Tribunal de Justiça é pacífica. Vide: REsp 904.810/PR, Rel. Ministro HUMBERTO GOMES DE BARROS, TERCEIRA TURMA, julgado em 15/02/2007, DJ 19/03/2007; REsp 164.442/MG, Rel. Ministro LUIS FELIPE SALOMÃO, QUARTA TURMA, julgado em 21/08/2008, DJe 01/09/2008; e AgRg no REsp 717.860/RS, Rel. Ministro RICARDO VILLAS BÔAS CUEVA, TERCEIRA TURMA, julgado em 18/12/2014, DJe 05/02/2015.

[63] Código Civil. Art. 1.225. São direitos reais: I - a propriedade; II - a superfície; III - as servidões; IV - o usufruto; V - o uso; VI - a habitação; VII - o direito do promitente comprador do imóvel; VIII - o penhor; IX - a hipoteca; X - a anticrese; XI - a concessão de uso especial para fins de moradia; (Incluído pela Lei nº 11.481, de 2007); XII - a concessão de direito real de uso; e (Redação dada pela Lei nº 13.465, de 2017); XIII - a laje. (Incluído pela Lei nº 13.465, de 2017).

[64] PERES, Tatiana Pires Bonattti. *Direito Agrário:* direito de preferência legal. São Paulo: Almedina, 2016. p. 145.

[65] Vide, nesse sentido: REsp 37.867/RS, Rel. Ministro BARROS MONTEIRO, QUARTA TURMA, julgado em 31/05/1994, DJ 05/09/1994; REsp 264.805/MG, Rel. Ministro CESAR ASFOR ROCHA, QUARTA TURMA, julgado em 21/03/2002, DJ 17/06/2002.

a qualificação do contrato entre esses dois modelos gera, entre nós e no exterior, intensa discussão sobre a prevalência de duas modalidades distintas de cessão onerosa do uso da terra[66]. Assim, a imposição do direito de preferência como uma garantia inafastável pela vontade das partes, nos casos de contratos de arrendamento, de um lado, e a não incidência desse direito, nos casos de contratos de parceria, de outro lado, podem ensejar o interesse das partes em contratar de acordo com um tipo de contrato sem necessariamente buscar as consequências jurídicas principais, ou melhor, a função social para a qual o tipo foi estabelecido, gerando uma incongruência entre o tipo do contrato e o objetivo das partes individualmente considerado. A ausência de prévio registro dos contratos de arrendamento pode dificultar ainda mais, especialmente para o terceiro interessado, a identificação da existência ou não de direito de preferência a ser respeitado.

Destaque-se que o direito de preferência também não é reconhecido aos contratos agrários atípicos, que não envolvem necessariamente a cessão da posse e do uso da terra, como é o caso dos contratos de pastoreio. A doutrina distingue esses contratos dos contratos de arrendamento porque o gado empastado continua sob responsabilidade do dono do campo ou arrendatário deste, mas reconhece que esses contratos podem se dar sob a modalidade de parceria[67]. A jurisprudência, reconhecendo a distinção desses contratos com os contratos de arrendamento, nega a aplicação do direito de preferência ao dono do rebanho nesses casos[68].

---

[66] Veja-se, nesse sentido, GRASSI NETO, Roberto. O futuro dos contratos agrários: rumo à empresa agrária, à unificação típica e à uniformização legislativa. *Revista da Escola Paulista da Magistratura*. São Paulo. vol. 7. n. 1. p. 69-83. jan./jun. 2005.
[67] OPITZ, Silvia C. B.; OPITZ, Oswaldo. *Curso Completo de Direito Agrário*. 6. ed. São Paulo: Saraiva, 2012. p. 466.
[68] DIREITO AGRÁRIO. PROCESSO CIVIL. RECURSO ESPECIAL. DIREITO DE PREEMPÇÃO NA AQUISIÇÃO DO IMÓVEL RURAL (ART. 92, § 3°, DO ESTATUTO DA TERRA). EXCLUSIVIDADE DO ARRENDATÁRIO. REQUISITOS DO CONTRATO DE ARRENDAMENTO RURAL. INOCORRÊNCIA. AUSÊNCIA DE TRANSMISSÃO DA POSSE.NATUREZA JURÍDICA DE LOCAÇÃO DE PASTAGEM. MATÉRIA FÁTICO PROBATÓRIA. SÚM 7/STJ. 1. Não ocorre violação ao art. 535 do Código de Processo Civil quando o Juízo, embora de forma sucinta, aprecia fundamentadamente todas as questões relevantes ao deslinde do feito, apenas adotando fundamentos divergentes da pretensão do recorrente. Precedentes. 2. "Presente a coisa julgada, esta prevalece sobre a declaração de incompetência, ainda que absoluta, em observância aos princípios da coisa julgada, segurança jurídica, economia e celeridade processual." (AgRg no CC 84.977/RS, Rel. Ministro LUIS FELIPE SALOMÃO, SEGUNDA SEÇÃO, julgado em 11/11/2009, DJe 20/11/2009) 3. O direito de preferência previsto no Estatuto da Terra beneficia tão somente o arrendatário, como garantia do uso econômico da terra explorada por ele, sendo direito exclusivo

A insegurança jurídica torna-se ainda maior se o adquirente do imóvel não tem, com absoluta clareza e segurança, como precaver-se de forma objetiva da existência de contratos de arrendamento de partes do imóvel que possam elidir os efeitos de eventual negócio imobiliário. Nesse sentido, é de se destacar que o Art. 46 do Decreto nº 59.566/66 estabelece regra no sentido de que o direito de preferência só pode ser exercido para a aquisição total da área, não sendo o proprietário obrigado a vender parcela ou parcelas arrendadas, se estas não abrangem o total da área. Assim, em tese, o direito de preferência para adquirir a totalidade do imóvel poderia ser reconhecido a qualquer arrendatário, de qualquer parte do imóvel, por mais ínfima que seja[69], a menos que, em caso de condomínio *pro diviso*, o arrendamento se restrinja à totalidade de um dos quinhões, já demarcados, ainda que não destacados[70].

Semelhante ao caso do direito de preferência, é a oponibilidade do contrato em relação a terceiros, prevista pelo Art. 92, § 5º do Estatuto da Terra, que garante a continuação do contrato no caso de alienação, ficando

do preferente. 4. Como instrumento típico de direito agrário, o contrato de arrendamento rural também é regido por normas de caráter público e social, de observação obrigatória e, por isso, irrenunciáveis, tendo como finalidade precípua a proteção daqueles que, pelo seu trabalho, tornam a terra produtiva e dela extraem riquezas, dando efetividade à função social da terra. 5. O prazo mínimo do contrato de arrendamento é um direito irrenunciável que não pode ser afastado pela vontade das partes sob pena de nulidade. 6. Consoante o pacificado entendimento desta Corte, não se faz necessário o registro do contrato de arrendamento na matrícula do imóvel arrendado para o exercício do direito de preferência. Precedentes. 7. Na trilha dos fatos articulados, afasta-se a natureza do contrato de arrendamento para configurá-lo como locação de pastagem, uma vez que não houve o exercício da posse direta pelo tomador da pastagem, descaracterizando-se o arrendamento rural. Chegar à conclusão diversa demandaria o reexame do contexto fático-probatório dos autos, o que encontra óbice na Súmula n° 07 do STJ. 8. Não há falar em coisa julgada em relação à natureza jurídica do contrato por se ter reconhecido em ação anterior (ação de obrigação de fazer cumulada com consignação em pagamento) o arrendamento rural, haja vista que os motivos para o julgamento daquele pleito, não fazem coisa julgada na presente ação de preferência (art. 469 do CPC). 9. A admissibilidade do recurso especial, na hipótese da alínea "c" do permissivo constitucional, exige a indicação das circunstâncias que identifiquem ou assemelhem os casos confrontados, mediante o cotejo dos fundamentos da decisão recorrida com o acórdão paradigma, a fim de demonstrar a divergência jurisprudencial existente (arts. 541 do CPC e 255 do RISTJ). 10. Recurso especial a que se nega provimento. Superior Tribunal de Justiça. REsp 1339432/MS, Rel. Ministro LUIS FELIPE SALOMÃO, QUARTA TURMA, julgado em 16/04/2013, *DJe* 23/04/2013.
[69] Nesse sentido: Superior Tribunal de Justiça. REsp 22.730/RS, Rel. Ministro CLAUDIO SANTOS, TERCEIRA TURMA, julgado em 16/03/1993, *DJ* 19/04/1993.
[70] Superior Tribunal de Justiça. REsp 171.396/SP, Rel. Ministro WALDEMAR ZVEITER, TERCEIRA TURMA, julgado em 04/03/1999, *DJ* 10/05/1999.

o adquirente sub-rogado nos direitos e obrigações do arrendante. Dito de outra forma, mesmo que o arrendatário não exerça o direito de preferência, adquirindo para si a propriedade do imóvel, continua explorando sem solução de continuidade da sua atividade agrária, independentemente de cláusula contratual expressa ou mesmo do registro do contrato. Neste caso, entretanto, os efeitos perante terceiros são iguais para todos os contratos agrários, prevalecendo tanto para o arrendamento como para a parceria[71].

Os contratos de arrendamento e de parceria são oponíveis em qualquer hipótese de alienação ou imposição de ônus real, devendo os adquirentes de direitos sobre os imóveis respeitar os contratos agrários e preservar a posse do cessionário do imóvel mesmo que a aquisição tenha ocorrido por sucessão *causa mortis*, cabendo aos herdeiros tão somente o direito de retomada para uso próprio, ao final do contrato, sob pena de renovação obrigatória do contrato de arrendamento ou de parceria[72].

A eficácia absoluta e *ipso facto* dos contratos de arrendamento e de parceria perante terceiros, especialmente os adquirentes de imóveis rurais, implica a necessidade de redobrarem-se os cuidados para que se possa fazer a aquisição segura de imóveis rurais. O adquirente não pode prescindir de uma análise detalhada e completa da situação possessória do imóvel, em toda sua dimensão. Ainda que o proprietário possa, no ato de alienação, declarar o imóvel livre e desimpedido, plenamente isento da posse de terceiros, se qualquer pessoa demonstrar ser arrendatário de uma ínfima parte poderá exercer o direito de preferência pelo todo do imóvel, adquirindo para si o imóvel pelo preço constante da escritura de compra e venda, independentemente de qualquer cláusula que conste do contrato de arrendamento ou de parceria ou mesmo das premissas de eventuais instrumentos particulares entre o proprietário e o adquirente[73].

O direito de preferência estabelecido aos arrendatários e parceiros outorgados corresponde, vale dizer, a disposições próprias da legislação

---

[71] Nesse sentido: Superior Tribunal de Justiça. REsp 721.231/SP, Rel. Ministro JOÃO OTÁVIO DE NORONHA, QUARTA TURMA, julgado em 08/04/2008, *DJe* 28/04/2008; REsp 144.326/PR, Rel. Ministro EDUARDO RIBEIRO, TERCEIRA TURMA, julgado em 01/06/2000, *DJ* 21/08/2000, p. 116; e REsp 1.755/PR, Rel. Ministro SÁLVIO DE FIGUEIREDO TEIXEIRA, QUARTA TURMA, julgado em 06/03/1990, *DJ* 02/04/1990, p. 2459.
[72] Superior Tribunal de Justiça. REsp 1459668/MG, Rel. Ministro RICARDO VILLAS BÔAS CUEVA, TERCEIRA TURMA, julgado em 05/12/2017, *DJe* 18/12/2017.
[73] Superior Tribunal de Justiça. REsp 1175438/PR, Rel. Ministro LUIS FELIPE SALOMÃO, QUARTA TURMA, julgado em 25/03/2014, *DJe* 05/05/2014.

de locações de prédios urbanos para fins comerciais, que igualmente garantem, via de regra, aos inquilinos, a preferência para a aquisição e a renovação da locação, em igualdade com terceiros[74]. Assim, seria contraditório relacionar esses direitos garantidos pela legislação agrária com privilégios subjetivos aos arrendatários e parceiros outorgados, para fins de sua proteção social, sem considerar a importância do direito de preferência para a empresa do cessionário do imóvel.

No caso das locações urbanas para fins comerciais, justifica-se o direito de preferência e outras disposições concernentes à manutenção do locatário na posse do imóvel com o princípio da preservação da empresa, a garantia ao seu fundo de comércio, à clientela e outros elementos que compõem o estabelecimento empresarial. No caso dos contratos agrários, do mesmo modo, o direito de preferência e o direito à renovação do contrato também devem ser associados à continuidade da exploração do fundo agrícola constituído pelo arrendatário ou parceiro outorgado.

Nesse particular, vale dizer que, da mesma forma que a exploração do ponto comercial leva à constituição do aviamento, à fidelização da clientela e outros elementos intangíveis que compõem o estabelecimento comercial, proporcionando lucros à atividade empresária[75], a exploração continuada do imóvel rural também cria, para o agricultor ou pecuarista, determinado tipo de aviamento. Destacam-se, nesse sentido, não só as relações comerciais próprias, com fornecedores e clientes regionais, mediante a criação de vínculos subjetivos com a freguesia onde se encontra o imóvel rural (fator muito importante para as relações sociais agrárias), mas a também agregação de valor que se tem com a exploração continuada do mesmo imóvel rural. Nesse sentido, é corrente entre os fazendeiros e lavradores experientes que, ano após ano, se ganha melhor conhecimento da terra, das peculiaridades do solo de cada parte do imóvel rural e das suas reações próprias aos fenômenos naturais que, diferentemente do que muitas

---

[74] Para a locação de prédios urbanos, a Lei nº 8.245/91 estabelece o direito de preferência para a aquisição do imóvel locado (Art. 27) e, no caso das locações para fins comerciais, o direito de renovação obrigatória (Art. 51). Quanto ao direito de preferência, diferentemente do que ocorre com os contratos agrários, a eficácia depende da averbação do contrato na matrícula do imóvel, podendo o direito ser elidido por cláusula contratual. Quanto à renovação obrigatória, trata-se de uma cláusula obrigatória que não pode ser afastada pela convenção das partes (Art. 45).

[75] BARRETO FILHO, Oscar. *Teoria do Estabelecimento Comercial:* Fundo de comércio ou Fazenda Mercantil. São Paulo: Max Limonad, 1969. p. 196.

vezes se pensa, variam muito de imóvel para imóvel, de lugar para lugar, mesmo em uma mesma região ou município. O agricultor ou pecuarista que, portanto, continua explorando no longo prazo o mesmo imóvel rural adiciona valor agregado à sua atividade no decurso do tempo, constituindo espécie de aviamento a ser preservado pelos contratos agrários.

A par desses elementos, absolutamente intangíveis e não necessariamente passíveis de valoração econômica, porque próprios e pessoais do vínculo com a terra individualmente considerada, é cada vez mais corrente o conhecimento de que os solos constituem um sistema "vivo, que está constantemente sob ação de fluxos de matéria e energia e que, assim, evolui, se desenvolve e se forma de maneira contínua no ambiente em que está inserido"[76]. A agricultura continuada pelo arrendatário ou parceiro outorgado pode contribuir para a formação do solo, criando ali, pela interação de longo prazo, também um aviamento que contribui para a geração de lucros da atividade agrária.

Conforme já tivemos a oportunidade de mencionar, a exploração racional e adequada do imóvel, compatível com as melhores práticas agropecuárias é obrigação do usuário do imóvel rural e, por conseguinte, do arrendatário e do parceiro outorgado. A formação de solos e os melhoramentos correspondentes no imóvel rural, portanto, são uma consequência indispensável do cumprimento dos seus deveres. Assim, o reconhecimento de que este é um valor a ser considerado, especialmente no sentido de preservar ao cessionário a continuação da sua atividade tanto quanto possível e não prejudicial ao proprietário, não implica tornar esse melhoramento passível de indenização[77].

---

[76] Para mais informações sobre a importância da agricultura na construção do solo, ver: EMBRAPA. Embrapa Solos. Formação do Solo. Disponível em https://www.embrapa.br/solos/sibcs/formacao-do-solo. Acesso em 22 ago. 2020.

[77] A jurisprudência dos tribunais, acertadamente, diferencia o ativo biológico, ou seja, as melhorias no imóvel em virtude da própria exploração agrária, das benfeitorias e demais acréscimos que eventualmente têm de ser indenizados pelos proprietários. Nesse sentido, vejam-se os seguintes julgados do Tribunal de Justiça de São Paulo: PARCERIA AGRÍCOLA – CAUÇÃO – Contracautela que visa resguardar o risco de cumprimento da antecipação dos efeitos da tutela concedida em benefício dos apelados – Laudo de órgão oficial que atesta a colheita da cana-de-açúcar pelas apelantes – Sem hipótese para manutenção – Ademais, contrato que teve o prazo certo expirado – Decisão agravada mantida – Agravo não provido. PARCERIA AGRÍCOLA – SENTENÇA – Observância dos requisitos legais – Falta de contestação especificada para valores – Impossibilidade de fazê-lo em sede de apelação – Ônus daquele que contesta – Ausência de nulidade. PARCERIA AGRÍCOLA – CERCEAMENTO DE DEFESA – Ausência Decisão proferida em audiência, com

O Art. 95, IV, do Estatuto da Terra teve sua atual redação estabelecida pela Lei nº 11.443, de 5 de janeiro de 2007, a partir de substitutivo apresentado pelo Deputado Cezar Silvestri (PPS/PR), na tramitação do PL nº 5191/2005, de autoria do Deputado Moacir Micheletto. Conforme concluiu o parlamentar, em seu parecer, o texto teria por objetivo primordial dirimir dúvidas e interpretações do sentido das definições contidas no Estatuto da Terra, *"bem como aperfeiçoar os contratos agrícolas às situações fáticas atuais entre parceiros e proprietários, bem como respeitar a realidade e as características de cada região geográfica"*[78].

O dispositivo em comento, no entanto, não recebeu justificativa específica na Câmara dos Deputados. No Senado Federal, onde tramitou sob

---

encerramento da instrução – Sem interposição de recurso – Preclusão. PARCERIA AGRÍCOLA – RESCISÃO – Ausente prescrição – Relação de trato sucessivo – Inadimplemento – Contrato que previa obrigação de levantamento de área pós-plantio – Influência direta na contraprestação devida – Infração demonstrada – Sem cumprimento substancial do contrato – Omissão por grande parte da execução do contrato – Infração dos princípios da lealdade e da boa-fé – Conduta não esperada daquele com quem se contrata – Além disso, obrigação de manutenção da área objeto da parceria agrícola – Demonstração da ausência de cuidado – Hipóteses para a rescisão presentes – Reintegração de posse como efeito da rescisão. PARCERIA AGRÍCOLA – COBRANÇA - Levantamento de área pós-plantio, com influência direta na contraprestação devida – Contrato de compra e venda celebrado com pessoa jurídica de mesmo grupo econômico da parceria agrícola – Confusão – Pretensão de recebimento da contraprestação devida em razão da parceria agrícola – Prazo prescricional de três anos – Aplicabilidade do prescrito no artigo 206, § 3º, inciso I, do Código Civil – Prescrição – Inocorrência – Levantamento planimétrico que era condição para a cobrança de eventual diferença de contraprestação, fato a ser constatado pós-plantio – Inteligência do artigo 121 do Código Civil – Omissão das apelantes – Realização de planta de ocupação do solo pelos apelados e constatação de diferença em favor deles pela ocupação de área maior do que aquela inicialmente contratada – Interesse para a cobrança – Ausência de pagamento – Ciência inequívoca sobre a violação do direito apenas em dezembro de 2012 – Propositura da demanda respeitado o prazo prescricional – Apelantes que reconheceram o direito dos apelados – Confissão que faz prova contra o confitente – Ausência de demonstração de pagamento – Cobrança da diferença constatada pelo levantamento pós-plantio devida – Valor não questionado de forma especificada – Adequação do acolhimento do montante indicado na petição inicial. PARCERIA AGRÍCOLA – BENFEITORIAS – Ativo biológico – Soqueiras de cana-de-açúcar – Implantação como parte lógica e indispensável à viabilidade da plantação – Melhoramento no imóvel não caraterizado – Sem direito de retenção ou indenização. Agravo retido não provido e apelação não provida. (TJSP; Apelação Cível 0001325-28.2014.8.26.0484; Relator (a): Sá Moreira de Oliveira; Órgão Julgador: 33ª Câmara de Direito Privado; Foro de Promissão - 2ª Vara Judicial; Data do Julgamento: 18/07/2016; Data de Registro: 18/07/2016).

[78] CÂMARA DOS DEPUTADOS. Comissão de Agricultura, Pecuária e Abastecimento. Projeto de Lei nº 5191/2005. Disponível em https://www.camara.leg.br/proposicoesWeb/prop_mostrarintegra?codteor=348669&filename=Tramitacao-PL+5191/2005. Acesso em 22 ago. 2020.

a alcunha de PLC nº 46/2006, o projeto foi brevemente aprovado, sem qualquer alteração, mediante aprovação do Parecer do Senador Osmar Dias, que esclareceu que a modificação da redação dos incisos IV e V do art. 95 foi para estabelecer que a notificação a que se referem tais dispositivos seja de natureza extrajudicial[79] – anteriormente havia a dúvida se seria necessária a notificação judicial. Ocorre que essa não foi a única alteração implicada pela nova redação do dispositivo, que ficou com a seguinte redação, após a publicação em Lei:

> *IV – em igualdade de condições com estranhos, o arrendatário terá preferência à renovação do arrendamento, devendo o proprietário, até 6 (seis) meses antes do vencimento do contrato, fazer-lhe a competente notificação extrajudicial das propostas existentes. Não se verificando a notificação extrajudicial, o contrato considera-se automaticamente renovado, desde que o arrendador, nos 30 (trinta) dias seguintes, não manifeste sua desistência ou formule nova proposta, tudo mediante simples registro de suas declarações no competente Registro de Títulos e Documentos;*

A regra geral que a Lei estabelece, portanto, é de renovação automática dos contratos de arrendamento. Para evitar a renovação, transferindo o imóvel para arrendamento de terceiro, o arrendador deverá submeter propostas reais, para que o arrendatário possa exercer direito de preferência, garantindo a manutenção da posse do imóvel, tanto por tanto. Essa notificação, extrajudicial, deve ser feita por meio do Cartório de Títulos e Documentos, com registro das declarações das partes, sob pena de invalidade. O dispositivo alude, ainda, a uma "desistência" ou "nova proposta", a ser formulada pelo arrendador, nos 30 dias subsequentes, também mediante registro em Cartório de Títulos e Documentos.

De fato, a redação original do dispositivo mencionava que cabia ao "locatário", não ao "arrendador", apresentar desistência ou nova proposta, no mesmo prazo de 30 dias. Essa modificação, de importante efeito, no entanto, ficou obscura, eis que não foi justificada nos debates legislativos, que somente se referiram às alterações desse dispositivo para esclarecer que a notificação seria extrajudicial. Segundo OPITZ e OPITZ, houve um

---

[79] SENADO FEDERAL. Gabinete do Senador Osmar Dias. Parecer ao PLC nº 46/2006. Disponível em https://legis.senado.leg.br/sdleg-getter/documento?dm=4754800&ts=1594018470044&disposition=inline. Acesso em 22 ago. 2020.

erro de redação, já caberia ao "arrendatário" desistir ou formular nova proposta, conforme resta claro do Decreto nº 59.566/66, Art. 22, § 1º, alinhado, aliás, à redação anterior do artigo, que outorgava ao "locatário" o direito de fazer nova proposta ou apresentar desistência[80]. De fato, não faria sentido o dispositivo referir-se a duas notificações do proprietário, uma para dar conhecimento da proposta feita pelo novo pretendente e/ou outra, para formular uma nova proposta ou desistência do contrato. Só o arrendatário é que pode desistir, de fato, do contrato de arrendamento.

Nesse sentido, é fundamental ter em consideração que a manutenção da destinação produtiva do imóvel rural não é uma faculdade, mas um ônus do proprietário, a quem a Lei não resguarda o direito de simplesmente extinguir o contrato de arrendamento sem que haja a necessária substituição do uso da terra por outrem. Assim, o proprietário pode evitar a prorrogação automática do contrato, apresentando, por notificação extrajudicial, registrada em títulos e documentos, feita no prazo de seis meses antes do vencimento do contrato, a vontade de retomar o imóvel para explorá-lo diretamente ou por intermédio de descendente seu (Art. 95, V). Não querendo retomar para uso próprio e não pretendendo continuar o arrendamento, deve obter, nesse mesmo prazo, propostas de terceiros interessados em assumir a posse do imóvel, mediante pagamento de renda, devendo essas propostas serem comunicadas ao arrendatário atual, para que possa exercer seu direito de preferência à renovação do contrato. A correta interpretação é que o arrendatário tem 30 dias, do recebimento da notificação, para confirmar o exercício da prelação, confirmando o interesse de manter-se na posse do contrato, mediante as novas condições, sob pena de o contrato ser rescindido, ficando o imóvel livre para arrendamento ao novo proponente.

Se não houver notificação de proposta de novo arrendamento ou de retomada para uso próprio, o arrendatário também tem o ônus de notificar o proprietário, se quiser evitar a renovação automática do contrato. Nesse caso, pode fazer nova proposta de arrendamento ou manifestar a sua desistência em renovar o contrato, desincumbindo-se do ônus de dar destinação produtiva ao imóvel do proprietário. Se a notificação de desistência não for feita, no entanto, no prazo de cinco meses antes do término

---

[80] OPITZ, Silvia C. B.; OPITZ, Oswaldo. *Curso Completo de Direito Agrário*. 6. ed. São Paulo: Saraiva, 2012. p. 400.

do contrato, está obrigado a continuar no imóvel, pagando a renda e promovendo o cultivo contratado, sob pena de responsabilizar-se pelas perdas e danos sofridos pelo proprietário.

As consequências da não renovação, automática ou voluntária, dos contratos de arrendamento, são normalmente ignoradas pela doutrina e pouco abordadas pela jurisprudência. Com a evolução dos negócios agrários, no entanto, essa situação deverá ser cada vez mais frequente, especialmente em regiões de agricultura mais desenvolvida, em que a exploração econômica e adequada exige capital, tecnologia e profissionalismo não disponíveis a qualquer proprietário de terra ou arrendatário. Assim, cada vez mais, é o proprietário que depende do arrendatário, e não o inverso, devendo ser adequadamente distribuídos os ônus contratuais das partes, visando a uma relação jurídica equilibrada, sem perder de vista os objetivos de garantir a manutenção da atividade agrária e da exploração produtiva do imóvel.

O inciso IV do Art. 95 do Estatuto da Terra deve, portanto, ter uma importância cada vez maior, não só para que seja reafirmado o benefício concedido ao arrendatário, mas também para exigir-lhe a contrapartida. Assim, caso não haja notificação do proprietário para ofertar o direito de preferência ou para a retomada para uso próprio, é o arrendatário que deve suportar o ônus da renovação contratual caso não apresente a desistência em tempo hábil ou, ainda mais, deve suportar as consequências do vencimento do contrato, caso prefira, ao invés da renovação do contrato, com manutenção das condições anteriores, fazer nova proposta, barganhando o arrendamento. A nova proposta a que alude o inciso IV do Art. 95 desobriga o proprietário de manter o arrendamento com o mesmo arrendatário, que, assim, perde direito ao aviamento que constituiu no imóvel.

A seriedade das notificações previstas pelo Estatuto da Terra, inclusive quanto ao requisito de forma, com registro em títulos e documentos, deve ser vista de forma dúplice, tanto para fins de impedir a ação de despejo do arrendatário, caso não tenha sido feita corretamente pelo arrendador[81],

---

[81] ARRENDAMENTO RURAL. DESPEJO. NOTIFICAÇÃO. PRAZO. ART. 95, IV E V, DA LEI 4.504/64. RECURSO PROVIDO. I - O PROPRIETARIO DE IMOVEL RURAL, DESEJANDO RETOMA-LO DEVE NOTIFICAR O ARRENDATARIO DE TAL PROPOSITO ATE SEIS (06) MESES ANTES DO VENCIMENTO DO CONTRATO. II - REALIZADA A MENCIONADA NOTIFICAÇÃO AO DESABRIGO DA RESPECTIVA NORMA DO "ESTATUTO DA TERRA", IMPÕE-SE CONSIDERA-LA EXTEMPORANEA, COM O CONSEQUENTE

como para tornar, para ambas as partes, obrigatória a renovação do contrato[82].

Outra questão importante a ser considerada, para adequadamente compreender as consequências da renovação obrigatória que a Lei estabelece para os contratos de arrendamento, é quanto à possibilidade de o proprietário, ao retomar o imóvel para uso próprio, celebrar com terceiros outros contratos, por exemplo, de parceria rural. Ora, embora a Lei seja silente quanto a essa hipótese, a correta interpretação é que o proprietário deve garantir ao arrendatário o direito de preferência, tanto por tanto, para continuar na posse do imóvel sob qualquer modalidade de pagamento. Assim, também para ceder a posse do imóvel a terceiro em parceria rural, o proprietário deve garantir ao arrendatário a preferência para continuar na posse do imóvel.

Nesse sentido, vislumbramos que, embora o proprietário tenha direito a quota-parte do produto da atividade rural do parceiro outorgado, a parceria rural também é modalidade de cessão da posse do imóvel, o que exclui, *per se*, o cultivo direto do imóvel pelo proprietário. Tanto é assim que a Lei reconhece expressamente, também relativamente ao parceiro outorgado, o direito de preferência para, em igualdade de condições com estranhos, permanecer no imóvel, devendo-se aplicar ao parceiro outorgado as mesmas obrigações e ônus que mencionamos em relação ao arrendatário, inclusive no tocante a notificações e declarações para dar preferência, retomar para uso próprio, confirmar a prelação, manifestar a desistência ou fazer nova proposta para a renovação do contrato.

Para compreender adequadamente essa questão, parece pertinente reconhecer, como expusemos, o paralelo entre o cultivo continuado do imóvel e as qualidades apropriadas pelo solo, formando uma espécie de aviamento, de titularidade do possuidor do imóvel rural. Ao estabelecer a renovação obrigatória dos contratos agrários, o Estatuto da Terra

---

RECONHECIMENTO DE CARENCIA DA AÇÃO DE DESPEJO. III - O JUIZ, NO EXERCICIO DA SUA FUNÇÃO JURISDICIONAL, NÃO DEVE CONCORRER PARA A INSTABILIDADE DAS RELAÇÕES JURIDICAS ENTRE AS PARTES. (REsp 23.333/RJ, Rel. Ministro SÁLVIO DE FIGUEIREDO TEIXEIRA, QUARTA TURMA, julgado em 29/06/1992, *DJ* 10/08/1992, p. 11955)

[82] ARRENDAMENTO RURAL. NÃO EFETUADA A NOTIFICAÇÃO PREVISTA NOS ITENS IV E V DO ART. 95 DO ESTATUTO DA TERRA, TEM-SE O CONTRATO POR RENOVADO. (REsp 72.461/SP, Rel. Ministro EDUARDO RIBEIRO, TERCEIRA TURMA, julgado em 10/06/1997, *DJ* 18/08/1997, p. 37860).

garante a proteção desse aviamento constituído pelo cessionário ou usuário do imóvel rural, independentemente da modalidade de contratação. Reconhece-se, assim, que o uso cria esse valor, agregado à atividade daquele que explora o imóvel rural, e ao qual o atual cessionário deve ter direito, sob determinadas condições, sem infringir o direito de propriedade do cedente. De fato, o proprietário-cedente é livre para, no término do contrato, reassumir a posse do imóvel ou transferir a posse do imóvel a terceiro que possa lhe remunerar melhor, ressalvado sempre o direito de preferência do arrendatário ou do parceiro outorgado, ou seja, o direito à renovação do contrato, ao contrário do que possa parecer, em nada altera o seu direito de propriedade.

A renovação obrigatória do contrato, para a garantia do aviamento do cessionário do imóvel, também é um corolário nas locações urbanas para fins empresariais, de imóveis destinados ao comércio, conforme o Art. 51 da Lei nº 8.245/91 (Lei do inquilinato)[83]. Ao lado da ação renovatória, em

---

[83] Lei nº 8.245/91. Art. 51. Nas locações de imóveis destinados ao comércio, o locatário terá direito a renovação do contrato, por igual prazo, desde que, cumulativamente:

I - o contrato a renovar tenha sido celebrado por escrito e com prazo determinado;

II - o prazo mínimo do contrato a renovar ou a soma dos prazos ininterruptos dos contratos escritos seja de cinco anos;

III - o locatário esteja explorando seu comércio, no mesmo ramo, pelo prazo mínimo e ininterrupto de três anos.

§ 1º O direito assegurado neste artigo poderá ser exercido pelos cessionários ou sucessores da locação; no caso de sublocação total do imóvel, o direito a renovação somente poderá ser exercido pelo sublocatário.

§ 2º Quando o contrato autorizar que o locatário utilize o imóvel para as atividades de sociedade de que faça parte e que a esta passe a pertencer o fundo de comércio, o direito a renovação poderá ser exercido pelo locatário ou pela sociedade.

§ 3º Dissolvida a sociedade comercial por morte de um dos sócios, o sócio sobrevivente fica sub-rogado no direito a renovação, desde que continue no mesmo ramo.

§ 4º O direito a renovação do contrato estende - se às locações celebradas por indústrias e sociedades civis com fim lucrativo, regularmente constituídas, desde que ocorrentes os pressupostos previstos neste artigo.

§ 5º Do direito a renovação decai aquele que não propuser a ação no interregno de um ano, no máximo, até seis meses, no mínimo, anteriores à data da finalização do prazo do contrato em vigor.

Art. 52. O locador não estará obrigado a renovar o contrato se:

I - por determinação do Poder Público, tiver que realizar no imóvel obras que importarem na sua radical transformação; ou para fazer modificações de tal natureza que aumente o valor do negócio ou da propriedade;

II - o imóvel vier a ser utilizado por ele próprio ou para transferência de fundo de comércio existente há mais de um ano, sendo detentor da maioria do capital o locador, seu cônjuge, ascendente ou descendente.

benefício do locatário, no caso das locações urbanas, a Lei estabelece, em benefício de qualquer uma das partes, inclusive do proprietário, a ação revisional, para readequar o valor do aluguel às condições de mercado. A pretensão revisional pode, no caso das locações urbanas, ser requerida no curso do contrato, após três anos de vigência do contrato ou do último acordo de valor do aluguel (Art. 19 da Lei nº 8.245/91[84]), ou no bojo de contestação, no caso de ação renovatória (Art. 72 da Lei nº 8.245/91[85]).

§ 1º Na hipótese do inciso II, o imóvel não poderá ser destinado ao uso do mesmo ramo do locatário, salvo se a locação também envolvia o fundo de comércio, com as instalações e pertences.

§ 2º Nas locações de espaço em shopping centers, o locador não poderá recusar a renovação do contrato com fundamento no inciso II deste artigo.

§ 3º O locatário terá direito a indenização para ressarcimento dos prejuízos e dos lucros cessantes que tiver que arcar com mudança, perda do lugar e desvalorização do fundo de comércio, se a renovação não ocorrer em razão de proposta de terceiro, em melhores condições, ou se o locador, no prazo de três meses da entrega do imóvel, não der o destino alegado ou não iniciar as obras determinadas pelo Poder Público ou que declarou pretender realizar.

[84] Lei nº 8.245/91. Art. 19. Não havendo acordo, o locador ou locatário, após três anos de vigência do contrato ou do acordo anteriormente realizado, poderão pedir revisão judicial do aluguel, a fim de ajustá-lo ao preço de mercado.

[85] Art. 72. A contestação do locador, além da defesa de direito que possa caber, ficará adstrita, quanto à matéria de fato, ao seguinte:
I - não preencher o autor os requisitos estabelecidos nesta lei;
II - não atender, a proposta do locatário, o valor locativo real do imóvel na época da renovação, excluída a valorização trazida por aquele ao ponto ou lugar;
III - ter proposta de terceiro para a locação, em condições melhores;
IV - não estar obrigado a renovar a locação (incisos I e II do art. 52).

§ 1º No caso do inciso II, o locador deverá apresentar, em contraproposta, as condições de locação que repute compatíveis com o valor locativo real e atual do imóvel.

§ 2º No caso do inciso III, o locador deverá juntar prova documental da proposta do terceiro, subscrita por este e por duas testemunhas, com clara indicação do ramo a ser explorado, que não poderá ser o mesmo do locatário. Nessa hipótese, o locatário poderá, em réplica, aceitar tais condições para obter a renovação pretendida.

§ 3º No caso do inciso I do art. 52, a contestação deverá trazer prova da determinação do Poder Público ou relatório pormenorizado das obras a serem realizadas e da estimativa de valorização que sofrerá o imóvel, assinado por engenheiro devidamente habilitado.

§ 4º Na contestação, o locador, ou sublocador, poderá pedir, ainda, a fixação de aluguel provisório, para vigorar a partir do primeiro mês do prazo do contrato a ser renovado, não excedente a oitenta por cento do pedido, desde que apresentados elementos hábeis para aferição do justo valor do aluguel.

§ 5º Se pedido pelo locador, ou sublocador, a sentença poderá estabelecer periodicidade de reajustamento do aluguel diversa daquela prevista no contrato renovando, bem como adotar outro indexador para reajustamento do aluguel.

O Estatuto da Terra, diferentemente da Lei do Inquilinato, não estabelece regra expressa para permitir o reajuste da remuneração do proprietário, seja no curso do contrato, seja quando da renovação obrigatória. As duas hipóteses, entretanto, merecem ser consideradas no âmbito do regulamento dos contratos agrários. Em primeiro lugar, quanto à renovação obrigatória, em princípio, só pode ser elidida quando há retomada para uso próprio ou nova proposta, séria e efetiva de terceiro, mais vantajosa do que o arrendatário atual tenha interesse de pagar. A Lei agrária não estabelece um remédio para a adequação dos valores de arrendamento, nem por ocasião do término do contrato, nem durante o curso da contratação. Assim, nos casos em que a prestação do arrendatário ficar desvinculada do valor de mercado ou, ainda, desproporcional ao benefício econômico do cessionário, caberá às partes recorrerem ao direito comum, buscando a revisão do contrato para a readequação econômica do contrato[86].

Salvo a hipótese restrita de retomada, ao final do contrato, para uso próprio, ou inadimplemento, os contratos agrários só cessam a vigência por vontade do arrendatário ou parceiro outorgado no caso de perda da posse do imóvel pelo arrendante ou parceiro outorgado. Assim será tanto no caso de subarrendamentos e subparcerias, mas também nos casos em que o arrendante do imóvel é simplesmente usufrutuário ou mero possuidor do imóvel rural[87]. Mesmo nesses casos, porém, lhe será sempre garantido o direito de estender a vigência do contrato para ultimar a colheita (Art. 28 do Decreto nº 59.566/66).

---

[86] A revisão contratual, evidentemente, deve ser tomada como último remédio. Nesse sentido, o Código Civil hoje é expresso no sentido de que, as relações contratuais privadas, prevalecerão o princípio da intervenção mínima e a excepcionalidade da revisão contratual (Art. 421, § único), sendo esta uma medida a ser tomada de maneira excepcional e limitada. A adoção desses princípios, entretanto, não pode ser tomada de forma absoluta, devendo ser admitida a revisão dos contratos, especialmente nos casos em que houver desequilíbrio das prestações das partes. Nesse sentido, SCHREIBER, Anderson. Da imprevisão ao equilíbrio contratual. In: MENEZES, Joyciane Bezerra de; TEPEDINO, Gustavo (Coord.) *Autonomia privada, liberdade existencial e direitos fundamentais*. Belo Horizonte: Fórum, 2019. p. 351-367. ISBN: 978-85-0585-8) defende a necessidade de deslocar a centralidade da discussão por onerosidade excessiva, da imprevisibilidade e excepcionalidade da obrigação, cuja análise pela jurisprudência vem se mostrando subjetiva e oscilante, representante de arbítrio judicial, oculto por afirmações fluídas e genéricas, para a análise do desequilíbrio dos contratos, considerando o impacto dos acontecimentos supervenientes sobre a proporcionalidade interna do contrato.

[87] ARRENDAMENTO RURAL. USUFRUTO. ROMPE-SE O ARRENDAMENTO RURAL QUANDO EXTINTO O USUFRUTO PELA MORTE DO USUFRUTUARIO ARRENDADOR. RECURSO ESPECIAL ATENDIDO. (Superior Tribunal de Justiça. REsp 8.105/SP, Rel. Ministro FONTES DE ALENCAR, QUARTA TURMA, julgado em 11/12/1995, *DJ* 08/04/1996, p. 10473).

1.2. Cláusulas obrigatórias que visam à proteção social do lavrador – vantagens ao cultivador direto

Conforme aponta ROPPO, após a codificação, os ordenamentos jurídicos modernos passaram a sofrer uma tendência de especialização, com definição de uma disciplina contratual específica para determinados tipos de contrato. Essa situação permitiu ao autor defender a emergência de uma nova categoria de contratos, de contratos assimétricos, que não são nem aqueles sujeitos à disciplina geral dos contratos, nem aqueles sujeitos à disciplina especial dos contratos consumeristas. Os contratos assimétricos correspondem, no entanto, à necessidade de proteção, pela legislação, do contratante débil, com a finalidade de garantir proteção a dois valores fundamentais: justiça e eficiência. Esses contratos possuem um regulamento contratual voltado para, de um lado, evitar o desequilíbrio contratual e, de outro, impedir que o poder econômico seja um fator de prevaricação dos contratantes. Assim, aponta o autor italiano que são atribuídas vantagens ao contratante enfraquecido como direito indisponível, em derrogação da normal disponibilidade dos direitos patrimoniais. Alarga-se enormemente o campo das nulidades relativas. Multiplicam-se as exigências de forma escrita, instaurando um novo formalismo. Esse novo paradigma da disciplina dos contratos calibra as posições e papéis das partes como atores de mercado e implica que a contratação seja conduzida a esse contexto[88].

Essas observações parecem ser muito pertinentes à disciplina dos contratos agrários no direito brasileiro. O Art. 13 da Lei nº 4.947/66, com efeito, relacionou o regulamento contratual dos contratos agrários à proteção social e econômica dos arrendatários cultivadores diretos e pessoais, proibindo a renúncia, por parte do arrendatário ou do parceiro não-proprietário, de direitos ou vantagens estabelecidas em leis ou regulamentos, para todos os contratos pertinentes ao Direito Agrário. Em consequência, os contratos agrários assumiram uma essência de contratos assimétricos, de natureza existencial, com relevância social para a proteção de partes presumidamente hipossuficientes[89]. Assim, diversas normas específicas foram incorporadas para a proteção social da parte não-proprietária e, de certa forma, todo o regulamento contratual desses contratos passou a ser evidenciado

---

[88] ROPPO, Vicenzo. *Il Contrato*. 2. ed. Milano: Giuffré, 2011. p. 874.

[89] Importante mencionar que essas diretrizes foram incorporadas pelo ordenamento jurídico pela Lei nº 4.947/76, não pelo Estatuto da Terra, que não fixou esses papéis, pressupondo o cultivador direto como arrendatário ou parceiro outorgado.

em função desse objetivo distributivo da justiça contratual. Nos termos mencionados anteriormente, a doutrina relaciona as diretrizes retromencionadas não só ao ciclo agrobiológico (matéria raramente citada pela doutrina agrarista nacional), mas especialmente à necessidade, estabelecida pela legislação agrária, de proteger o camponês.

É de se destacar, entretanto, que uma parte importante das diretrizes contratuais pode ser relacionada a outros objetivos, não limitados à justiça contratual, mas à sua finalidade econômica ou social, qual seja, permitir o cumprimento da agrariedade. Essas disposições, portanto, deveriam ser aplicáveis a todo e qualquer contrato agrário, independentemente da qualidade do cessionário do imóvel rural. Outras matérias disciplinadas na legislação aplicável aos contratos agrários, entretanto, são específicas à proteção social dos arrendatários e parceiros outorgados, devendo essas disposições somente ser aplicáveis às situações em que o arrendatário ou parceiro outorgado seja, de fato, o cultivador direto e pessoal, em regime de economia familiar.

Na realidade da década de 1960, essas diretrizes mostravam-se importantes porque, não raro, os contratos de arrendamento e de parceria eram utilizados como forma de manter, nas propriedades rurais, mão-de-obra de baixo custo, para a ocupação de imóveis rurais mantidos como reserva de valor, para fins de especulação imobiliária. A cessão dos direitos de exploração de parte desses imóveis, portanto, seria a alternativa à contratação de mão de obra assalariada, utilizando-se do potencial produtivo dos imóveis não como elemento de empresa e de lucro, mas como facilitador do pagamento de força de trabalho de baixo valor agregado.

Na realidade atual, no entanto, a cessão de imóveis rurais não pode ser vista como uma forma alternativa de contratação de mão de obra. Nesse sentido, prevalece a determinação, vigente a partir da Constituição de 1988, de equiparação do trabalhador urbano e rural, para todos os fins, especialmente aqueles que visam à garantia da proteção laboral, com verbas indenizatórias e protetivas da parte hipossuficiente da relação de trabalho. Assim, como regra geral, já não faz mais sentido compreender os contratos agrários à luz da proteção social dos cultivadores diretos.

De fato, o trabalhador rural está protegido por um regime jurídico próprio do direito laboral, que possui salvaguardas adequadas para a preservação da sua situação jurídica, social e econômica, com justa remuneração dos serviços prestados, inclusive sob a proteção do sistema sindical – situação que não acontecia quando da edição do Estatuto da Terra. O regime jurídico dos contratos agrários deve ser considerado apenas nas situações em que não ficar caracterizado vínculo de emprego, ou seja, quando não houver subordinação, dependência econômica e habitualidade no trabalho prestado. Os arrendatários e parceiros outorgados somente assim serão considerados se forem, efetivamente, lavradores ou empresários agrários autônomos, ainda que de pequeno porte, em regime de economia familiar.

O pressuposto para a compreensão moderna dos contratos agrários, portanto, é aquele da organização da empresa agrária, devendo ser consideradas revogadas, expressa ou tacitamente, as normas que visam a proteger o arrendatário e, especialmente, o parceiro outorgado, como lavradores não autônomos, subjugados aos interesses dos proprietários. Nesse sentido, perde relevância a preocupação quanto a serviços gratuitos, exigidos do arrendatário ou parceiro outorgado e que não estejam vinculados ao contrato propriamente dito (Art. 93, do Estatuto da Terra).

Isso não quer dizer, no entanto, que os contratos agrários não possam ser considerados sob o prisma da assimetria contratual. Os contratos assimétricos são uma realidade que não se prende aos tipos ou à condição social das partes, mas correspondem aos elementos negociais e econômicos correspondentes à dependência econômica que refletem no poder contratual e cujo antídoto reside, de um lado, nas obrigações laterais de transparência e cooperação entre as partes, no curso da contratação e, de outro, na mitigação da força obrigatória dos contratos, em busca entre um equilíbrio entre as prestações das partes[90].

---

[90] ROPPO aponta os contratos assimétricos como uma categoria que possui uma incidência muito ampla, cujo paradigma não se limita à situação socioeconômica das partes, mas vincula-se a um elemento definido como debilidade de uma parte em relação à outra, que se pode denominar de assimetria de poder contratual. É em razão dessa assimetria que o legislador introduz, em proteção da parte frágil, aquelas normas indicadas como constitutivas de um novo paradigma contratual, em que se multiplicam os vínculos de transparência e de obrigações de informação a cargo da parte que goza de assimetria de informação à custa da outra parte, de modo que essas obrigações acessórias podem ser inclusive suficientes para afetar a validade do contrato. Fica, assim, atenuado o paradigma de um contrato com força de lei, abrindo espaço para uma ampla possibilidade de impugnação do vínculo que é balanceada com um conteúdo obrigatório da consequência destrutiva da impugnação (nulidade relativa, nulidade parcial). Resulta-se em um contrato sempre mais propício ao controle sobre o equilíbrio das prestações em sentido não só normativo, mas também estritamente econômico. Um contrato em que o regime sofre a crescente confusão entre regras de ordem tradicionalmente separadas, de normas de conduta e normas de validade. (ROPPO, Vicenzo. *Il contratto del duemila*. 3. ed. Torino: G. Giappichelle Editore, 2011.)

Afastado o regime laboral, é sob o aspecto do poder e do equilíbrio contratual que as determinações do Estatuto da Terra, tendentes a proteger o cessionário do imóvel rural e limitar a autonomia das partes, devem ser consideradas.

1.2.1. Cláusulas que estabelecem obrigações acessórias ao pagamento do preço pela cessão da terra

O Art. 93 do Estatuto da Terra (e Art. 13, VII, do Decreto nº 59.566/66) estabelece a proibição de que se exija, do arrendatário ou parceiro outorgado: I – prestação de serviço gratuito; II – exclusividade da venda da colheita; III – obrigatoriedade do beneficiamento da produção em seu estabelecimento; IV – obrigatoriedade da aquisição de gêneros e utilidades em seus armazéns ou barracões; V – aceitação de pagamento em "ordens", "vales", "borós" ou outras formas regionais substitutivas da moeda. Em linhas gerais, essas prestações seriam exigências comuns ao regime de colonato, que o Estatuto da Terra quis regular ou impedir, garantindo que não houvesse a exploração abusiva do lavrador ou cultivador direto do imóvel para fins exclusivos de atender aos interesses do proprietário ou cedente do imóvel rural. Considerado o afastamento da incidência das normas agrárias sob o regime de trabalho rural, no entanto, há que se compreender de modo distinto cada uma dessas limitações.

Veja-se, primeiramente, quanto aos serviços exigidos gratuitamente dos arrendatários e parceiros outorgados: há que se fazer uma distinção. Evidentemente, sob o prisma do equilíbrio contratual, o pressuposto a ser considerado é o de equivalência das prestações de um contrato que tem por natureza a comutatividade e a onerosidade. Assim, antes de qualquer proibição, deve-se questionar se as obrigações de fazer, eventualmente implicadas no âmbito dos contratos agrários, referem-se aos ônus contratuais correspondentes à sua contraprestação, ou podem ser consideradas serviços gratuitos, sem contraprestação.

O contrato pode estabelecer, por exemplo, que os arrendatários ou parceiros outorgados devem realizar obras e serviços fora dos limites da área cedida para o cultivo, como a manutenção e construção de cercas e aceiros, a conservação de benfeitorias e instalações rurais ou mesmo a realização de tratos culturais, serviços de colheita etc., que sejam do interesse do outorgante, mas que não possuem relação direta com os frutos pretendidos pelo outorgado. Ainda que não haja pagamento adicional, destacado da renda ou da quota-parte fixada no contrato de parceria, a prestação desses serviços "gratuitos" não pode ser necessariamente associada a um abuso da posição contratual dominante que o cedente do imóvel rural possa ter.

De fato, se o pressuposto desses contratos agrários é a cessão do uso e do gozo do imóvel rural, essa cessão deve ser associada ao ônus de conservar o imóvel em toda a sua extensão, não podendo o arrendatário ou parceiro outorgado furtar-se dessas obrigações pela falta de pagamento desses serviços. Assim, há que se considerar a vedação de serviços gratuitos não de forma literal, como muitas vezes se propõe, mas considerando a operação econômica como um todo e identificando se as prestações exigidas do arrendatário ou parceiro outorgado são decorrentes dos interesses visados pelo contrato, ou se são realmente prestações adicionais, caso em que deveriam ser remuneradas à parte, sob pena de enriquecimento sem causa do outorgante da posse do imóvel rural.

Do mesmo modo, a regra pela qual se veda exigir do arrendatário ou parceiro outorgado a exclusividade da venda da colheita ou do beneficiamento da produção deve ser considerada com parcimônia, levando em conta os objetivos econômicos dos contratos em análise. De um lado, se pensarmos nas hipóteses pressupostas pelo Estatuto da Terra, em que a cessão do imóvel rural era celebrada como forma de contratação de mão de obra, poderia ser justificável a proibição para que os colonos colocassem à disposição do proprietário a integralidade da sua produção, ficando excluídos do mercado e submetidos ao jugo dos seus contratantes. De outro lado, nas hipóteses mais modernas, em que o arrendatário e o parceiro outorgado estabelecem empresa agrária, essa cláusula poder ser essencial à operação econômica, em especial, para a organização dos sistemas agroindustriais.

No agronegócio moderno, os produtos rurais adquirem um valor agregado adicional ao participar de cadeias integradas, nas quais os acordos de exclusividade devem ser considerados como parte da estratégia de negócios. Por esse motivo, é de se reconhecer a validade dessas cláusulas, quando a imposição mercadológica aos lavradores puder representar vantagem aos cultivadores diretos. Os contratos de arrendamento e de parceria, com efeito, podem ser estabelecidos como parte da estratégia de integração entre empresas agrárias e empresas agroindustriais, de modo que a exclusividade da venda da colheita dos cessionários aos cedentes seja uma condição essencial para a preservação dos interesses sociais e econômicos do contrato, com benefício para ambas as partes. De um lado, o cedente aproveita-se da especialização do cessionário, que assume a responsabilidade pelo cultivo da terra, sem, no entanto, renunciar à segurança de fornecimento de matéria-prima. De outro lado, o cessionário passa a ter benefícios da agregação de valor dos seus produtos, que deixam de ser comercializados como simples produtos agropecuários, para serem reconhecidos como matéria-prima agroindustrial.

A análise da validade dessa cláusula, por conseguinte, não pode ser meramente estrutural, admitindo-se a sua vedação em caráter absoluto. É admissível que se reconheça o interesse jurídico, inclusive da parte supostamente mais fraca, em garantir o cumprimento do contrato. O critério de validade, assim, deve atender ao pressuposto da finalidade, bem como do equilíbrio contratual, a ser analisado de acordo com o caso concreto.

A garantia de fornecimento de matéria-prima para a atividade agroindustrial do cedente pode ser, por exemplo, essencial ao interesse contratual do arrendatário ou parceiro outorgado, especialmente nos casos em que houver coligação contratual entre o contrato de cessão da posse da terra e o contrato de fornecimento. A situação contratual do arrendatário ou do parceiro outorgado não necessariamente é agravada pelo compromisso de entrega dos produtos. Pelo contrário, o compromisso poderá permitir ao lavrador auferir resultados inflados pela agregação de valor e participação dos seus produtos em cadeias produtivas sofisticadas.

Para mitigar efeitos abusivos de qualquer cláusula de exclusividade, no entanto, serão sempre indispensáveis cautelas de transparência, garantindo o livre consentimento, e de preservação do equilíbrio contratual, especialmente por meio da precificação adequada dos produtos, a preços de mercado, devendo o intérprete preferir essa análise, conforme o contexto econômico e social da transação, a simplesmente admitir uma vedação estrutural, que não considera a situação objetiva das partes e do negócio realizado.

Do mesmo modo, é preciso compreender de modo mais atual a proibição de cláusulas que impliquem a obrigatoriedade da aquisição de gêneros e utilidades nos armazéns ou barracões dos cedentes; ou a aceitação de pagamento em "ordens", "vales", "borós" ou outras formas regionais substitutivas da moeda. De fato, essas limitações correspondem àquela situação histórica do colonato existente quando os rincões do país não tinham quaisquer instalações comerciais, de modo que os lavradores podiam ficar à mercê de uma situação de dependência absoluta, não protegidos pelo sistema de preços livres existentes em mercados abertos ao público. Nada obstante, a obrigatoriedade de aquisição de insumos em estabelecimentos determinados pelo arrendador ou pelo parceiro-outorgante, ou mesmo a aceitação de pagamento em títulos de crédito ou outras formas não pecuniárias de pagamento também poderão, em um regime de agricultura empresarial, representar vantagem ao parceiro outorgado ou arrendatário que eventualmente receba benefícios na forma de subsídios para a ampliação de suas lavouras.

Evidentemente, especialmente em cadeias integradas, pode haver uma relação de dependência econômica entre as partes, e é natural que a coordenação dos agentes econômicos possa induzir a formas mais acentuadas ou brandas de hierarquias[91]. É fundamental que essas relações se deem em nível cooperativo, sem excluir a autonomia das partes e preservando benefícios recíprocos mediante a repartição dos ganhos adicionais agregados às atividades e aos produtos em virtude dessa integração. Esse é o pressuposto dos contratos agroindustriais de integração vertical, conforme Art. 3º da Lei nº 13.288/16[92]. Os mesmos objetivos, de transparência e equilíbrio, também devem ser observados para os contratos de arrendamento e de parceria, inclusive para que adequadamente se possa considerar a sua validade ou invalidade.

Nesse sentido, resguardados esses preceitos, os contratos agrários devem ser considerados com o seu objetivo socioeconômico, de viabilizar a realização da atividade agropecuária no imóvel rural pelo arrendatário ou parceiro outorgado não proprietário. As obrigações acessórias ao pagamento do preço, nesse sentido, devem ser consideradas não apenas sob a ótica da proibição, induzida pelos incisos do Art. 93 do Estatuto da Terra, mas também sob a ótica do interesse maior, de interesse público inclusive, que é a viabilização da atividade agrária.

Vide, para corroborar esse entendimento de flexibilização das proibições previstas no *caput*, o disposto no parágrafo único do Art. 93, que estabelece que, quando não houver financiamento direto ao cultivador, arrendatário ou parceiro outorgado, o proprietário poderá exigir a venda

---

[91] Sobre o assunto, ver WILLIAMSON, Oliver E. *The Mechanisms of Governance*. New York: Oxford University Press, 1996. p. 26.
[92] Lei nº 13.288/16. Art. 3º É princípio orientador da aplicação e interpretação desta Lei que a relação de integração se caracterize pela conjugação de recursos e esforços e pela distribuição justa dos resultados.

da colheita até o limite do financiamento concedido, observados os níveis de preços do mercado local. Ora, essa diretriz derroga, exatamente pelo mesmo motivo que anteriormente expusemos, a proibição de obrigatoriedade de venda direta, desde que a obrigação seja feita no interesse do cultivador direto ou, sob outro ângulo, para os fins de viabilizar a atividade agrária do produtor rural que não seja proprietário, desde que mantida a prevalência dos critérios econômicos de preços de mercado, ou seja, de equilíbrio entre as prestações e contraprestações.

1.2.2. Direito à moradia e à subsistência nos contratos agrários

Ao referir-se aos contratos de parceria rural, agroindustrial e extrativa, o Estatuto da Terra estabeleceu que o proprietário assegurará ao parceiro que residir no imóvel rural, e para atender ao uso exclusivo da família deste, casa de moradia higiênica e área suficiente para horta e criação de animais de pequeno porte (Art. 96, IV).

Essa obrigação não corresponde a uma obrigação do proprietário de garantir a moradia ao cultivador direto. Pelo contrário, nenhuma irregularidade haverá se o parceiro outorgado não residir no imóvel rural, seja por ausência de casa de morada na gleba cedida em parceria, seja por não ser estipulado pelas partes a cessão da casa de morada existente no imóvel objeto do contrato de parceria. O significado da cláusula, de fato, é que a quota-parte do parceiro outorgante não poderá ser majorada como contraprestação da moradia ou do cultivo de subsistência. Essa utilização, acessória e residual do imóvel, para fins de sobrevivência e bem-estar do cultivador direto, quando se fizer presente, deve ser gratuita.

No caso dos contratos de arrendamento, essa obrigação não se mostra necessária, porque sendo a contraprestação pelo uso do imóvel e suas benfeitorias uma obrigação certa e determinada, não haveria necessidade de prever essa gratuidade. O preço da renda estipulado pelas partes deve considerar a gleba objeto de cessão como um todo, independentemente se o uso agrícola e das benfeitorias se faz em benefício do próprio arrendatário e de sua família ou de sua atividade empresária, para mercados. No caso dos contratos de parceria, por outro lado, a ausência da disposição legal poderia ensejar dúvida, gerando ônus ao cultivador direto não correspondente aos resultados econômicos da sua atividade empresarial.

O objetivo desse dispositivo, portanto, não se limita a garantir a proteção social do parceiro outorgado, mas também é essencialmente justificável para preservar o equilíbrio econômico dos contratos de parceria, que, sob a ótica econômica, deverá implicar a repartição dos frutos, dos lucros e dos riscos da atividade agrária empresarial. Todas as atividades que não forem estabelecidas pelos parceiros outorgados para mercados estarão excluídas da parceria e, assim, portanto, não haverá que se estabelecer quota-parte ou pagamento do uso do imóvel para fins de subsistência.

1.2.3. Preferência dos cultivadores pessoais e diretos nas políticas públicas previstas pelo Estatuto da Terra

O Estatuto da Terra estabelece que *"a todo aquele que ocupar, sob qualquer forma de arrendamento, por mais de cinco anos, um imóvel rural desapropriado, em área prioritária de Reforma Agrária, é assegurado o direito preferencial de acesso à terra"* (Art. 95, XIII). Essa seria mais uma previsão legal estabelecida como forma de garantir a proteção social do cessionário de imóvel rural em virtude de contrato agrário. Diferente das cláusulas anteriores, no entanto, o benefício não se estabelece em intervenção no regulamento do contrato, mas como critério de política pública, permitindo que o lavrador não proprietário possa adquirir seu próprio fundo, em virtude do programa de Reforma Agrária, também previsto pelo Estatuto da Terra.

A leitura literal do dispositivo legal enseja a interpretação de que somente poderia ser beneficiado pela Lei o cultivador direto e pessoal que explore o imóvel em regime de arrendamento, não sendo possível beneficiar-se da preferência o parceiro outorgado. Ora, essa limitação não faria qualquer sentido do ponto de vista teleológico. Se o pressuposto é a proteção social do cultivador direto, o acesso preferencial aos programas de reforma agrária deveria ser reconhecido a estes, lavradores não proprietários, independentemente da modalidade contratual com a qual adquiriram para si a posse e o uso temporário da terra de terceiros.

De fato, esse é mais um dos dispositivos que ficou superado pela legislação superveniente, que resolveu a contradição do Estatuto da Terra, sem revogá-lo de modo expresso. Ao restabelecer a regulamentação dos processos relativos à Reforma Agrária, a Lei nº 8.629, de 25 de fevereiro de 1993, equiparou, para os fins de garantir preferência nos programas de reforma agrária, todos os cultivadores diretos, incluindo aqueles que trabalham como posseiros, assalariados, parceiros ou arrendatários, no imóvel desapropriado e mesmo em outros imóveis rurais[93].

1.2.4. Titularidade da safra e poder de disposição das safras

O Estatuto da Terra estabelece que, quando houver financiado o arrendatário ou o parceiro outorgado, o proprietário poderá exigir do cessionário a venda da colheita até o limite do financiamento concedido, observados os níveis de preços do mercado local[94], ou seja, ressalvada eventual dívida com o proprietário da terra, contraída para empenho direto na contratação de investimentos necessários à atividade agrícola, deve o cessionário ter livre disposição da sua produção, não podendo o proprietário limitar essa autonomia seja no caso de arrendamento, seja no caso de parceria rural.

Embora essa seja a regra geral, é importante ter em consideração que, no caso dos contratos de parceria, até que haja a efetiva partilha dos frutos, a produção submete-se a uma espécie de condomínio. Assim, seguindo o disposto no Art. 96, V, do Estatuto da Terra, o Art. 13, VII, "c", do Decreto nº 59.566/66 estabeleceu que nenhuma das partes poderá dispor dos frutos ou produtos havidos antes de efetuada a partilha, devendo o parceiro-outorgado avisar o parceiro-outorgante, com a necessária antecedência, da data em que iniciará a colheita ou repartição dos produtos pecuários. Esse dispositivo torna os frutos da exploração agropecuária em regime de parceria rural indisponíveis, até que seja concluída a colheita.

---

[93] O art. 19 da Lei nº 8.629/93, na sua redação atual, dada pela Lei nº 13.465, de 2017, estabelece a seguinte ordem preferencial de distribuição dos lotes, a ser observada no processo de seleção de indivíduos e famílias candidatos a beneficiários do Programa Nacional de Reforma Agrária: I - ao desapropriado, ficando-lhe assegurada a preferência para a parcela na qual se situe a sede do imóvel, hipótese em que esta será excluída da indenização devida pela desapropriação; II - aos que trabalham no imóvel desapropriado como posseiros, assalariados, parceiros ou arrendatários, identificados na vistoria; III - aos trabalhadores rurais desintrusados de outras áreas, em virtude de demarcação de terra indígena, criação de unidades de conservação, titulação de comunidade quilombola ou de outras ações de interesse público; IV - ao trabalhador rural em situação de vulnerabilidade social que não se enquadre nas hipóteses previstas nos incisos I, II e III deste artigo; V - ao trabalhador rural vítima de trabalho em condição análoga à de escravo; VI - aos que trabalham como posseiros, assalariados, parceiros ou arrendatários em outros imóveis rurais; VII - aos ocupantes de áreas inferiores à fração mínima de parcelamento. Essa lista de preferência sofreu algumas modificações, desde a redação original da Lei nº 8.629, de 1993, mas quanto aos arrendatários e parceiros outorgados, sempre foram contemplados com o tratamento preferencial de forma equânime.

[94] Estatuto da Terra. Art. 93, parágrafo único.

Embora tenha o objetivo de promover a proteção social dos arrendatários e parceiros outorgados, a disposição acima comentada pode colocar em risco a própria viabilidade do negócio. Com efeito, conforme o pressuposto do Art. 95 do Código Civil, que permite que os frutos e produtos sejam objeto de negócio jurídico antes mesmo de separados do bem principal, é normal ao tráfego agropecuário a disposição sobre os frutos pendentes, riqueza principal dos lavradores não proprietários. O financiamento da safra agrícola ou pecuária dos arrendatários e dos parceiros outorgados não raro depende do empenho ou da venda antecipada das colheitas agrícolas, ficando esses negócios jurídicos no limbo da legalidade em virtude dessa disposição do regulamento do Estatuto da Terra.

Do mesmo modo, o regulamento infralegal do Estatuto da Terra estabelece que, nos casos em que o proprietário não financiar a produção, é obrigatória a sua concordância para a solicitação de crédito rural feita pelos arrendatários ou parceiros-outorgados, conforme disposto no Art. 13, VII, do Decreto nº 59.566/66. Essa cláusula visa à garantia de acesso ao crédito pelos lavradores não proprietários, que podem dar a safra em penhor e estabelecer garantia real que não dependa da propriedade do imóvel.

A exigência do decreto é de validade e eficácia questionáveis. Com efeito, a norma regulamentadora não poderia impor a concordância como ônus do proprietário sem previsão legal correspondente. Na prática, exige-se do proprietário anuência específica para a constituição de garantia sobre a safra, o que nem sempre os contratos estabelecem como disposição prévia e expressa. Assim, é comum que os produtores fiquem à mercê dos senhorios, no afã de obter carta de anuência de contratos de crédito, ou de sua participação como intervenientes-anuentes dos contratos de financiamento que tenham a safra como garantia[95].

A ideia fundamental em relação aos contratos de arrendamentos e de parceria é que estes, no modelo econômico moderno, podem, sem perder a sua essência de contratos de cessão do uso da terra, adquirir relevância na coordenação de cadeias produtivas e, nesses casos, as limitações do Estatuto da Terra, para a proteção social dos arrendatários e parceiros

---

[95] O manual de crédito rural do Banco Central do Brasil (Disponível para consulta on-line no endereço https://www3.bcb.gov.br/mcr), estabelece expressamente o seguinte: "18 - A garantia pode compor-se de bens pertencentes a terceiros, que devem assinar o instrumento de crédito como intervenientes-garantidores. (Res 3.239)".

outorgados devem ser compreendidas *cum grano salis*, especialmente no tocante a essas disposições, previstas em regulamento, mas não decorrentes propriamente da Lei.

Os preceitos a serem preservados, de fato, deveriam ser a autonomia e a liberdade do arrendatário e do parceiro outorgado, inclusive para livremente disporem dos frutos e produtos que lhes cabem por força do contrato, inclusive antes da colheita, se assim lhes fosse conveniente, podendo ainda vender ao próprio parceiro outorgante, especialmente nas hipóteses em que essa venda lhes garantir vantagens próprias dos sistemas agroindustriais. Da mesma forma, considerando que a profissionalidade agrária está na posição contratual do arrendatário ou parceiro outorgado, impedir que este antecipe o pagamento aos seus credores antes da realização da colheita é limitar a sua livre alocação de riscos contratuais, tolhendo a adequada gestão dos riscos empresariais e agrários que a sua atividade requer.

1.2.5. Levantamento, retenção e indenização de benfeitorias

O Estatuto da Terra[96] estabelece uma regra para a indenização de benfeitorias análoga ao que prescreve o Código Civil para o possuidor de boa-fé[97]. Assim, as benfeitorias úteis e necessárias realizadas no imóvel ensejam direito a indenização. As benfeitorias voluptuárias deverão ser também indenizadas, se tiverem sido autorizadas pelo proprietário. No caso de não pagamento da indenização das benfeitorias necessárias e úteis pelo proprietário, o cessionário do imóvel terá o direito de permanecer na posse, no uso e no gozo do imóvel, prorrogando-se o contrato obrigatoriamente, o que corresponde ao direito de retenção, garantido ao possuidor.

Essas disposições não são sem importância. A legislação agrária estabelece para o arrendatário ou parceiro outorgado direitos próprios do possuidor de boa-fé independentemente do vínculo contratual. Assim, essas disposições, referentes ao pagamento e indenização de benfeitorias são

---

[96] Estatuto da Terra. Art. 95. VIII - o arrendatário, ao termo do contrato, tem direito à indenização das benfeitorias necessárias e úteis; será indenizado das benfeitorias voluptuárias quando autorizadas pelo proprietário do solo; e, enquanto o arrendatário não for indenizado das benfeitorias necessárias e úteis, poderá permanecer no imóvel, no uso e gozo das vantagens por ele oferecidas, nos termos do contrato de arrendamento e das disposições do inciso I deste artigo

[97] Art. 1.219. O possuidor de boa-fé tem direito à indenização das benfeitorias necessárias e úteis, bem como, quanto às voluptuárias, se não lhe forem pagas, a levantá-las, quando o puder sem detrimento da coisa, e poderá exercer o direito de retenção pelo valor das benfeitorias necessárias e úteis.

alçadas à condição de cláusulas obrigatórias, que não podem ser afastadas pelo contrato.

Nesse sentido, a Jurisprudência do Superior Tribunal de Justiça vem reconhecendo que as partes não podem transigir quanto ao pagamento de benfeitorias ao arrendatário[98], reconhecendo ser o pagamento das benfeitorias uma condição essencial da proteção social dos arrendatários e parceiros outorgados. De fato, embora a legislação não estenda expressamente o direito de indenização e de retenção das benfeitorias aos contratos de parceria, a jurisprudência não distingue os contratos nesse particular, admitindo inclusive a prorrogação do contrato de parceria, enquanto não tiver havido o pagamento dos direitos indenizatórios[99].

Essa questão é especialmente importante nos contratos de arrendamento e de parceria que têm por objeto a exploração de culturas perenes ou semiperenes implantadas no imóvel pelo arrendatário ou parceiro outorgado e, ao final do prazo contratual, ainda têm um valor residual apreciável como ativo biológico.

---

[98] DIREITO AGRÁRIO. RECURSO ESPECIAL. CONTRATO AGRÁRIO. CLÁUSULA DE RENÚNCIA AO DIREITO DE INDENIZAÇÃO POR BENFEITORIAS. IMPOSSIBILIDADE. 1. Os contratos de direito agrário são regidos tanto por elementos de direito privado como por normas de caráter público e social, de observação obrigatória e, por isso, irrenunciáveis, tendo como finalidade precípua a proteção daqueles que, pelo seu trabalho, tornam a terra produtiva e dela extraem riquezas, conferindo efetividade à função social da propriedade. 2. Apesar de sua natureza privada e de ser regulado pelos princípios gerais que regem o direito comum, o contrato agrário sofre repercussões de direito público em razão de sua importância para o Estado, Do protecionismo que se quer emprestar ao homem do campo, à função social da propriedade e ao meio ambiente, fazendo com que a máxima do pacta sunt servanda não se opere em absoluto nestes casos. 3. Nos contratos agrários, é proibida a cláusula de renúncia à indenização pelas benfeitorias necessárias e úteis, sendo nula qualquer disposição em sentido diverso. 4. Na hipótese, todavia, da moldura fática e das cláusulas esmiuçadas pelas instâncias ordinárias, verifico que não houve renúncia ao direito de reparação; ao revés, ao que se percebe as partes acordaram forma de composição por meio de extensão do prazo de parceria. 5. É de se destacar que é da praxe do direito agrário, conforme se percebe de diversas passagens da norma, a utilização da benfeitoria como forma de compensação/indenização no âmbito de seus contratos. 6. Recurso especial a que se nega provimento. (REsp 1.182.967/RS, Rel. Ministro LUIS FELIPE SALOMÃO, QUARTA TURMA, julgado em 09/06/2015, *DJe* 26/06/2015)

[99] PARCEIRA AGRICOLA. BENFEITORIA UTIL. DIREITO DE RETENÇÃO. RECONHECIDO AO PARCEIRO AGRICULTOR O DIREITO A INDENIZAÇÃO POR BENFEITORIA UTIL, A ELE E ASSEGURADA, OUTROSSIM, A PERMANENCIA NO IMOVEL ENQUANTO NÃO FOR RESSARCIDO INTEGRALMENTE. DOIS RECURSO ESPECIAIS INTERPOSTOS: UM NÃO CONHECIDO; OUTRO CONHECIDO E PROVIDO PARA DEFERIR-SE O DIREITO DE RETENÇÃO. (REsp 30.229/RS, Rel. Ministro BARROS MONTEIRO, QUARTA TURMA, julgado em 24/08/1993, *DJ* 11/10/1993, p. 21323).

Conforme mencionamos, no tocante às culturas semiperenes, a adequação do contrato ao ciclo agrobiológico deveria implicar a possibilidade de o arrendatário ou o parceiro outorgado explorar o imóvel até o término das colheitas viáveis, com a prorrogação do prazo contratual até a exaustão do seu ativo biológico. Essa solução poderia ter como alternativa a indenização desse ativo biológico residual, criado a partir do investimento do cessionário e subsistente ao final do contrato. Essa situação é, por exemplo, recorrente nos contratos da cadeia de cana-de-açúcar, ou mesmo nos contratos de plantios florestais, em que, após o término do contrato, a partir da condução da rebrota, resta possível o aproveitamento de novas colheitas sem novos plantios. Como mencionamos anteriormente, no entanto, a jurisprudências dos tribunais tem negado aos arrendatários ou parceiros outorgados a continuação forçada desses contratos, não permitindo também a indenização da cana da soqueira deixada no imóvel pelos parceiros outorgados[100].

---

[100] O Superior Tribunal de Justiça, ao julgar o REsp 654.953/SP, deixou de apreciar o cabimento de indenização da soqueira remanescente de cana-de-açúcar ao final do contrato de parceria em virtude do impedimento de análise das circunstâncias de fato em sede especial, conforme acórdão assim ementado: CIVIL. PROCESSUAL CIVIL. AGRAVO REGIMENTAL NO AGRAVO EM RECURSO ESPECIAL. AÇÃO INDENIZATÓRIA. CONTRATO DE PARCERIA AGRÍCOLA. SOCAS DE CANA-DE-ACÚCAR. INEXISTÊNCIA DE PREVISÃO CONTRATUAL. SÚMULAS NºS 5 E 7 DO STJ. RECURSO NÃO PROVIDO. 1. Trata-se de pleito para reconhecimento de indenização por soqueira de cana-de-açúcar, em regular produção, deixada nas glebas de terra, ao término do contrato de parceria agrícola. 2. Para infirmar a conclusão do Tribunal de origem quanto à inexistência do direito por falta de previsão contratual em relação à indenização das socas de cana-de-açúcar, seria necessário reexame do contrato e dos elementos fático-probatórios dos autos, soberanamente delineados pelas instâncias ordinárias, o que é defeso nessa fase recursal, a teor das Súmulas 5 e 7 do STJ. 3. Agravo regimental não provido. (AgRg no AREsp 654.953/SP, Rel. Ministro MOURA RIBEIRO, TERCEIRA TURMA, julgado em 25/08/2015, DJe 03/09/2015). No Tribunal de Justiça de São Paulo, entretanto, são reiterados os precedentes da jurisprudência, em que a indenização da soqueira de cana-de-açúcar não é reconhecida como direito dos parceiros outorgados. Nesse sentido, vale destacar o precedente da Apelação Cível 1000267-02.2017.8.26.0311; Relator (a): Lino Machado; Órgão Julgador: 30ª Câmara de Direito Privado; Foro de Junqueirópolis, Vara Única; Data do Julgamento: 30/10/2019; Data de Registro: 01/11/2019, em que o tribunal afastou o cabimento do pedido de indenização das soqueiras de cana-de-açúcar, por entender que: *"soqueiras não são benfeitorias, mas são os elementos imprescindíveis ao próprio desenvolvimento da atividade empreendida nas terras: cultivo da cana-de-açúcar".* No mesmo, sentido, negando-se ao parceiro outorgado o direito a indenização, Apelação Cível 1002033-42.2016.8.26.0306; Relator (a): Daise Fajardo Nogueira Jacot; Órgão Julgador: 27ª Câmara de Direito Privado; Foro de José Bonifácio, 1ª Vara; Data do Julgamento: 04/02/2020; Data de Registro: 05/02/2020; Apelação Cível 1002534-83.2016.8.26.0568; Relator (a): Claudio Hamilton; Órgão Julgador: 25ª Câmara de Direito Privado; Foro de São João da Boa Vista, 2ª Vara Cível; Data do Julgamento: 30/01/2020; Data

1.3. Cláusulas obrigatórias que visam à definição de preços máximos pagos pela terra

A terceira categoria de cláusulas obrigatórias previstas pelo Estatuto da Terra para os contratos agrários pode ser identificada pela referência ao pagamento da contraprestação devida ao proprietário da terra pelo uso e gozo do imóvel rural. É sabido que o Estatuto da Terra prevê cláusulas cogentes que limitam em quantidade e qualidade a prestação devida pelo cessionário do imóvel rural, em diversas disposições. Diferentemente do que ocorre com as demais cláusulas obrigatórias, no entanto, essas cláusulas são distintas para os contratos de arrendamento e de parceria, que deverão, nesse particular, ser tratados de acordo com sua especificidade.

Ao passo que os grupos de cláusulas obrigatórias anteriormente expostos se identificam pela função, quer orientada para a função social, quer orientada para a proteção social dos lavradores, a peculiaridade dessas cláusulas obrigatórias ora comentadas é que elas incidem de modo diferente de acordo com cada um dos tipos de contratos agrários previstos na legislação. Denominamos essas, assim, como cláusulas de tipo, pois se relacionam à disciplina das duas modalidades contratuais previstas na legislação, o arrendamento e a parceria rural.

Portanto, enquanto as cláusulas anteriormente comentadas se referem à disciplina geral da cessão temporária da terra, visando ao cumprimento da função social da propriedade, diante da especialidade dos bens imóveis e dos interesses sociais voltados à realização da atividade agrária, ou visando à proteção social dos lavradores e cultivadores diretos, que possuem uma situação subjetiva de vulnerabilidade no âmbito da relação contratual,

---

de Registro: 30/01/2020; Apelação Cível 1034249-04.2017.8.26.0506; Relator (a): Walter Exner; Órgão Julgador: 36ª Câmara de Direito Privado; Foro de Ribeirão Preto, 5ª Vara Cível; Data do Julgamento: 19/11/2020; Data de Registro: 19/11/2020; Apelação Cível 1003261-55.2019.8.26.0077; Relator (a): Pedro Baccarat; Órgão Julgador: 36ª Câmara de Direito Privado; Foro de Birigui, 2ª Vara Cível; Data do Julgamento: 10/12/2020; Data de Registro: 11/12/2020. Importante pontuar, nada obstante, que o entendimento, quanto a qualificação das soqueiras, diverge nos precedentes judiciais das Câmaras de Direito Público, especialmente em processo de desapropriação, em que as soqueiras são reconhecidas como benfeitorias reprodutivas indenizáveis. Nesse sentido: Apelação Cível 0010922-38.2011.8.26.0189; Relator (a): Oscild de Lima Júnior; Órgão Julgador: 11ª Câmara de Direito Público; Foro de Fernandópolis, 2ª Vara Cível; Data do Julgamento: 19/02/2019; Data de Registro: 25/02/2019; Agravo de Instrumento 2125513-46.2020.8.26.0000; Relator (a): Paola Lorena; Órgão Julgador: 3ª Câmara de Direito Público; Foro de Assis, Vara da Fazenda Pública; Data do Julgamento: 05/07/2020; Data de Registro: 05/07/2020; dentre outros precedentes.

as cláusulas previstas na legislação especial que serão adiante analisadas referem-se às modalidades de contratos agrários.

Essas modalidades não se definem propriamente pelo objeto, que é sempre o imóvel rural, nem pela função, que é sempre a transferência da posse para a realização de atividade agrária pelo cessionário, mas pela partilha, ou não, de riscos dessa atividade. A partilha de riscos, assim, assume um papel central na definição da disciplina dos contratos agrários, diferenciando os contratos de arrendamento e de parceria.

Conforme a modalidade contratual, com efeito, as partes terão que se submeter a diferentes cláusulas obrigatórias, referentes à fixação do preço, em dinheiro ou em produtos; aos valores máximos de contrapartida pela cessão da terra; a regras específicas de reajuste e revisão dos preços; e diferentes regras para a devolução do imóvel, que a seguir apresentamos com melhor detalhamento, com vista à elucidação da disciplina dos contratos agrários prevista pelo Estatuto da Terra.

1.3.1. Vedação ao pagamento em produtos nos contratos de arrendamento

Conforme reconhece RIZZARDO, é arraigado no meio rural o costume de se fixar a contraprestação pelo uso temporário do imóvel rural em quantidades do produto colhido[101]. Esses contratos são normalmente nominados como contratos de arrendamento e, assim, muitas vezes eram considerados como uma prática ilegal, já que a jurisprudência majoritária considera nula a cláusula de pagamento em produto, nos contratos de arrendamento[102], com fundamento no parágrafo único do Art. 18 do Decreto nº 59.566/66, que estabelece o seguinte:

---

[101] RIZZARDO, Arnaldo. *Curso de Direito Agrário*. Edição 2014. Versão On-line. Disponível em https://proview.thomsonreuters.com/launchapp/title/rt/monografias/94425579/v2/document/99580672/anchor/a-99580672. Acesso em 07 jun. 2020. [s.p.]

[102] Nesse sentido, vejam-se os precedente do Superior Tribunal de Justiça: AgInt no AREsp 1000062/TO, Rel. Ministro RICARDO VILLAS BÔAS CUEVA, TERCEIRA TURMA, julgado em 27/04/2017, *DJe* 04/05/2017; e REsp 1266975/MG, Rel. Ministro RICARDO VILLAS BÔAS CUEVA, TERCEIRA TURMA, julgado em 10/03/2016, *DJe* 28/03/2016; AgInt no REsp 1397715/MT, Rel. Ministro RICARDO VILLAS BÔAS CUEVA, TERCEIRA TURMA, julgado em 12/09/2017, *DJe* 21/09/2017; REsp 1692763/MT, Rel. Ministro MOURA RIBEIRO, Rel. p/ Acórdão Ministra NANCY ANDRIGHI, TERCEIRA TURMA, julgado em 11/12/2018, *DJe* 19/12/2018; REsp 231.177/RS, Rel. Ministro LUIS FELIPE SALOMÃO, QUARTA TURMA, julgado em 26/08/2008, *DJe* 15/09/2008; REsp 127.561/SP, Rel. Ministro BARROS MONTEIRO, QUARTA TURMA, julgado em 03/06/2003, *DJ* 01/09/2003; REsp 128.542/SP, Rel. Ministro RUY ROSADO DE AGUIAR, QUARTA TURMA, julgado em 14/10/1997, *DJ* 09/12/1997.

> Art 18. O preço do arrendamento só pode ser ajustado em quantia fixa de dinheiro, mas o seu pagamento pode ser ajustado que se faça em dinheiro ou em quantidade de frutos cujo preço corrente no mercado local, nunca inferior ao preço mínimo oficial, equivalha ao do aluguel, à época da liquidação.
> Parágrafo único. É vedado ajustar como preço de arrendamento quantidade fixa de frutos ou produtos, ou seu equivalente em dinheiro.

De fato, ainda que doutrina e jurisprudência convirjam em confirmar a imperatividade do Decreto, nos termos acima transcritos, para dispor do preço do arrendamento, vislumbramos que o total descompasso entre a norma e a prática arraigada deve ser motivo de melhores considerações. Em verdade, contratos de cessão da posse da terra que estabelecem que o cessionário deve ao cedente quantidades fixas de produto agrícola, são prática corrente em grande parte do território nacional. Seria essa prática, arraigada e difundida, uma fraude à regulamentação dos contratos agrários de arrendamento e de parceria?

Com efeito, em primeiro lugar, é de se questionar a imperatividade do Decreto para disciplinar a ação privada, limitando a autonomia das partes contratantes. Como norma regulamentadora que é, o Decreto nº 59.566/66 não poderia estabelecer restrições à livre disposição do direito de propriedade sem fundamento em Lei. Em outras palavras, o proprietário ou possuidor do imóvel rural, salvo conduta prevista em Lei, é livre para dispor da sua posse, cedendo a terceiro pelo preço que melhor convier aos seus interesses.

A Lei, no entanto, estabelece limites a esse poder de disposição, por meio de preços máximos, a serem considerados pelas partes. Esses preços são fixados em dinheiro, para os contratos de arrendamento, e em quantidade de produtos, para os contratos de parceria. Não há, no entanto, na Lei, uma vedação à contratação da cessão da terra por preço que seja inferior a 15% ou 30% do valor cadastral do imóvel, no caso de arrendamento (Art. 95, XII), ou 20%, 25%, 30%, 40%, 50% ou 75% dos produtos obtidos com a exploração do imóvel, no caso de parceria (Art. 96, VI).

A leitura atenta do Estatuto da Terra e da legislação agrária, portanto, demonstra que não há dispositivo legal que vede a cessão da terra mediante pagamento em produtos. Assim, não se pode dizer que essa prática seja fraudulenta. Sob a ótica do direito privado, devemos compreender a vedação prevista no parágrafo único do Art. 18 do Decreto nº 59.566/66 como uma cláusula de objetivo hermenêutico, cuja finalidade não é restringir a autonomia privada, mas garantir a correta qualificação dos contratos agrários entre as duas modalidade possíveis, legalmente amparadas e que possuem disciplina jurídica semelhante, exceto no tocante ao pagamento que, em um caso, é limitado em função de um valor em dinheiro (valor cadastral) e, no outro caso, é limitado em função de uma quantidade de produtos (percentual da produção).

Em outras palavras, ao estabelecer que não deve o arrendamento se estabelecer mediante pagamento em quantidade de produto, ou no seu equivalente em dinheiro, o regulamento do Estatuto da Terra estabeleceu uma regra de tipificação dos contratos agrários, orientando o agente público responsável pela fiscalização dos preços máximos previstos pela Lei, que, dessa forma, saberá quando o contrato deve ser qualificado como contrato de arrendamento e quando se trata, na verdade, de contrato de parceria.

É importante destacar que os contratos de arrendamento não se distinguem dos contratos de parceria pelo objeto ou pela disciplina em geral, mas essencialmente pelo preço pago ao cedente pela posse do uso da terra. No caso dos contratos de arrendamento, o cedente recebe quantidade fixa, em dinheiro, não ficando sujeito aos riscos inerentes à atividade agrária desenvolvida pelo cessionário no imóvel. O compartilhamento dos riscos da atividade agrária, dentre os quais os preços dos produtos agrícolas, seria, assim, fator próprio do outro tipo contratual, a parceria, em que há o compartilhamento de riscos como elemento qualificador do tipo contratual[103].

Assim, quando há contrato de arrendamento, o risco da lavoura é integralmente do arrendatário, cuja prestação devida será de valor líquido e certo, ainda que a produção seja aniquilada por circunstâncias naturais incontroláveis, como nos casos de secas extremas, vendavais e dilúvios, independentemente de a colheita corresponder aos ganhos esperados e independentemente do preço que alcançar a colheita. A *contrariu sensu*, quando a prestação devida ao proprietário da terra estiver sujeita a qualquer interferência do sucesso do negócio, o contrato deverá ser compreendido como contrato de parceria.

---

[103] No mesmo sentido, analisando a legislação italiana, veja-se ALESSI, Rosalba; PISCIOTTA, Giuseppina. *Il contratti agrari*. 2. ed. Milano: Giuffrè, 2015. p. 212. No caso da legislação da península europeia, a vedação tem uma relevância maior, uma vez que por legislação de 1982, (Lei nº 203, de 3 de maio de 1982), adotou-se o instituto da conversão, com redução dos contratos associativos ao modelo do arrendamento.

Assemelhando-se ao contrato de locação, o arrendamento corresponde, portanto, à cessão onerosa da terra, contrato comutativo em que o proprietário ou possuidor garante ao cessionário a posse e o uso da terra, recebendo, em contraprestação, montante líquido e certo em dinheiro. Conforme deixamos expresso nas linhas anteriores, a distinção entre os contratos de locação de prédios e os contratos de arredamento e de parceria não se limita à qualidade do bem locado ("prédio rústico"), mas é definida essencialmente pela destinação dada ao imóvel ("atividade agrária"), que impõe ao cessionário da posse uma pluralidade de deveres anexos, correspondentes ao cumprimento da função social do imóvel rural. Trata-se de um ônus adicional, que o cessionário assume em razão do contrato, ou seja, além de transferir a posse e o uso, e os direitos dela decorrentes, os contratos agrários implicam a transferência de responsabilidades que seriam próprias do proprietário ou do possuidor do imóvel rural.

Apesar dessa característica singular, de maneira correlata aos contratos de locação, os contratos de arrendamento e de parceria possuem uma natureza eminentemente locativa, em que o elemento mais destacado é o de troca. Essa qualificação, embora seja pacífica quanto aos contratos de arrendamento, merece uma reflexão mais aprofundada quanto aos contratos de parceria.

A doutrina tradicionalmente qualifica os contratos de parceria como um contrato de natureza parciária, distante da locação e dos contratos de sociedade, mas que teria elementos de ambos Nesse sentido, PONTES DE MIRANDA aponta que o que qualifica os contratos de parceria é que a contraprestação do parceiro outorgado é a partilha dos lucros obtidos com a aplicação do bem na finalidade prevista nos contratos[104]. No seu entender, trata-se de negócio parciário, diferente do contrato de sociedade, porque são negócios que independem da cooperação entre as partes ou de uma finalidade comum, já que o parceiro não serve ao possuidor da terra. Não há comunhão na posse nem na atividade agrária; a única comunhão é de finalidade: a obtenção de frutos ou lucros a serem repartidos. Do mesmo

---

[104] A partilha dos frutos também é vista como essencial aos contratos de parceria no entendimento de Fernando Sodero, *in verbis:* "a parceria é contrato agrário pelo qual uma pessoa cede um imóvel rural, parte ou partes dele a outrem, ou lhe entrega animais, máquinas ou florestas, com o objetivo de repartir os frutos ou lucros obtidos na exploração, bem como os riscos da atividade, na proporção que estipularem, dentro dos termos da lei". (SODERO, Fernando Pereira. *Direito Agrário e Reforma Agrária.* 2. ed. Florianópolis: OAB/SC Editora, 2006. p. 142.),

modo, segundo o autor, falta, nesses contratos, o elemento associativo, porque não há codireção de empresa; e falta o elemento locativo, não havendo nem prestação de serviço, nem empreitada. O tratadista qualifica os contratos de parceria rural como contrato bilateral típico, pela tipicidade das prestações, em que há certa álea para o outorgante possuidor do fundo. O autor nega que a parceria faça surgir um patrimônio separado, destacando que o elemento essencial do contrato é a divisão dos frutos[105].

Essa qualificação para os contratos de parceria é perfeitamente pertinente nos casos em que o contrato tem por finalidade exclusiva o exercício de uma atividade agrária principal ou conexa. Quando a atividade é o objetivo final do contrato, prevalece o intuito de partilha dos frutos de uma atividade realizada pelo parceiro outorgado, que recebe ativos de produção do parceiro outorgante, para serem explorados em proveito recíproco, com partilha de frutos. Nem sempre, no entanto, o contrato de parceria tem por objeto e finalidade o exercício de uma atividade econômica partilhada. Especialmente nos contratos de parceria rural, em que o objeto principal é a cessão da terra[106], a participação do proprietário adquire muito mais a noção de partilha de riscos do que partilha de frutos ou resultados da atividade econômica.

Nesse sentido, devem ser consideradas de especial relevância as disposições da Lei nº 11.443, de 5 de janeiro de 2007, que expressamente dispensou que os contratos de parceria implicassem a partilha dos frutos da atividade

---

[105] PONTES DE MIRANDA, Francisco Cavalcanti. *Tratado de Direito Privado*, T. 45. Rio de Janeiro: Borsoi, 1972. p. 185. No mesmo sentido, OPITZ, Oswaldo; OPITZ, Silvia. *Contratos agrários no Estatuto da Terra*. 2. ed. Rio de Janeiro: Borsoi, 1971. p. 289.

[106] Nesse sentido, é de chamar a atenção que, ao passo que os contratos de arrendamento sempre terão por objeto a cessão da terra, os contratos de parceria podem ter por objeto a cessão de outros bens, de diferente natureza e que, de uma forma peculiar, formam também o estabelecimento agrário. Essa distinção, vale dizer, nem sempre recebe um tratamento adequado pela lei ou pela doutrina, que se foca nos contratos agrários como contratos de cessão da terra. Diversamente do que pressupõe a regra geral, os contratos de parceria pecuária, por exemplo, não pressupõem a cessão do imóvel rural, mas tão somente de animais. Assim, inversamente ao que ocorre no caso dos contratos de arrendamento ou de parceria agrícola, a terra onde são empastados os animais objeto do contrato, ou melhor, onde se exerce a atividade agrária, continua na posse do proprietário ou possuidor originário, que é cessionário do gado, não da terra onde estes são empastados. Nesse caso, a natureza parciária do contrato se mostra como essencial ao contrato, porque a cessão de animais para cria, recria, invernagem ou engorda, implica necessariamente uma atividade agrária de interesse comum. Assim, a operação econômica objeto do contrato envolve necessariamente a partilha de frutos dessa atividade.

agrícola, confirmando a noção de que esse tipo contratual não necessariamente corresponde, atualmente, a um negócio parciário, nos termos da doutrina tradicional, mas que pode corresponder também a um contrato comutativo, em que a contraprestação é submetida a um elemento aleatório, associado ao risco, ou a qualquer um dos riscos do empreendimento agrícola. Apesar de pouco evidenciada pela doutrina e pela jurisprudência, a reforma do Estatuto da Terra feita em 2007 teve uma importância crucial na requalificação dos contratos de parceria. Com efeito, esses contratos deixaram de ter como elemento categorial a partilha dos lucros ou dos frutos obtidos na atividade rural, afastando-se, portanto, do modelo de contratos parciários.

A partir da Lei nº 11.443, de 2007, a Lei deixou expresso que o elemento categorial dos contratos de parceria rural é a partilha de riscos inerentes à atividade agrária, os quais podem ser alocados a qualquer uma das partes, de modo conjunto ou isoladamente, mediante a partilha: a) dos riscos decorrentes do caso fortuito e de força maior do empreendimento rural; b) dos frutos, produtos ou lucros havidos na exploração do empreendimento rural; e ou c) das variações de preço dos frutos obtidos na exploração do empreendimento rural[107].

Embora a doutrina e a jurisprudência ainda não tenham se aprofundado na compreensão dessas alterações[108], essa Reforma do Estatuto da Terra é de grande importância para a requalificação dos contratos agrários mais utilizados pela prática contratual. A legislação deixou evidente que não é fraudulenta a contratação da cessão da terra mediante pagamento ao proprietário de quantidade fixa de produtos rurais ou seu equivalente em dinheiro. Essa modalidade contratual, entretanto, não pode

---

[107] Nesse sentido, art. 96, § 1°, *in verbis*: § 1° Parceria rural é o contrato agrário pelo qual uma pessoa se obriga a ceder à outra, por tempo determinado ou não, o uso específico de imóvel rural, de parte ou partes dele, incluindo, ou não, benfeitorias, outros bens e/ou facilidades, com o objetivo de nele ser exercida atividade de exploração agrícola, pecuária, agroindustrial, extrativa vegetal ou mista; e/ou lhe entrega animais para cria, recria, invernagem, engorda ou extração de matérias-primas de origem animal, mediante partilha, isolada ou cumulativamente, dos seguintes riscos: I - caso fortuito e de força maior do empreendimento rural; II - dos frutos, produtos ou lucros havidos nas proporções que estipularem, observados os limites percentuais estabelecidos no inciso VI do caput deste artigo; III - variações de preço dos frutos obtidos na exploração do empreendimento rural.
[108] Vide, nesse sentido, a importante dissertação de mestrado de GERBASI, Thiago Soares. *Contratos de parceria rural*: qualificação, regime jurídico e questões polêmicas. São Paulo: Faculdade de Direito da Universidade de São Paulo, 2016, sob orientação de SCAFF, Fernando Campos.

ser qualificada como de arrendamento e sim de parceria rural, conforme analisaremos com melhor detalhe no Capítulo 3.1.

A possibilidade de as partes estabelecerem contratos de parceria rural que não impliquem na partilha de frutos da exploração agrícola deve ser considerada também para o entendimento da regra prevista pelo Art. 96, § 2º do Estatuto da Terra, que foi estabelecida na Reforma de 2007 com a seguinte redação:

> *§ 2º As partes contratantes poderão estabelecer a prefixação, em quantidade ou volume, do montante da participação do proprietário, desde que, ao final do contrato, seja realizado o ajustamento do percentual pertencente ao proprietário, de acordo com a produção.*

Evidentemente, essa regra não deve se aplicar a toda e qualquer modalidade de parceria rural, mas tão somente aos contratos de parceria em que as partes partilham os riscos dos frutos, produtos ou lucros havidos nas proporções que estipularem, na forma do inciso II do § 1º do mesmo artigo. Quando as partes não partilharem os riscos decorrentes do resultado da lavoura, não há qualquer sentido em se exigir o ajustamento.

É preciso distinguir, na esteira do entendimento acima, o adiantamento previsto no § 3º do Art. 96 do Estatuto da Terra[109], que não descaracteriza o contrato de parceria de natureza parciária, quando houver partilha dos riscos relativos aos frutos, produtos ou lucros da atividade agrária exercida pelo parceiro outorgado, dos valores pré-fixados de quota-parte, para as modalidades de parceria em que as partes não partilham o risco do resultado da atividade agrária, mas apenas os demais riscos da atividade, referidos nos incisos I e III do § 1º do Art. 96 do Estatuto da Terra. Nesses casos, eventual pagamento antecipado da quota-parte não poderá ser considerado como adiantamento, mas pagamento antecipado, definitivo. Alternativamente, quando o contrato for efetivamente parciário, ou seja, submetido ao resultado da colheita, as partes deverão proceder ao ajustamento das quotas-partes, considerando créditos e débitos quando do encerramento do contrato ou da safra correspondente.

---

[109] Lei nº 4.504/64. Art. 96. § 3º Eventual adiantamento do montante prefixado não descaracteriza o contrato de parceria.

É importante considerar que a possibilidade de afastamento dos contratos de parceria do modelo parciário de divisão de frutos ou produtos, não retira dos contratos de parceria rural o elemento associativo. O caráter associativo desses contratos é consequência da partilha de riscos do empreendimento agrícola, não da partilha do resultado. O elemento associativo, entretanto, em qualquer das modalidades de parceria agrícola, não afasta, e sim complementa o elemento locativo, que é determinado pela cessão da posse da terra, objeto dos contratos agrários típicos em suas duas modalidades, que se qualifica pelo exercício de empresa agrária pelo cessionário, seja arrendatário ou parceiro outorgado.

Nesse ponto, portanto, distingue-se o modelo de contrato de parceria agrícola previsto no Estatuto da Terra das modalidades correspondentes da legislação italiana, *mezzandria, colonia parziaria* e *soccida*. Conforme CARRARA, essas três modalidades contratuais têm em comum, além da estrutura associativa, a função econômica de permitir que aquele que possui o direito de gozo da terra, por título de propriedade, de enfiteuse ou de usufruto, de arrendamento ou qualquer outro título, que deseja exercitar a empresa agrária em nome próprio e sob sua responsabilidade e direção, possa dividir com terceiro os riscos e as vantagens da gestão[110]. Ou seja, o pressuposto da legislação italiana, portanto, é que o cedente continua sendo o titular da empresa agrária, a qual é exercida conjuntamente com o parceiro outorgado.

No caso dos contratos de parceria rural previstos pela legislação brasileira, diferentemente, não se pode dizer que as partes partilham a empresa agrária como objeto comum, nem que a empresa agrária seja exercida pelo parceiro outorgante em nome próprio e sob sua responsabilidade e direção. O modelo contratual previsto pelo Estatuto da Terra, e que de fato ocorre, corresponde, antes de mais nada, à outorga da posse e o uso do imóvel ao parceiro outorgado, para que este exerça diretamente e em nome próprio atividade agrária. O proprietário, o usufrutuário ou o possuidor a qualquer título que cede o imóvel em parceria ou em arrendamento abdica da titularidade da empresa agrária, passando a ter direito apenas e tão somente ao pagamento da renda, fixada em dinheiro ou em frutos, conforme a modalidade contratual. Em todos os casos, a direção e a responsabilidade da empresa são do cessionário, seja este arrendatário ou parceiro outorgado.

---

[110] Giovanni Carrara. *I contratti Agrari*. 3. ed. Torino: UTET, 1954. p. 395.

Na Itália, as modalidades associativas de contratos agrários perderam a sua importância. Conforme é conhecido, a partir de 1982, adotou-se naquele país o instituto da conversão dos contratos agrários, reduzindo todas as modalidades de contratação à disciplina correspondente à locação, ou seja, ao *affito*. Trata-se de medida considerada louvável pela doutrina e, muitas vezes, incentivada a ser adotada de forma ampla[111]. No Brasil, entretanto, essa não seria uma medida necessária, pois a parceria rural não é, e talvez nunca tenha sido efetivamente, um modelo contratual comparável àquelas modalidades de contratos associativos. Nos termos a que nos referimos anteriormente, os contratos de parceria são, quando muito, negócios parciários, que se fazem com função eminentemente locativa, sem se definirem por uma finalidade comum entre os contratantes.

1.3.2. Preços máximos devidos ao proprietário nos contratos de arrendamento e de parceria rural

O Estatuto da Terra estabelece expressamente valores máximos a serem considerados para o pagamento dos proprietários, tanto no caso do arrendamento como no caso da parceria[112]. A remuneração do arrendamento não poderá ser superior a 15% (quinze por cento) do valor cadastral do imóvel, incluídas as benfeitorias que entrarem na composição do contrato, salvo se o arrendamento for parcial e recair apenas em glebas selecionadas para

---

[111] Nesse sentido, veja-se GRASSI NETO, Roberto. *Contratos Agrários*. 2. ed. Santo André: Esetec, 2007. p. 159.

[112] A fixação de preços máximos para os contratos de arrendamento talvez seja uma das mais graves intervenções na autonomia privada em relação aos contratos agrários e, talvez por isso, seja uma política aplicada pelo Poder Público com timidez. Nesse sentido, é de se diferenciar a política de preços máximos de arrendamento, estabelecida com o objetivo de proteção social dos cultivadores diretos, e a políticas de preços mínimos para os produtos agrícolas, com o mesmo objetivo. Conforme esclarece RIZZARDO, a política de preços mínimos de produtos agrícola, garantida pelo Dec.-lei 79/1966 e reiterada pela Lei 8.171/1991 (§ 2.º do art. 33), é política pública direcionada às ações estatais, de eficácia restrita às compras governamentais, para fins de suporte aos agricultores e formação de estoques públicos de regulação de preço. Os preços mínimos estabelecidos pelos órgãos de política agrícola não são aplicáveis aos negócios entre particulares, de compra e venda de commodities agrícolas, que se sujeitam à livre iniciativa e à livre concorrência, sequer podendo ser utilizada como parâmetro para pedir a revisão contratual. RIZZARDO, Arnaldo. *Curso de Direito Agrário*. Edição 2014. Versão On-line. Disponível em https://proview.thomsonreuters.com/launchapp/title/rt/monografias/94425579/v2/document/99580672/anchor/a-99580672. Acesso em 07 jun. 2020 [s.p.]. No caso dos contratos de arrendamento, diferentemente, pouca atenção a doutrina tem dado aos mesmos princípios contratuais, em que a limitação dos preços pagos ao cedente da terra é admitida pela doutrina e pela jurisprudência sem maiores questionamentos.

fins de exploração intensiva de alta rentabilidade, caso em que a remuneração poderá ir até o limite de 30% (trinta por cento)[113].

A remuneração da parceria, por seu turno, não poderá ser superior a um dado percentual dos frutos percebidos pelo parceiro outorgado, que varia de 20%, nas hipóteses em que o parceiro outorgante concorre apenas com a terra nua, a 75%, aplicável à parceria pecuária, exclusivamente nas zonas de pecuária ultraextensiva em que forem os animais de cria em proporção superior a 25% (vinte e cinco por cento) do rebanho e onde se adotarem a meação do leite e a comissão mínima de 5% (cinco por cento) por animal vendido.

O valor cadastral utilizado para cálculo do limite da prestação dos arrendatários corresponde àquele indicado no lançamento do Imposto Territorial – ITR, hoje regulado pela Lei nº 9.393, de 19 de dezembro de 1996, que prevê o fornecimento anual de Documento de Informação e Apuração do ITR – DIAT, com indicação do Valor da Terra Nua – VTN correspondente ao imóvel (Art. 8º), assim considerado o valor do imóvel, excluídos os valores relativos a construções, instalações e benfeitorias; culturas permanentes e temporárias; pastagens cultivadas e melhoradas; e florestas plantadas. No caso dos contratos, é o valor do imóvel, ou seja, valor de mercado, a importância que se mostra importante para a definição do limite da prestação, porque a terra nua não é passível de cessão de forma dissociada das benfeitorias, culturas e florestas que ali estão implantadas[114].

---

[113] Estatuto da Terra. Art. 95, XII, com redação dada pela Lei nº 11.443, de 2007. Nesse caso, a Lei de 2007 simplesmente alterou o vocábulo do pagamento ao proprietário de "preço" para "remuneração".

[114] O valor da terra nua é um conceito abstrato, que gera muitos debates, especialmente na seara tributária, em que é destacada a sua importância para a definição da base de cálculo do ITR, e na seara administrativa, em que é destacada a sua importância para a indenização de imóveis para fins de reforma agrária. O conceito visa a buscar uma segregação econômica da terra e dos seus melhoramentos decorrentes da atividade agrária, tanto ativo físico (construções, instalações e benfeitorias), quanto ativo biológico (plantações, pastagens e florestas). A avaliação desses melhoramentos de forma destacada é possível e permite que o imposto não incida sobre os investimentos realizados em prol da exploração da atividade agrária. E, da mesma forma que esses investimentos, no caso de desapropriação do imóvel para fins de reforma agrária, sejam indenizados em separado, mediante pagamento em dinheiro, à vista, ficando só o valor remanescente, ou seja, a terra nua, para ser indenizada a prazo, mediante Títulos da Dívida Agrária – TDAs (nesse sentido, veja-se a Lei Complementar nº 76, de 6 de julho de 1993). O conceito de valor da terra nua é, portanto, uma fixação jurídica com finalidade própria, não podendo ser apreciado economicamente sem

Considerando que os valores indicados pelos proprietários e possuidores de imóveis ao fisco devem, de fato, corresponder ao preço de mercado de terras, apurado em 1º de janeiro do ano respectivo, o percentual de 15% (quinze por cento) fixado pelo Estatuto da Terra mostra-se bastante remunerador e suficiente para não implicar empecilho à livre contratação de contratos agrários, considerando o equilíbrio econômico da prestação das partes. Raramente, as partes consideram, para as atividades imobiliárias, um retorno sobre o capital que chegue a esses patamares de rentabilidade. No caso de glebas de alto rendimento, em que se pode estabelecer uma contrapartida correspondente a até 30% (trinta por cento) do valor do ativo, esse limite parece ainda mais suficiente para corresponder à realidade dos investimentos imobiliários na área rural[115].

O pressuposto do Estatuto da Terra talvez tenha sido a fiscalização dos contratos agrários pelo Poder Público, considerando a importância de proteção social dos arrendatários e cultivadores diretos, inseridos no mesmo contexto da reforma agrária. Nesse sentido, aliás, a Lei nº 5.868, de 12 de dezembro de 1972, estabeleceu a obrigatoriedade de cadastro de arrendatários e parceiros rurais, com submissão dos contratos ao órgão fundiário. A pretensão de controle dos contratos agrários, no entanto, mostrou-se letra morta, não se tendo notícia de que tenha sido bem sucedido esse cadastramento que visava a garantir a fiscalização do dirigismo estatal pressuposto pelo Estatuto da Terra. Apesar das intervenções na autonomia privada serem reiteradamente prestigiadas nos livros de direito agrário, a verdade é que a maior parte dos contratos se faz à margem da atuação estatal. De fato, seria hercúlea, senão impossível, a tarefa de fiscalizar

considerar esses elementos. Com efeito, a avaliação de imóveis pressupõe a definição de valores de mercado dos imóveis da forma como eles se apresentam para negociação, com benfeitorias e culturas instaladas de forma acessória, mas indissociável da terra.

[115] Ao regulamentar o disposto no Estatuto da Terra, o Decreto nº 59.566/66 prevê uma forma complexa, que pressupõe a limitação do valor total do arrendamento pago ao proprietário, no caso de arrendamento de glebas ou de múltiplos arrendamentos, considerando um preço potencial de arrendamento para as áreas não arrendadas e um limite de 15% (quinze por cento) para o arrendamento correspondente ao valor das benfeitorias. Embora tenhamos em consideração que serão excepcionais as hipóteses em que o arrendamento supere esse limite, permitindo ao proprietário uma renda anual superior a 15 (quinze) por cento do valor de mercado de seu imóvel, consideramos que o Decreto excedeu os limites legais, impondo uma restrição à autonomia da vontade mais agravada do que aquela estabelecida por Lei. A fórmula prevista pelo Decreto pressupõe a adoção de limites que não constam expressamente do texto legal, exacerbando, assim, os limites do poder regulamentar outorgado ao Chefe do Poder Executivo.

a situação possessória de todos os imóveis rurais do Brasil, mediante cadastros atualizados, não só dos proprietários, mas também dos possuidores e usuários temporários dos imóveis, a título precário.

Assim, a despeito da intenção dos governantes que propuseram ao Estatuto da Terra controlar de modo absoluto a cessão do uso da terra, o fato é que essa tutela se mostra inócua e incompatível com os interesses econômicos e sociais, inclusive dos cultivadores diretos e pessoais. É preciso reconhecer que o regulamento dos contratos agrários é matéria de interesse eminentemente privado, cabendo ao arrendatário ou parceiro outorgado, e não ao Estado, fiscalizar e exigir o cumprimento das cláusulas obrigatórias estabelecidas em sua proteção, inclusive no tocante à limitação dos valores devidos a título de retribuição pelo uso da terra. Adicionalmente, vislumbramos a inoperância dos patamares fixados pela legislação agrária como instrumento de justiça contratual. Em primeiro lugar porque, no atual estágio regulatório, o valor cadastral do imóvel rural, declarado no âmbito do lançamento do Imposto Territorial Rural (ITR), é informação privativa do proprietário, protegida por sigilo fiscal, à qual o arrendatário nem sempre terá acesso. Em segundo lugar, porque, sendo o valor cadastral do imóvel rural definido por autoavaliação, ou seja, por declaração do próprio proprietário, este poderá ser livremente manipulado com fins de viabilizar um maior rendimento da exploração do imóvel.

Se é verdade, assim, que os arrendatários poderão ficar à mercê dos arrendantes em relação aos limites impostos para a renda nos contratos de arrendamento, no caso dos contratos de parceria, é o parceiro outorgante que poderá ficar em situação de vulnerabilidade. O pagamento, com efeito, está sujeito a um limite em relação ao total produzido e não poderá ser superior a 20%, quando o cedente concorrer apenas com a terra nua; 25%, quando concorrer com a terra preparada; 30%, quando concorrer com a terra preparada e moradia; 40%, caso concorra com o conjunto básico de benfeitorias, constituído especialmente de casa de moradia, galpões, banheiro para gado, cercas, valas ou currais, conforme o caso; 50%, caso concorra com a terra preparada e o conjunto básico de benfeitorias e mais o fornecimento de máquinas e implementos agrícolas, para atender aos tratos culturais, bem como as sementes e animais de tração. No caso de parceria pecuária, será de 50% nos casos com animais de cria em proporção superior a 50% do número total de cabeças objeto de parceria; e 75%, nas zonas de pecuária ultraextensiva em que forem os animais de cria em proporção superior a 25% do rebanho e onde se adotarem a meação do leite e a comissão mínima de 5% por animal vendido.

Conforme menciona BARROS, os percentuais mencionados foram fixados de modo a impedir a prática arraigada da meação[116]. Na verdade, portanto, o Estatuto da Terra limitou a prática da meação apenas aos casos em que o parceiro outorgado tivesse à sua disposição a terra preparada, um conjunto básico de benfeitorias, máquinas e implementos agrícolas, para atender aos tratos culturais e, ainda, as sementes e animais de tração. A meação ficaria, pois, limitada às hipóteses em que o parceiro outorgado contribuísse exclusivamente com a mão-de-obra necessária para o plantio ou os cuidados com o rebanho. Nessa hipótese, vale dizer, o cedente manteria uma participação efetiva na atividade agrária, porque a este caberia arcar não só com a cessão da terra, mas também com a sua preparação para o plantio, com as despesas de instalação e conservação das benfeitorias, com a aquisição de máquinas e equipamentos, bem como com a aquisição das sementes ou do gado objeto da parceria. Nos termos já mencionados, quanto aos demais insumos, fertilizantes e defensivos, somente poderiam ser cobrados dos parceiros outorgados até o limite da sua quota-parte.

Ora, a hipótese pressuposta pelo Estatuto da Terra é, portanto, aquela da agropecuária de subsistência, feita com emprego do trabalho manual dos lavradores e dos animais de tração, com emprego mínimo de fertilizantes, defensivos e outros insumos, em que os custos de produção se limitam à mão de obra para o preparo de solo e à aquisição de sementes. Considerando a realidade atual da agropecuária, portanto, trata-se de hipótese de livro, não compatível com o estágio tecnológico atual, mesmo nos casos de exploração de pequeno porte, levada a cabo pela agricultura familiar.

Independentemente da escala de produção, cada vez mais, as atividades agropecuárias são mecanizadas e dependentes do emprego intensivo de insumos, ainda que de origem orgânica ou biodinâmica, e realizadas com emprego de tecnologia que não estava disponível de maneira espraiada e acessível quando da edição do Estatuto da Terra. O preparo do solo e a aplicação de fertilizantes e defensivos, atualmente, são operações essenciais à atividade agrícola e consideradas em conjunto com as atividades de semeadura, especialmente quando possível a realização do plantio direto.

---

[116] BARROS, Wellington Pacheco. *Contrato de Parceria Rural*. Porto Alegre: Livraria do Advogado, 1999. p. 89.

A variabilidade de sementes disponíveis no mercado e a importância da escolha das varietais adequadas à situação de cultivo impõem que a aquisição desse insumo seja feita pelo próprio lavrador, que assume a maior parte do risco da atividade.

A imposição de limites legais para a participação do proprietário ou parceiro outorgante nos contratos de parceria rural impõe, portanto, um exercício de integração da nova realidade econômica e social com o texto legal. De modo geral, a meação dos resultados será a regra quando o parceiro outorgante continuar exercendo, juntamente com o parceiro outorgado, a posse do imóvel, arcando com uma parte das atividades necessárias para a realização do empreendimento agrário; e o limite de 20% da produção será a regra quando o parceiro outorgante fizer a cessão da terra e não tiver qualquer participação na atividade agrária.

Também nesse particular, é possível fazer um paralelo entre a disciplina dos contratos de arrendamento e a dos de parceria, no tocante ao rendimento máximo pressuposto pelo legislador, nas hipóteses nas quais o cedente do imóvel não participa da atividade agrária. Ao passo que, no caso dos contratos de arrendamento, a lei limita o pagamento ao cedente em 15% do valor cadastral do imóvel[117], no caso dos contratos de parceria, o limite é de 20% do montante total da produção agropecuária. Trocando em miúdos, para que sejam equiparados os limites aplicáveis aos dois contratos, o valor total da produção anual deveria corresponder a 75% por cento do valor de mercado do imóvel rural. Trata-se, evidentemente, de uma situação improvável, em que o valor do imóvel corresponderia a um pouco mais que o valor total de sua produção agrícola em um único ano-safra.

A comparação entre os limites estabelecidos pelo Estatuto da Terra para cada um desses contratos demonstra que a disciplina legal apresenta distorções que, se não forem consideradas com cuidado pelo intérprete, poderão levar a conclusões equivocadas, criando insegurança jurídica e

---

[117] Nos termos do Art. 95, XII do Estatuto da Terra, esse percentual poderá ser aumentado para 30% do valor cadastral do imóvel, caso o arrendamento seja parcial e recaia apenas em glebas selecionadas para fins de exploração intensiva de alta rentabilidade. Nesse caso, entretanto, mantém-se o limite de 15% para a totalidade do imóvel, devendo ser calculado mediante a apuração de preço potencial calculado para a área não arrendada, no valor correspondente a 15% do valor mínimo por hectare estabelecido pelo órgão fundiário, a ser acrescido dos preços efetivamente praticados nos contratos de arrendamento de glebas do imóvel rural. Quanto às benfeitorias que forem cedidas em arrendamento, não poderão ser alugadas por valor superior a 15% (quinze por cento) do valor declarado aos órgãos de fiscalização fundiária e tributária.

contrariando o princípio de preservação dos interesses que a lei visa a proteger. De um lado, pode ser que os valores máximos previstos para os contratos de arrendamento possam se mostrar muito altos, se considerado o retorno normalmente esperado para os investimentos imobiliários – 15% é muito superior à taxa interna de retorno da maioria dos negócios locativos. De outro, pode ser que os valores máximos previstos para os contratos de parceria possam se mostrar muito baixos, se considerada a especialidade do ativo terra e a importância do *terroir* para o resultado da exploração agrária.

A intervenção estatal na remuneração do arrendamento foi uma constante do desenvolvimento do direito agrário do pós-guerra, especialmente nos países europeus que, na tentativa de preservar os interesses dos agricultores, tornaram bastante controlados os preços de cessão das terras agrícolas, muitas vezes submetidos também a índices oficiais para a sua fixação e correção. Conforme mencionam ALESSI e PISCIOTTA, a partir do fim do século XX, o tema passou a ter um desenvolvimento diferente na jurisprudência dos tribunais italianos, em busca do equilíbrio entre os interesses da propriedade fundiária do arrendante e os interesses da empresa do arrendatário. Como demonstram as autoras, a jurisprudência italiana vem relativizando as disposições limitativas da fixação de preço dos contratos de arrendamento com base em índices públicos, de modo a reafirmar o papel da autonomia privada nos contratos agrários[118].

No Brasil, a jurisprudência ainda não evoluiu nesse sentido. Nada obstante, é de se reconhecer que os critérios estabelecidos pelo Estatuto da Terra, ao fixar preços máximos para a cessão da posse da terra em arrendamento ou parceria em função do valor cadastral dos imóveis ou em função da quantidade colhida, com percentuais *de lege ferenda*, não necessariamente garantem a proteção da parte vulnerável da contratação.

Como estabelece CALLE, o interesse jurídico relevante não está necessariamente na equivalência das prestações, buscando uma justiça

---

[118] ALESSI, Rosalba; PISCIOTTA, Giuseppina. *Il contratti agrari*. 2. ed. Milano: Giuffrè, 2015. p. 229 e 231. As autoras destacam que na sentença 139/1984, a corte constitucional estabeleceu que "não seria racionalmente justificável prolongar o uso de um cadastro velho de cerca de um cinquentenário", questionando os índices oficiais para a fixação equitativa da remuneração devida ao proprietário. No desenvolvimento dos critérios de uma nova fixação das bases para o arrendamento, mencionam como paradigmáticas decisões da Corte de Apelação de Catania, de 23 de fevereiro de 2004, do Tribunal de Catania de 18 de fevereiro de 2004 e da corte de apelação de Palermo em 2 de fevereiro de 2004. A partir dessas decisões, as autoras afirmam haver a superação radical do sistema de aluguel justo nos arrendamentos agrícolas e a plena expansão do papel da autonomia privada.

substantiva dos contratos, que levaria a uma situação de insegurança jurídica, baseada na presunção de um Estado paternalista, que, na verdade, revelaria uma atitude pouco respeitosa por seus cidadãos, ao tratá-los como incapazes. A desproporcionalidade dos contratos deve ser compreendida, assim, em função da situação concreta, considerando o eventual aproveitamento da situação de debilidade de uma das partes pela outra parte, para obter vantagem ou benefício, excessivo ou injusto[119].

Em realidade, portanto, diferentemente do que se costuma admitir, os limites percentuais previstos pelo Estatuto da Terra para os valores pagos pelo cultivador direto e pessoal ao arrendador ou parceiro outorgante não são uma garantia de preservação dos seus interesses. Em primeiro lugar, porque os limites previstos pela Lei poderão mostrar-se incompatíveis com a operação econômica individualmente considerada; em segundo lugar, porque eles não garantem que o contratante hipossuficiente não tenha sido ludibriado pela parte mais favorecida.

Melhor seria, efetivamente, que os contratos agrários pudessem ter um preço fixado livremente pelas partes, respeitando, inclusive, os usos e costumes da região em que a transação se faz. Para a proteção da parte contratante em situação de desvantagem, seja por sua falta de conhecimento técnico, seja por sua inexperiência, seja por sua premente necessidade, é suficiente a solução prevista pelo Código Civil de 2002, que admitiu a anulação dos negócios jurídicos celebrados sob lesão (Art. 157).

1.3.3. Reajuste e revisão dos contratos de arrendamento e de parceria

Os contratos de arrendamento e de parceria rural são contratos de longa duração, seja em virtude dos prazos mínimos previstos nas disposições infralegais do regulamento do Estatuto da Terra, de três a sete anos, seja pela prorrogação obrigatória que a lei estabelece para esses contratos, observados os preceitos da continuidade da exploração agrária produtiva dos imóveis rurais. Assim, as cláusulas de reajuste dos preços mostram-se de especial importância, sobretudo no Brasil, país tão afeito a perturbações inflacionárias e volatilidade de preços.

O Art. 92, § 2º do Estatuto da Terra estabelece dois critérios combinados para o reajuste dos preços, aplicáveis aos contratos de arrendamento

---

[119] CALLE, Esther Gómez. *Desequilíbrio contractual y tutela del contratante débil*. Pamplona: Aranzadi, 2018. p. 23.

e de parceria: o primeiro refere-se aos índices aprovados pelo Conselho Nacional de Economia; o segundo, aos preços dos produtos agrícolas. Mesmo quando estes forem oficialmente fixados, a relação entre os preços reajustados e os iniciais não pode ultrapassar a relação entre o novo preço fixado para os produtos e o respectivo preço na época do contrato.

A necessidade de observância tanto do índice de correção monetária, como do índice de preços dos produtos agropecuários, se fosse efetivamente considerada como eficaz, implica que, nos casos de contratos de arrendamento, o arrendante dos imóveis rurais teria sua remuneração corrigida pelos índices inflacionários oficiais até o limite do aumento de preços dos produtos agrícolas, ou seja, embora o contrato pudesse ter uma cláusula de garantia de valor, esta não seria absoluta e estaria sujeita ao percentual de valorização do produto agrícola cultivado pelo arrendatário. O contrato de arrendamento deixaria de ser, assim, um contrato meramente comutativo, com pagamento fixo, em dinheiro, e o cedente estaria também sujeito a um dos riscos que, em princípio, seria exclusivo da atividade e cuja partilha seria própria dos contratos de parceria: o risco da variação dos preços dos produtos agrícolas.

Diferentemente do que ocorreria nos contratos de parceria, o risco impactaria as partes, nesse caso, de forma assimétrica. Com efeito, a valorização real dos produtos agropecuários, acima da correção inflacionária, seria aproveitada exclusivamente pelo arrendatário; caso o preço dos produtos agropecuários, entretanto, perdesse valor em relação à moeda, tendo uma valorização inferior à correção monetária, os recebimentos do cedente seriam impactados. Parece evidente, portanto, a injustiça dessa regra.

A jurisprudência dos nossos tribunais, de modo correto, vem relativizando esse preceito e admitindo a correção da remuneração ao arrendador com base exclusivamente nos índices de correção monetária[120]. De fato,

---

[120] ARRENDAMENTO RURAL. CORREÇÃO MONETARIA DO VALOR AJUSTADO EM DINHEIRO. 1. NÃO MALFERE O ARTIGO 95, XII, DA LEI 4.504/1964 O JULGADO QUE ADMITE A CORREÇÃO DO PREÇO FIXADO EM DINHEIRO PELO INDICE OFICIAL, CONSIDERANDO QUE A PROPRIA LEI NO PARAGRAFO UNICO DO ARTIGO 92 ABRE ENSANCHAS PARA O REAJUSTE PERIODICO. 2. DIANTE DA MELHOR DOUTRINA E DA NOTORIA E CONSOLIDADA JURISPRUDENCIA DA CORTE QUE AGASALHAM A CORREÇÃO MONETARIA PARA MANTER A INTEGRIDADE DO VALOR CONTRATADO, NÃO TEM SENTIDO ALGUM VEDAR A POSSIBILIDADE DA CORREÇÃO DE PREÇO DO ARRENDAMENTO RURAL FIXADO EM DINHEIRO, COMO PERMITIDO PELO INCISO XI, A), DA LEI N. 4.504/1964. 3. RECURSO ESPECIAL NÃO CONHECIDO. (REsp 80.145/

a aplicação literal do disposto no Estatuto da Terra, sem a distinção dos contratos de arrendamento e de parceria implicaria, certamente, numa desvirtuação da eficácia alocativa de riscos pressuposta por essas duas modalidades de contratação. Assim, é de se reconhecer que, nos casos de contratos de arrendamento, a prestação paga ao arrendatário deve ser exclusivamente em dinheiro, não se sujeitando aos outros elementos de risco da atividade rural, especialmente os preços dos produtos agropecuários. Nos casos em que o proprietário for afetado pelos riscos da atividade agrária, a contratação deverá ser qualificada como sendo de parceria rural.

Demonstramos neste capítulo que as cláusulas obrigatórias previstas pela legislação agrária não podem ser entendidas como uma disciplina uniforme. É preciso considerar uma função própria do regulamento contratual previsto pela legislação agrária para os contratos agrários, de tal forma a evidenciar as finalidades pretendidas pelo legislador. Assim, determinadas regras obrigatórias devem ser contempladas pelos contatos agrários para o cumprimento da função social da propriedade, com normas próprias ao uso adequado e sustentável da terra; outras regras obrigatórias devem ser contempladas para a proteção social dos lavradores e cultivadores diretos, com normas adequadas à proteção de partes hipossuficientes; e, por último, que há determinadas regras obrigatórias que só se justificam de acordo com o tipo contratual específico, de arrendamento ou parceria. Ressaltamos, assim, que disciplina e regulamento contratual devem se estabelecer de acordo com o objeto, as partes e a finalidade econômica da contratação, com vistas a atender uma função própria prevista pelo ordenamento jurídico.

SP, Rel. Ministro CARLOS ALBERTO MENEZES DIREITO, TERCEIRA TURMA, julgado em 06/05/1997, DJ 30/06/1997, p. 31024).

2
PERSPECTIVAS DOS CONTRATOS AGRÁRIOS ALÉM DO ESTATUTO DA TERRA

As reflexões apresentadas no capítulo anterior demonstram que é preciso fazer uma nova leitura do regulamento dos contratos agrários, cuja compreensão não se pode limitar ao previsto pelo Estatuto da Terra e seu superado regulamento, editados há mais de 55 anos. Nesse sentido, é de se ter em conta que o direito e os seus institutos devem corresponder às novas necessidades da sociedade, exercendo uma função compatível com as estruturas econômicas e sociais modernas. Assim, em que pese o pressuposto legal que reduz a cessão da propriedade da terra às modalidades típicas de arrendamento e de parceria, é com apoio na realidade agrária que essas modalidades devem ser compreendidas.

Dito isso, no presente capítulo analisamos os contratos agrários sob novas perspectivas: em primeiro lugar, a perspectiva econômica, que analisa os contratos agrários à luz dos custos de transação; em segundo lugar, a perspectiva do Superior Tribunal de Justiça, no âmbito da qual o critério da hipossuficiência tem sido considerado como elemento determinante para a fixação do regulamento aplicável aos contratos agrários; em terceiro lugar, a perspectiva da agrariedade, que, embora não expressamente reconhecida pela lei ou pela jurisprudência, é adotada pela dogmática agrarista. Por último, analisamos a forma de incidência dos preceitos do Estatuto da Terra em contratos agrários atípicos, não diretamente regulados por esse diploma.

2.1. Contratos agrários na visão econômica: pagamento do preço da terra e alocação de riscos

A perspectiva funcional dos contratos permitiu, na doutrina estrangeira e nacional, uma aproximação de juristas e economistas, com o desenvolvimento da análise econômica do direito, segundo a qual foi possível demonstrar que a disciplina jurídica corresponde a uma tecnologia para impedir o oportunismo entre os agentes, implementar termos eficientes para a circulação econômica, evitar erros evitáveis nos processos de contratação e alocar riscos e reduzir os custos envolvidos em disputas[1]. A cada uma dessas funcionalidades corresponde, vale dizer, uma fração da disciplina contratual. Assim, se a obrigatoriedade das convenções se mostra importante para reduzir o oportunismo e implicar as partes de modo definitivo às suas declarações de vontade, que devem ser manifestadas de forma transparente, adequada à boa-fé objetiva e em situação de livre consentimento, a eficiência da circulação econômica depende de uma perspectiva funcional do contrato, que permita ao regulamento contratual corresponder tanto à operação econômica quanto à alocação de riscos promovida pelas partes[2].

---

[1] POSNER, Richard. *Economic Analysis of law*. 6. ed. New York: Aspen, 2003. p. 98. Rodrigo Fernandes Rebouças explica que a análise econômica do direito nada mais é que a aplicação do instrumental analítico e empírico da economia, em especial da microeconomia e da economia do bem-estar social, para se tentar compreender, explicar e prever as implicações fáticas do ordenamento jurídico bem como a lógica de irracionalidade do próprio ordenamento jurídico. Nesse sentido, defende que a análise econômica deve ser utilizada para um método de análise de direito contratual com o objetivo de explicar melhor o direito contratual, suas consequências frente às partes e a sociedade, além de buscar resolver problemas concretos por soluções mais eficientes sobre a dupla função socioeconômica. REBOUÇAS, Rodrigo Fernandes. *Autonomia privada e a análise econômica do contrato*. São Paulo: Almedina, 2017. p. 103.

[2] A consideração do contrato como instrumento de alocação de riscos e custos, construção essencial da abordagem econômica do direito passou a ser expressamente reconhecida pelo ordenamento jurídico brasileiro a partir da Lei nº 13.874, de 20 de setembro de 2019 (Lei da Liberdade Econômica). Nesse sentido, MAIOLINO, Isabela; TIMM, Luciano Benetti. Contribuições da análise econômica do direito para a Lei da Liberdade Econômica – instituições e custos de transação. In: SALOMÃO, Luis Felipe; CUEVA, Ricardo Villas Boas; FRAZÃO, Ana (coord.). *Lei da Liberdade Econômica e seus impactos no Direito Brasileiro*. São Paulo: RT, 2020. Esta Lei alterou o Código Civil Brasileiro para estabelecer os contratos e as pessoas jurídicas como instrumentos de alocação e segregação de riscos, mediante o acréscimo dos artigos 49-A e Art. 421-A ao diploma legal. Cf. BANDEIRA, Paula Greco. O contrato como instrumento de gestão de riscos e o princípio do equilíbrio contratual. *Revista de Direito Privado*. Vol. 17, n. 65. jan-mar, 2016. p. 195-208. a alocação de riscos no contrato revela o equilíbrio econômico do negócio perseguido pelas partes contratantes e mediante o qual as partes visam a concretizar seus objetivos econômicos, de forma a exprimir

O contrato, com efeito, deixou de ser reconhecido apenas como uma fonte de obrigações, na medida em que a evolução da teoria contratual passou a reconhecer o exercício da autonomia privada, não apenas sob o aspecto normativo, mas também do ponto de vista da eficiência em se atingirem determinados interesses. Segundo DI CIOMMO, essa concepção indica a transição de uma sociedade fundada na propriedade privada para uma sociedade fundada sobre a dinâmica e eficiência da circulação da riqueza garantida pelo contrato[3].

A literatura econômica aprofunda essa relação, examinando de modo peculiar os contratos agrários[4]. De fato, desde Adam Smith, o direito dos cessionários da terra é colocado em perspectiva do seu interesse econômico e dos melhoramentos que este está inclinado a fazer[5]. Essa definição

---

a racionalidade desejada pelos contratantes, seus interesses perseguidos *in concreto*, com base nos quais se interpreta e se qualifica o negócio, em procedimento único e incindível.

[3] DI CIOMMO, Francesco. *Efficienza allocativa e teoria giuridica del contratto*: Contributto allo studio dell'autonomia privata. Torino: Giappichelli, 2012. p. 9. O autor indica que a partir dos efeitos que se passaram em decorrência das guerras mundiais e da grande depressão econômica, houve uma alteração do paradigma oitocentista que determinou o nascimento e desenvolvimento, tanto na Europa, como nos EUA, de uma teoria solidarista que, sem renegar os fundamentos conceituais do utilitarismo, reconhece a importância da cooperação social. Sob o ponto de vista do direito privado, esse fenômeno foi aproveitado pelo Código Civil de 1942, que incorporou cláusulas gerais impondo ao indivíduo o dever de tutelar, segundo a probidade, boa-fé e diligência, e, sempre que possível, os interesses e direitos de terceiros. Nesse sentido, o contrato passou a ser reconhecido como instrumento para criar nas partes um incentivo para a cooperação. O contrato incentiva a troca porque garante que uma promessa não mantida possa ser feita a valer em juízo. O jurista resume a eficiente alocação dos recursos em quatro condições a incidir na teoria contratual: 1) o custo social da troca (externalidade negativa) não é significativa; 2) todos os contratantes são informados e conscientes para a avaliação dos prós e contras da troca – condições idôneas a determinar a troca com a contraparte; 3) cada contratante tem a possibilidade de procurar no mercado condições que lhes sejam melhores; 4) as partes são eficazmente incentivadas a cooperar e comportar-se de forma correta e diligente, de maneira a não gerar utilidade a uma parte à custa de dano à outra. Essas condições, por sua vez, implicaram nova disciplina, expressa nas cláusulas gerais, que atribui uma nova dimensão à autonomia privada, por meio da tutela do contratante desfavorecido.

[4] Para uma revisão bibliográfica sintetizada em torno dos estudos econômicos dos contratos de cessão da terra, veja-se o verbete "Sharecropping" da *International Encyclopedia of the Social Sciences*. (BELLEMARE, Marc F. Sharecropping. In: DARITY JR., W. A. (editor). *International Encyclopedia of the Social Sciences*. 2. ed. 9 v. Vol. 7 RABIN, Yitzhak-SOCIOLOGY, Micro. McMillan Reference USA, 2008. p. 490-492. Disponível em: http://elibrary.bsu.az/books_163/N_117.pdf. Acesso em 20 dez. 2020.).

[5] O clássico economista analisou que, como resultado das invasões germânicas ao império romano, grandes porções de terra foram apropriadas na Europa, permanecendo sem cultivo. Como a terra era considerada não somente como meio de subsistência, mas também como instrumento de poder e de

foi essencial aos estudos de ALLEN e LUECK, que, parafraseando Robert Coase[6], analisaram os contratos agrários sob a ótica dos custos de transação e dos direitos de propriedade[7], permitindo uma melhor compreensão da importância dos contratos de arrendamento e de parceria na agricultura moderna. Como premissa de estudo, os economistas assumem cinco afirmações: a) que todas as partes escolhem contratos e formas organizacionais porque elas maximizam o valor esperado da relação contratual, dada as características das partes, o retorno esperado e os atributos dos ativos, como a terra e os demais equipamentos necessários à produção; b) que a incerteza permite que indivíduos possam explorar uma troca ao custo da outra parte porque omite o efetivo esforço[8]; c) que todos os ativos são complexos e compreendem múltiplos atributos, cada um dos quais faz derivar diferentes custos; d) que a natureza implica um componente randômico

proteção, não foi submetida à lógica que induzisse a uma maior produtividade, não possibilitando a divisão, pelo preceito da primogenitura. Os ocupantes das terras, ocupantes precários, tinham uma condição parecida com a de escravos. Pagavam renda ao proprietário e tinham sua condição vinculada à terra, junto das quais podiam ser vendidos e, assim, as melhorias na terra pertenciam ao patrão, não ao arrendatário. Essa foi, segundo Adam Smith, a razão para uma constante baixa produtividade no cultivo das terras na Europa Medieval. Segundo o autor, esses contratos foram sendo sucedidos por formas de partilha de frutos, em que o proprietário cedia os meses de produção e obtinha, com isso, uma parte do que era obtido com a renda da terra. Somente após isso é que sucederam os arrendatários propriamente ditos, que cultivavam a terra com seu próprio capital, pagando ao proprietário uma renda fixa. A Lei inglesa, segundo Smith, garantia ao arrendatário a segurança igual à do proprietário. Entretanto, aos senhores de terra era possível cobrar impostos e, por isso, os arrendatários tinham o interesse em fazer do seu capital o menor possível, prejudicando novamente o resultado do cultivo da terra. SMITH, Adam, *A riqueza das nações:* investigação sobre sua natureza e suas causas. São Paulo: Abril Cultural, 1996. p. 379.

[6] Ronald Coase identifica a firma, organizada pelo empreendedor, como uma alternativa ao sistema de alocação de recursos por meio do sistema de preços. COASE, Ronald. The Nature of the firm. In: _____. *The firm, the market and the law.* Chicago: The University of Chicago Press, 1990.

[7] Os autores esclarecem que adotaram uma concepção neoclássica de custos de transação (custos de transferência de direitos de propriedade numa troca em mercados), mas a perspectiva de direitos de propriedade, em que os custos de transação são definidos como o custo para manter e garantir o exercício do direito de propriedade. Segundo a sua premissa, os custos de transação se estabelecem quando a informação implica custo e os ativos possuem características variáveis, que possam ser alteradas pelo Homem. Desse modo, os autores estabelecem um paralelo entre as duas modalidades de contrato (arrendamento por preço fixo e partilha de frutos) analisando que as partes escolhem uma ou outra modalidade de contratação em função dos custos e riscos assumidos pelas partes em policiar as interações entre si. ALLEN, Douglas W.; LUECK, Dean. *The nature of the firm:* contracts, risk and organization in Agriculture. London: MIT Press, 2003. p. 5.

[8] Os autores reconhecem que essa questão é muito importante na agricultura, em que o fazendeiro, o proprietário ou o usuário dos ativos não controlam todos os custos de suas ações.

de incerteza, pelo risco inerente à falta de chuvas, pragas, perda de safra, erosão de solo, etc.[9]; e, por último, e) que as partes buscam a neutralidade do risco[10].

Essas premissas, fundamentais à análise econômica das opções contratuais, identificando custos de transação e de oportunidade nas escolhas dos agentes econômicos, contrastam com a abordagem jurídica das relações sociais. De fato, o jurista não questiona, normalmente, as escolhas dos agentes, mas analisa a relação jurídica estabelecida a partir dos elementos de existência, dos requisitos de validade e dos fatores de eficácia reconhecidos pelo ordenamento jurídico. A maximização do valor esperado nas transações, ou melhor, a finalidade individual da parte contratante, não é considerada na abordagem jurídica da relação social. Na mesma esteira, se a incerteza é pressuposta pela abordagem econômica na forma de valor a ser apropriado por uma das partes, que lucra com a assimetria da informação, o direito não reconhece esse valor e, pelo contrário, procura estabelecer uma disciplina social no sentido de reduzir a assimetria da informação ou anular os direitos de propriedade decorrentes da omissão de custos e esforços. Desse modo, evidentemente, a disciplina jurídica impõe às partes

---

[9] Nesse sentido, destaca-se também o papel da natureza como elemento de risco e incerteza nos contratos da agricultura.

[10] O mérito do estudo analítico desses economistas foi contrastar com a perspectiva hierárquica com a qual se costuma enxergar os contratos de cessão da terra, especialmente nos casos em que o pagamento ao proprietário se dá por meio de partilha de frutos ("contratos de parceria"). Nesse sentido, refutam a visão de "principal e agente" que tem por premissa assumir que fazendeiros são avessos ao risco e que os contratos de partilha de frutos seriam uma forma de dividir os riscos da produção com o proprietário da terra. Essas premissas, com efeito, segundo os autores, carecem de dados empíricos, os quais, contrariamente à tese clássica, indicam que a terra agrícola em sua grande parte não é cedida por meio de contratos de partilha de frutos. Os autores esclarecem que a agricultura moderna é um negócio complexo em que fazendeiros usam uma combinação de terra, trabalho capacitado e não capacitado, maquinário, sementes desenvolvidas geneticamente, pesticidas químicos e técnicas sofisticadas de cultivo e colheita para produzir. O reconhecimento desse fato afasta a visão clássica dos contratos de arrendamento e de parceria, estudado desde Adam Smith pelos economistas, e que pressupõe não a relação entre um fazendeiro profissional e um proprietário de terras, mas a relação entre um fazendeiro e um trabalhador relativamente sem qualificação. Diferentemente, analisando os dados disponíveis para a América do Norte, os economistas reconhecem que a situação social da agricultura moderna é oposta àquela premissa hierárquica clássica. Com efeito, os proprietários de terra que arrendam suas terras têm características similares aos fazendeiros que as arrendam. Normalmente, são fazendeiros profissionais e proprietários de outras terras também. Os proprietários que cedem as suas terras tendem a ser mais velhos e menos qualificados para a atividade agrícola. ALLEN, Douglas W.; LUECK, Dean. *The nature of the firm*: contracts, risk and organization in Agriculture. London: MIT Press, 2003. p. 20.

da transação novos custos, a serem agregados aos ativos e que, do mesmo modo, passam a compor a equação econômica, não só em função da natureza dos ativos envolvidos, mas também da incerteza que o ambiente institucional implica para a consideração desses custos, de acordo com o caso concreto. Assim, ainda que as partes procurem, de fato, estabelecer seus contratos de forma a neutralizar riscos sob o aspecto individual, muitas vezes alocando estes à outra parte, o direito contratual age como contrapeso, no sentido de direcionar a transação em razão de diretrizes sociais.

Essa reflexão quanto às premissas entre as abordagens econômica e jurídica faz-se pertinente para que possamos considerar em correta medida a utilidade da análise econômica dos contratos agrários para a disciplina jurídica. De fato, a ótica do agente econômico é fundamental para compreender em qual medida a disciplina jurídica é adequada ao fim social que se pretende, mediante a comparação analítica dos pressupostos das partes e do ordenamento jurídico.

Com base nas premissas anteriormente mencionadas, ALLEN e LUECK distinguem os contratos de arrendamento e de parceria conforme os direitos de propriedade que os contratos atribuem a cada uma das partes. No seu entendimento, a vantagem dos contratos de arrendamento a preço fixo é evitar os custos de partilha, devendo a escolha por essa modalidade contratual se explicar a partir dos custos e incertezas envolvidos na divisão dos frutos e dos lucros da produção agropecuária. A vantagem dos contratos de partilha de frutos, por outro lado, é a redução na distorção total dos custos dos insumos de produção[11]. Guardadas essas peculiaridades, no entanto, as duas modalidades contratuais são tratadas como arranjos alternativos para a cessão temporária da terra pelos proprietários, para a obtenção de resultados com sua exploração agrícola.

Assim, os economistas destacam que, nos contratos de arrendamento, o arrendatário não é o titular absoluto da terra e dos seus atributos apreciáveis. O contrato lhe atribui o uso da terra e o gozo de muitos dos seus atributos durante o tempo do contrato, mas é o proprietário que terá o direito sobre a futura valorização e a produtividade da terra. Nos contratos de parceria (partilha de frutos), o proprietário retém o direito de propriedade sobre parte da produção atual, mesmo contribuindo apenas

---

[11] ALLEN, Douglas W.; LUECK, Dean. *The nature of the firm*: contracts, risk and organization in Agriculture. London: MIT Press, 2003. p. 50.

com um ativo para troca: a terra. Os parceiros outorgados, por outro lado, empenham diversos ativos na produção: capital humano, insumos, equipamentos e maquinário. A escolha entre os contratos de arrendamento com pagamento fixo ou quota-parte dos frutos relaciona-se, assim, com os incentivos atribuídos a cada modalidade de contratação. Quando a terra é cedida mediante pagamento fixo, o cessionário adquire a propriedade da totalidade da produção, pelo custo que é dado. Há, dessa forma, um incentivo para que a terra seja exaurida, causando prejuízo ao proprietário.

Segundo os economistas, portanto, os contratos de arrendamento implicam incentivos para que os arrendatários aumentem sua riqueza não fazendo tratos culturais adequados, não fazendo rotação de culturas, usando em excesso fertilizantes e pesticidas que danificam o solo, prejudicando, enfim, os direitos de propriedade residuais do proprietário, dos quais não participa. Nos contratos de partilha de frutos, por outro lado, há incentivos para que os cessionários façam melhor exploração da terra, sua fertilidade, umidade e sanidade. Apesar de reduzir as distorções de retorno entre as duas partes pelos meios empregados, esses contratos impõem custos adicionais que não estão presentes nos contratos por pagamento fixo: a colheita deve ser medida e dividida entre as partes, o que gera um incentivo para que os resultados sejam mal reportados ao proprietário. O *trade off* estabelecido entre esses contratos, portanto, corresponde à distorção entre os custos relacionados aos recursos empregados e os custos relacionados à divisão de receitas[12].

---

[12] A noção de custos de transação é essencial a esse tipo de análise contratual. Com efeito, se pudesse haver a garantia de cumprimento dos contratos sem custos, não haveria esse *trade off*. São exatamente os custos de cumprimento dos contratos que determinam os custos de transação. Nesse sentido, os autores demonstram que genericamente, há duas questões a serem consideradas: a complexidade dos contratos, relacionada com a sua completude contratual e a definição adequada dos deveres e responsabilidades; e a estrutura, relacionada com o método de pagamento e a alocação de responsabilidades entre as partes contratantes. No caso dos contratos agrícolas, as Partes se beneficiam de elementos relacionais, já que fazendeiros são normalmente parte de comunidades pequenas de pessoas que se conhecem. Assim, para ambas as partes, existem interesses de longo prazo na manutenção de uma boa relação, o que implica incentivos ao cumprimento voluntário do contrato por meio de uma força coercitiva do mercado. Ainda que as disputas de contratos raramente terminem nos tribunais, a simplicidade desses contratos permite uma certeza favorável ao cumprimento dos contratos, o que permite contratos informais. ALLEN, Douglas W.; LUECK, Dean. *The nature of the firm*: contracts, risk and organization in Agriculture. London: MIT Press, 2003. p. 38.

Como fica claro, o modelo contratual que os economistas analisam não é o de partilha de riscos, mas o de partilha de frutos (*Sharecropping*). Aliás, como é próprio da abordagem econômica, todas as modalidades contratuais são analisadas a partir dos riscos e custos envolvidos. De certo modo, confirmam os economistas que o proprietário, ao estabelecer um pagamento fixo, aliena ao arrendatário os custos decorrentes da atividade, mas assim assume o risco de que haja uma exploração predatória do seu imóvel.

Embora não seja unânime, a análise de ALLAN e LUECK traz contribuições importantes para compreender melhor os contratos de cessão do uso da terra sob a ótica da agricultura moderna. Revisando a literatura sob diferentes enfoques, FUKUNAGA e HUFFMAN enumeram cinco hipóteses que explicam a escolha das partes pelos contratos de partilha de frutos em vez de arrendamento em dinheiro, na cessão da terra para agricultura: a) divisão eficiente de riscos; b) incentivos eficientes; c) restrições obrigatórias de crédito; d) baixos custos de transação; e e) triagem e classificação de partes. Nesse sentido, os autores apontam duas correntes de análise econômica dos contratos agrários: uma primeira, que reunindo os economistas que analisam os contratos sob a ótica dos direitos de propriedade, os quais apontam que a partilha de riscos associada a produção incerta não é um fator determinante para a escolha entre os contratos; e uma segunda, reunindo os economistas que analisam esses contratos sob a ótica das hierarquias, os quais consideram que as partes (proprietários e arrendatários) são heterogêneas. O estudo aponta que o desenvolvimento da agricultura induz as partes a adotarem formas mistas de contratação, estabelecendo, ao mesmo tempo, um aluguel a preço fixo, acrescido de um *plus* variável conforme o resultado do empreendimento agropecuário[13].

Apesar de reconhecer a importância desses contratos, a análise econômica dos contratos agrários aponta que partes qualificadas tendem a relutar em ceder a terra mediante partilha de frutos. Nesse sentido, há certo consenso que esses contratos conduzem a uma situação de ineficiência, já que induzem o aproveitamento da terra a níveis inferiores ao máximo que

---

[13] FUKUNAGA, Keita; HUFFMAN, Wallace E. The Role of Risk and Transaction Costs in Contract Design: Evidence from Farmland Lease Contracts in U.S. Agriculture. *American Journal of Agricultural Economics*, vol. 91, nº 1, 2009, p. 237-249. Disponível em https://dx.doi.org/10.1111/j.1467-8276.2008.01164.x. Acesso em 15 fev. 2021.

é factível. FUKUNAGA e HUFFMAN apontam que a contratação da terra por meio da partilha de frutos é dominante em países em desenvolvimento, onde é mais comum especificar uma partilha 50-50, uma modalidade mais rudimentar de apropriação dos ganhos entre as partes, por consequência. Quando restrições de ordem cultural e tecnológica não estão presentes, produtores rurais preferem a contratação da terra mediante preços fixos. Adicionalmente, os economistas indicam que proprietários que moram distante dos fundos agrícolas têm maiores custos de monitoramento. Assim, é de se esperar que eles ofereçam um contrato que tenha incentivos mais fortes para um uso sustentável da terra. Sob a perspectiva hierárquica (teoria da agência), a residência do proprietário não é importante porque é ineficiente tentar monitorar os esforços do arrendatário em preservar os recursos naturais. Os autores apontam que a erosão de solo e a perda de sua capacidade produtiva é a maior preocupação que proprietários têm em contratos agrários de longo prazo. Onde a terra é mais sujeita a erosão, o proprietário é mais propenso a oferecer um contrato de partilha de frutos, reduzindo os incentivos de superutilização da terra. Sob a perspectiva da teoria da agência, conforme o proprietário e o cessionário estejam em situação de igualdade, é de se esperar que fiquem menos avessos ao risco. Assim, proprietários devem ficar menos propensos a oferecer e os arrendatários menos propensos a preferir contratos de partilha de frutos[14].

Os estudos econômicos apresentados convergem para uma situação de necessária reanálise do papel dos contratos agrários, tanto para proprietários, como para produtores rurais, considerando peculiaridades próprias das transações realizadas. Sob o aspecto jurídico, cabe ao regulamento contratual contribuir com a redução dos custos de transação e das distorções inerentes aos incentivos econômicos, para promover a geração de riqueza e a proteção dos recursos naturais, sem, contudo, gerar incertezas.

Essas incertezas podem corresponder não apenas à falha do regulamento contratual pressuposto pelas partes *ex ante*, considerando o texto do contrato e os elementos da disciplina contratual, mas também, e em especial, à forma com que os tribunais atuarão sobre as obrigações contratuais,

---

[14] FEDERICO, Giovanni. The 'real' puzzle of sharecropping: why is it disappearing? *Continuity and Change*, vol. 21, issue 2, ago. 2006, p. 261-285. Disponível em https://www.cambridge.org/core/journals/continuity-and-change/article/real-puzzle-of-sharecropping-why-is-it-disappearing/3B5F2E85CD0DFB22ADDC40BB2B64F45F. Acesso em 15 fev. 2021.

definindo efetivamente a adjudicação de direito às partes contratantes[15]. Ao definir os termos dos contratos, os agentes econômicos devem driblar essas incertezas, em busca de contratos completos, estabelecidos por meio do *design contratual*. Este corresponde ao exercício de garantir os interesses das partes, a partir de premissas *ex ante* da disciplina jurídica e *ex post* da compreensão que os tribunais têm dessa disciplina, de modo a definir não apenas uma vontade contratual e uma finalidade a ser atingida com o contrato, mas especialmente um regime jurídico para a contratação sob pena de não serem alcançados os efeitos jurídicos pretendidos com o contrato[16].

De fato, ainda mais no estágio atual da disciplina contratual, em que juízes atuam com criatividade, inclusive no âmbito do Direito Privado, com novas ferramentas que exigem a definição de valores e a articulação de soluções não necessariamente capituladas às claras em lei[17], mostra-se essencial a tarefa de explicitar, no contrato, as finalidades pretendidas e os objetivos legítimos, de ordem econômica e social, a serem perseguidos pelas partes e respeitadas pelo intérprete do contrato. A disciplina contratual *ex lege*, portanto, não basta, especialmente quando se mostra anacrônica em relação à realidade social e econômica, como é o caso daquela prevista no Estatuto da Terra para os contratos agrários.

Mesmo quando tratamos das nulidades contratuais e da aplicação de preceitos de ordem pública, é fundamental não se limitar a uma análise puramente estrutural das declarações negociais. Essas devem ser consideradas sob o aspecto funcional do contrato, considerando inclusive um viés valorativo dos requisitos de validade, para o qual o reconhecimento do interesse econômico e social se mostra fundamental[18]. Assim, embora

---

[15] Referimo-nos ao sustentado por Alf Ross, no sentido de que as normas jurídicas são estabelecidas não em função do comportamento das partes, mas dos tribunais, cuja aplicação do direito determina a efetividade das normas jurídicas e condiciona a sua vigência. ROSS, Alf. *Direito e Justiça*. Bauru: Edipro, 2000. p. 60.

[16] Cf. KRAUS, Jody; SCOTT, Robert. Contract Design and the structure of Contractual Intent. *New York University Law Review*, vol. 84 (2009), p. 1023-110.

[17] HEINEMANN FILHO, André Nicolau. A atuação do juiz na interpretação e integração dos contratos. *Revista de Direito Privado*, vol. 37, p. 9-26, jan-mar. 2009. *Doutrinas Essenciais:* Obrigações e Contratos. vol. 2, p. 45-62, jun. 2011 DTR\2009\104.

[18] SOUZA, Eduardo Nunes de. *Teoria Geral das Invalidades do Negócio Jurídico*. São Paulo: Almedina, 2017. p. 64. O autor defende que a análise empreendida para a qualificação de um tal negócio como nulo deve ser, ao menos em alguma medida, funcional, devendo o intérprete atentar-se à causa da invalidade para fundamentar nulidade. Nesse sentido, coloca que as invalidades negociais se inserem no âmbito dos mecanismos do controle valorativo que são impostos de forma mais rígida

não seja próprio do ordenamento jurídico tratar dos *trade-offs* envolvidos na relação contratual, é fundamental que a disciplina jurídica tenha em consideração as peculiaridades de cada contrato para que os direitos e obrigações sejam considerados não isoladamente, mas como parte do arcabouço de uma relação econômica e social que demanda o contrato como suporte normativo. De nada adiantará a tutela contratual se esta não estiver ancorada nos interesses que motivam as partes a engajar-se na contratação. Do mesmo modo, a disciplina dos contratos, especialmente a disciplina estabelecida por Lei, no caso dos contratos típicos, restará totalmente esvaziada se não estiver adequada à operação econômica subjacente.

Com base nas constatações dos economistas apresentadas nos parágrafos anteriores, é possível afirmar que o ordenamento jurídico não deve reconhecer os contratos de arrendamento e de parceria como modalidades contratuais que buscam disciplinar interesses absolutamente distintos. O interesse dos contratantes é a cessão (ou a aquisição) da posse e do uso da terra para fins agrícolas, divergindo as modalidades contratuais apenas na forma de definição e pagamento do preço. A operação econômica subjacente a cada uma dessas modalidades contratuais não é distinta, como sugerem algumas interpretações do Estatuto da Terra que superestimam o elemento associativo dos contratos de parceria, para distingui-los dos contratos de arrendamento.

A partilha de frutos estabelecida pelos contratos de parceria deve ser considerada não como uma finalidade própria do contrato, mas como uma estratégia contratual das partes, para que o preço pago ao proprietário ou cedente da terra seja estabelecido, *ex post*, permitindo uma alocação diferente dos riscos e dos custos de ambas as partes interessadas na cessão do imóvel rural. Não há entre as partes uma finalidade comum, própria dos contratos associativos, mas apenas a partilha de riscos. O elemento aleatório próprio da atividade agrária passa a ser considerado no âmbito do contrato de cessão da posse e do uso do imóvel rural, de modo a permitir um preço justo que seja fixado *ex post*.

---

aos atos de natureza negocial e, em nível menos severo, aos demais atos de autonomia privada, e que a teoria das invalidades não se presta unicamente a legitimar efeitos produzidos pelo poder da vontade individual, mas também pela proteção do próprio agente, motivo pelo qual as causas mais comuns de invalidade são a incapacidade e os vícios de consentimento.

Os contratos de parceria permitem, assim, ao parceiro outorgado não assumir um custo pré-determinado que se mostre excessivo em relação à colheita, obrigando a esforços extraordinários de produtividade que possam ser prejudiciais ao imóvel e, portanto, aos interesses do cedente. Do mesmo modo, permitem ao parceiro outorgante um *plus* de remuneração, nos casos em que a produtividade do seu ativo (terra) for superior àquela esperada pelas partes. Essa modalidade contratual perde relevância quando o proprietário/cedente possui garantias suficientes de que a exploração do seu imóvel não será abusiva, nem danosa, e o agricultor/cessionário poderá garantir uma renda suficiente para satisfazer os interesses da contraparte, remunerando seu ativo. Essas considerações são essenciais para compreender, de um ângulo diferente, as cláusulas obrigatórias do Estatuto da Terra como fatores de neutralização das incertezas em torno desses contratos, de modo a permitir que as partes estabeleçam uma contratação compatível aos seus interesses mitigando riscos contratuais.

A obrigatoriedade de cumprimento da função social, nas suas múltiplas vertentes (agrária, ambiental, econômica e social), garante que o cessionário deverá fazer um uso equilibrado e não abusivo da propriedade rural. Nos casos em que houver dúvida quanto ao cumprimento desse ônus, as partes tenderão a firmar contratos de parceria, com acompanhamento mais próximo do proprietário/cedente das condições de exploração pelos cessionários. Não por outra razão, os contratos de parceria eram mais comuns no passado, quando os controles do uso da terra eram menos eficientes e as tecnologias disponíveis aos lavradores menos acessíveis, ensejando uma maior preocupação das partes relativamente ao uso predatório ou não suficientemente produtivo do solo agrícola.

A vulnerabilidade dos lavradores do passado recente representava igualmente um fator de desincentivo a contratos de arrendamento. A exigência de prestações fixas de arrendamento poderia tornar impossível a exploração da terra, porque o lavrador assumiria um risco que não estava apto a gerenciar sozinho. A adoção, pela Lei, de cláusulas obrigatórias concernentes à subsistência, autonomia e indenização de benfeitorias pode ser considerada, sob o aspecto econômico, uma maneira adequada de mitigar esses riscos, garantindo um mínimo essencial aos lavradores. Ademais, a fixação de patamares máximos de remuneração também garante certo equilíbrio contratual entre os interesses proprietários do cedente e os riscos da atividade do cessionário. Na medida em que os lavradores se tornam empresários mais sofisticados, reduzindo ou mesmo invertendo a assimetria de informações com os proprietários ou cedentes, os contratos de parceria passam a exercer um novo papel no gerenciamento de riscos. Nesse turno é que se mostram absolutamente convenientes as modificações realizadas no Estatuto da Terra pela reforma de 2007, a partir das quais ficou expressamente reconhecido que as partes, ao celebrarem contratos de parceria rural, poderão escolher quais riscos da atividade agrária pretendem partilhar, isolada ou cumulativamente.

Na agricultura moderna, especialmente aquela de maior tecnologia empregada, com aplicação de insumos e defensivos com precisão, adoção de técnicas preditivas de chuvas ou irrigação, emprego de biotecnologia e cultivares geneticamente modificados, os agricultores conseguem ter melhor controle da produção, de modo a estimar de modo mais preciso a quantidade colhida e estabelecer com melhor acurácia custos de produção compatíveis com a remuneração dos ativos envolvidos e a margem de lucro esperada. A partilha dos frutos deixa, assim, de ser importante ferramenta de gestão de risco para o agricultor, que, possuindo maior segurança do resultado da colheita, poderá apropriar-se plenamente dos incrementos de produtividade que conseguir pela sua eficiência acima das expectativas normais.

Ainda que assim seja, os riscos decorrentes dos eventos fortuitos e de força maior, consideravelmente relevantes nas atividades agrárias, dependentes da força da natureza e sujeitas a todo tipo de intempéries, bem como os riscos decorrentes das variações de preço dos frutos obtidos na exploração do empreendimento rural continuam sendo muito relevantes, sendo o seu gerenciamento pelas empresas agrárias essencial. Assim, sendo reconhecida pela reforma de 2007 a possibilidade de se partilharem apenas esses riscos, os contratos de parceria recuperaram a sua atualidade e finalidade própria, permitindo ao proprietário/cedente do imóvel rural e ao agricultor/cessionário partilharem contratualmente os riscos mais relevantes da atividade agrária na atualidade, revigorando a importância desses contratos na estratégia das empresas agrárias consoante a sua dimensão econômica.

Nos casos em que as partes decidem a partilha de riscos decorrentes da variação de preço dos frutos, os contratos de parceria rural assumem, para o produtor, a mesma função dos contratos de *hedge*, tornando o cumprimento do contrato imune às depreciações de preço dos produtos agrícolas. Ao mesmo tempo, permitem ao proprietário/cedente do imóvel rural auferir uma renda maior, quando houver apreciação dos preços dos produtos agrícolas objeto da exploração. Viabiliza-se, assim, um equilíbrio econômico do contrato dinâmico, mais eficiente do que seria no caso de pagamento em valores fixos em dinheiro, sem impor às partes os custos próprios da partilha de frutos.

Nos casos em que as partes decidem a partilha de riscos decorrentes do caso fortuito ou força maior, do mesmo modo, os contratos de parceria rural assumem, para o produtor, a mesma função dos contratos de seguro, tornando o cumprimento do contrato imune às situações-limite em que houver uma frustração de safra que impossibilite o cumprimento do contrato sem afetar a solvência do parceiro outorgado. Nesse caso, não há um benefício direto que aproveite ao proprietário. Garante-se, entretanto, a preservação de uma relação recíproca de longo prazo, a evidenciar que os ganhos do proprietário pelo uso da terra pelo cessionário dependem da bem-sucedida exploração do imóvel, de modo a engajar o empreendedor agrícola com o seu melhor aproveitamento possível sem colocar em risco a sua solvência e patrimônio pessoal para o pagamento da prestação devida ao arrendador ou parceiro outorgante.

Do modo atualmente estabelecido pelo Estatuto da Terra, portanto, os contratos de parceria agrícola mantêm sua importância e atualidade para a organização das empresas agrárias. Evidentemente, essa importância poderá ter contornos variados e ser mitigada por outros instrumentos de alocação de riscos da atividade agrária, como os contratos de seguro e os contratos de *hedge*, que permitam ao empresário agrário assumir os custos da alocação desses riscos no âmbito dos seus custos de produção, distribuindo esses riscos no âmbito da mutualidade dos segurados ou dos mercados financeiros, em vez de partilhá-los com os proprietários ou cedentes de imóveis rurais. Caberá a cada qual, definir a melhor estratégia contratual de seus negócios, ampliando sua competitividade e rentabilidade. Do ponto de vista do ordenamento jurídico, no entanto, mostra-se de fundamental importância garantir às empresas agrárias e aos proprietários rurais a segurança jurídica própria para que os diferentes negócios possam ser celebrados para atingir os interesses sociais e econômicos que lhes são peculiares.

2.2. Cláusulas obrigatórias do Estatuto da Terra e o critério da hipossuficiência

A evolução do agronegócio brasileiro transformou o produtor rural, de lavrador a empresário agrário, sobretudo após a consolidação das fronteiras agropecuárias abertas no último quartel do século XX e o desenvolvimento de cadeias agroindustriais inseridas no contexto da economia globalizada. Essa nova realidade trouxe como consequência uma frequente antinomia entre as cláusulas dos contratos agrários de arrendamento e de parceria celebrados pelos agentes econômicos e os pressupostos do Estatuto da Terra, numa situação de recorrente inobservância das cláusulas obrigatórias. Nem sempre essa discrepância se torna, no entanto, aparente à doutrina jurídica, porque são excepcionais os casos que se tornam públicos em precedentes jurisprudenciais.

Como se observa na vivência dos negócios agrícolas, produtores e proprietários rurais evitam soluções litigiosas de controvérsias, buscando resolver divergências por meios de autocomposição[19]. Essa situação deve ser tomada em consideração para que se reconheça que a representatividade dos julgados presentes na jurisprudência dos tribunais quanto aos contratos agrários é muito baixa. Mesmo assim, os tribunais brasileiros estão, de fato, debruçados na solução dessa discrepância entre o regulamento contratual dos contratos agrários e a prática contratual.

De fato, as cláusulas obrigatórias dos contratos agrários limitam sobremaneira o espaço de autonomia privada desses contratos, o que se mostra incompatível com a organização empresarial de grandes empreendimentos agropecuários. Nesse turno é que, a partir de votos do Ministro Paulo de Tarso Sanseverino, parte da doutrina e da jurisprudência dos tribunais vem assumindo posição favorável à relativização do regime legal obrigatório do Estatuto da Terra, tendo por referência a circunstância subjetiva das partes. Para essa corrente de juristas, o regime cogente previsto pelo

---

[19] Douglas W. Allen e Dean Lueck apontam que, na agricultura norte-americana, os contratos agrários são comumente orais e surpreendentemente simples, com duração de apenas um ano. A agricultura brasileira, sabidamente, não difere muito da norte-americana nesse particular. Os agricultores brasileiros, com efeito, estabelecem suas relações de modo ainda menos formal, a partir de costumes arraigados, mediante relações contratuais baseadas na confiança e cujos conflitos acabam sendo resolvidos sem a necessidade de intervenção de juízes ou árbitros, cuja intervenção envolve custos e tempo de espera para decisões que não são compatíveis com os tempos do ciclo agrobiológico e com a dinâmica da agropecuária. (ALLEN, Douglas W.; LUECK, Dean. *The nature of the firm*: contracts, risk and organization in Agriculture. London: MIT Press, 2003. p. 33)

Estatuto da Terra deve restringir-se às hipóteses em que o arrendatário ou parceiro outorgado seja pessoa física e explore a terra pessoal e diretamente "como típico homem do campo".

Veja-se, a título de exemplo, o entendimento que prevaleceu no precedente julgado no Recurso Especial nº 1447082/TO[20]. No caso, diante de um contrato de arrendamento rural, o Superior Tribunal de Justiça afastou o direito de preferência à aquisição do imóvel expressamente previsto pelo Estatuto da Terra, sob o argumento de que as restrições da disciplina dos contratos agrários deveriam ser compreendidas sob a ótica de microssistemas normativos, que regulam relações jurídicas setorizadas de forma autônoma, aos quais dever-se-ia aplicar o método lógico-sistemático de interpretação, *"valorizando-se a 'ratio legis specialis' e os princípios que são, normalmente, indicados pelo legislador no momento da elaboração da lei especial".*

No julgado, o Ministro Sanseverino aduz que o direito de preferência do arrendatário pode ser visto sobre dois prismas. Sob o prisma da função social da propriedade, justificando-se o direito de preferência para a continuidade da atividade produtiva. Ou, alternativamente, sob o prisma

---

[20] Superior Tribunal de Justiça. REsp 1.447.082/TO, Rel. Ministro PAULO DE TARSO SANSEVERINO, TERCEIRA TURMA, julgado em 10/05/2016, *DJe* 13/05/2016. Assim ementado: RECURSOS ESPECIAIS. CIVIL. DIREITO AGRÁRIO. LOCAÇÃO DE PASTAGEM. CARACTERIZAÇÃO COMO ARRENDAMENTO RURAL. INVERSÃO DO JULGADO. ÓBICE DAS SÚMULAS 5 E 7/STJ. ALIENAÇÃO DO IMÓVEL A TERCEIROS. DIREITO DE PREFERÊNCIA. APLICAÇÃO DO ESTATUTO DA TERRA EM FAVOR DE EMPRESA RURAL DE GRANDE PORTE. DESCABIMENTO. LIMITAÇÃO PREVISTA NO ART. 38 DO DECRETO 59.566/66. HARMONIZAÇÃO DOS PRINCÍPIOS DA FUNÇÃO SOCIAL DA PROPRIEDADE E DA JUSTIÇA SOCIAL. SOBRELEVO DO PRINCÍPIO DA JUSTIÇA SOCIAL NO MICROSSISTEMA NORMATIVO DO ESTATUTO DA TERRA. APLICABILIDADE DAS NORMAS PROTETIVAS EXCLUSIVAMENTE AO HOMEM DO CAMPO. INAPLICABILIDADE A GRANDES EMPRESAS RURAIS. INEXISTÊNCIA DE PACTO DE PREFERÊNCIA. DIREITO DE PREFERÊNCIA INEXISTENTE. 1. Controvérsia acerca do exercício do direito de preferência por arrendatário que é empresa rural de grande porte. 2. Interpretação do direito de preferência em sintonia com os princípios que estruturam o microssistema normativo do Estatuto da Terra, especialmente os princípios da função social da propriedade e da justiça social. 4. Proeminência do princípio da justiça social no microssistema normativo do Estatuto da Terra. 5. Plena eficácia do enunciado normativo do art. 38 do Decreto 59.566/66, que restringiu a aplicabilidade das normas protetivas do Estatuto da Terra exclusivamente a quem explore a terra pessoal e diretamente, como típico homem do campo. 6. Inaplicabilidade das normas protetivas do Estatuto da Terra à grande empresa rural. 7. Previsão expressa no contrato de que o locatário/arrendatário desocuparia o imóvel no prazo de 30 dias em caso de alienação. 8. Prevalência do princípio da autonomia privada, concretizada em seu consectário lógico consistente na força obrigatória dos contratos ("pacta sunt servanda"). 9. Improcedência do pedido de preferência, na espécie. 10. RECURSOS ESPECIAIS PROVIDOS.

da justiça social, justificando-se o direito de preferência como modo de garantir a fixação do homem no campo. Encaminhando a sua posição, o Ministro vaticina que *"o cumprimento da função social da propriedade não parece ser fundamento suficiente para que as normas de direito privado, fundadas na autonomia da vontade, sejam substituídas pelas regras do Estatuto da Terra, marcadas por um acentuado dirigismo contratual"*. Assim, com fundamento na regra dos Arts. 8º e 38 do Decreto nº 59.566/66, restringiu a aplicação dessas normas aos casos em que for verificada a existência de cultivo direto e pessoal da terra pelo arrendatário, em situação de hipossuficiência.

Concluiu o Ministro Sanseverino que não deveria ser aplicável ao caso a exigência do direito de preferência, porque o texto contratual não previu esse direito e, aliás, expressamente o afastou, com possibilidade de resilição unilateral do contrato de locação, em contrariedade ao preceito previsto pela legislação agrária, de que o direito de preferência é uma garantia irrenunciável. O Tribunal afastou, assim, a possibilidade de que grandes empresas rurais exercessem direito de preferência na qualidade de arrendatárias, sobretudo quando o terceiro interessado na aquisição do imóvel rural for pessoa física, identificada com o ideal de homem do campo, o que, na sua visão, inverteria a lógica do microssistema normativo do Estatuto da Terra, protegendo excessivamente parte hipersuficiente.

O voto do Ministro Sanseverino foi acolhido pela terceira turma do Superior Tribunal de Justiça por unanimidade e fez jurisprudência em prol da autonomia privada nos contratos agrários, aos quais caberia aplicar o preceito constitucional da liberdade de contratar, especialmente quando os contratantes fossem pessoas ou empresas sofisticadas, as quais poderiam livremente pactuar seus contratos, a despeito das determinações expressas na legislação agrária.

A linha adotada pelo Ministro Sanseverino e a terceira turma não é unânime. A quarta turma do mesmo Superior Tribunal de Justiça adota um posicionamento diametralmente oposto, reconhecendo a imperatividade das normas do Estatuto da Terra mesmo nos casos em que as partes sejam contratantes sofisticadas. Nesse sentido, veja-se o precedente julgado no AREsp 1568933/MS[21], relatado pelo Ministro Antônio Carlos Ferreira.

---

[21] Superior Tribunal de Justiça. AgInt no REsp 1.568.933/MS, Rel. Ministro ANTONIO CARLOS FERREIRA, QUARTA TURMA, julgado em 28/09/2020, *DJe* 01/10/2020. Assim ementado: CIVIL. AGRAVO INTERNO NO RECURSO ESPECIAL. CONTRATO DE ARRENDAMENTO RURAL.

No caso, a controvérsia referia-se à aplicação do prazo mínimo de três anos a contrato de arrendamento que não havia sido respeitado pelas partes, uma usina de cana-de-açúcar e um agricultor, que pactuaram a cessão do imóvel rural por uma única safra, com a finalidade de rotação de culturas, com o plantio de grãos no entremeio da reforma de canaviais.

Em decisão monocrática, o relator, com base na jurisprudência do Superior Tribunal de Justiça, deu provimento ao recurso especial para determinar o cumprimento do prazo mínimo de três anos de vigência para o contrato de arrendamento, declarando nula a cláusula que fixou prazo contratual de seis meses. Irresignada, a arrendante interpôs agravo interno para que fossem afastadas as disposições especiais do Estatuto da Terra e seu regulamento, pelo motivo de não ter sido o contrato firmado entre pessoas hipossuficientes, envolvendo, na verdade, grandes empresários rurais distantes da figura do explorador direto e pessoal pressuposto pela legislação especial.

O Ministro relator deixou de analisar a questão de fato, por impedimento legal, não adentrando ao mérito de ser a parte ou não hipossuficiente, reiterando, no entanto, que as disposições da legislação agrária são normas cogentes, de observância obrigatória, que não podem ser derrogadas por convenção entre as partes contratantes. O acórdão acolheu o voto por unanimidade, afastando, assim, a regra de excepcionalidade admitida na outra turma de julgamento, e reiterando a imperatividade do prazo mínimo de três anos para os contratos de arrendamento rural, mesmo entre partes que não sejam hipossuficientes.

Vale mencionar que o prazo mínimo de 3 (três) anos para os contratos agrários não corresponde necessariamente ao disposto no Estatuto da Terra. Conforme reconheceu o Superior Tribunal de Justiça no REsp 11.101/PR, a Lei não estabeleceu 3 (três) anos, mas admitiu que fossem estabelecidas por regulamento prazos mínimos consoante cada tipo de atividade agrícola, de modo que as partes podem livremente dispor desses prazos[22].

PRAZO MÍNIMO LEGAL. NORMA COGENTE. PRECEDENTES. DECISÃO MANTIDA. 1. Segundo a jurisprudência mais recente desta Corte Superior, "os prazos mínimos de vigência para os contratos agrários constituem norma cogente e de observância obrigatória, não podendo ser derrogado por convenção das partes contratantes" (REsp 1.455.709/SP, Rel. Ministro RICARDO VILLAS BÔAS CUEVA, TERCEIRA TURMA, julgado em 5/5/2016, DJe 13/5/2016). 2. Agravo interno a que se nega provimento.

[22] ESTATUTO DA TERRA.A DISPOSIÇÃO DO DECRETO 59.566/66, ESTABELECENDO, INDISTINTAMENTE, PRAZO MINIMO DE TRES ANOS PARA TODOS OS CONTRATOS DE PARCERIA AGRICOLA, NÃO ATENDEU AO DISPOSTO NO ARTIGO 96, V, "B" DA

Apesar desses julgados isolados, ao analisar os precedentes do Superior Tribunal de Justiça em que a questão foi debatida, é possível concluir que, ainda, o entendimento predominante naquele Tribunal é no sentido de preservar a imperatividade das normas do Estatuto da Terra e seu regulamento. Nesse sentido, no precedente do REsp 1455709/SP[23], relatado pelo Ministro Ricardo Villas Bôas Cueva, os proprietários pretendiam a retomada do imóvel cedido em parceria agrícola e a divergência se estabeleceu em torno da aplicação do preceito no § 2º do Art. 22 do Decreto nº 59.566/66, que limita o direito de retomada do imóvel, que não prevalecerá se o arrendador não houver notificado o arrendatário da sua intenção de retomada para uso próprio, com seis meses de antecedência ao término do contrato. A terceira turma reconheceu por unanimidade, na esteira do voto do relator, a necessidade de observância do prazo para a notificação, proibindo, assim, a retomada do imóvel pelos proprietários e determinando a renovação obrigatória do contrato, em vigor por 16 anos,

LEI 4.504/64 QUE ADMITIU PUDESSE O REGULAMENTO PREVER PRAZOS MINIMOS, CONSOANTE O TIPO DE ATIVIDADE AGRICOLA. HA DE PREVALECER O DISPOSTO NO ITEM I DO MESMO ARTIGO, ENTENDENDO-SE QUE O PRAZO MINIMO DE TRES ANOS PODERA SER AFASTADO PELA VONTADE DAS PARTES. (Superior Tribunal de Justiça. REsp 11.101/PR, Rel. Ministro EDUARDO RIBEIRO, TERCEIRA TURMA, julgado em 08/06/1992, DJ 29/06/1992, p. 10315)

[23] Superior Tribunal de Justiça. REsp 1455709/SP, Rel. Ministro RICARDO VILLAS BÔAS CUEVA, TERCEIRA TURMA, julgado em 05/05/2016, DJe 13/05/2016. Assim ementado: RECURSO ESPECIAL. CONTRATO AGRÁRIO. ARRENDAMENTO RURAL. PECUÁRIA DE GRANDE PORTE. PRAZO MÍNIMO DE VIGÊNCIA. CINCO ANOS. AFASTAMENTO. CONVENÇÃO DAS PARTES. NÃO CABIMENTO. 1. Trata-se de recurso especial interposto em autos de ação de despejo cumulada com perdas e danos na qual se discute a possibilidade de as partes firmarem contrato de arrendamento rural com observância de prazo inferior ao mínimo legal. 2. Os elementos de instabilidade no campo, caracterizados principalmente pela concentração da propriedade rural e pela desigualdade econômica e social em relação aos pequenos produtores, demandaram produção legislativa destinada a mitigar esses entraves e a estimular a utilização produtiva da terra, de forma justa para as partes envolvidas. 3. Em se tratando de contrato agrário, o imperativo de ordem pública determina sua interpretação de acordo com o regramento específico, visando obter uma tutela jurisdicional que se mostre adequada à função social da propriedade. As normas de regência do tema disciplinam interesse de ordem pública, consubstanciado na proteção, em especial, do arrendatário rural, o qual, pelo desenvolvimento do seu trabalho, exerce a relevante função de fornecer alimentos à população. 4. Os prazos mínimos de vigência para os contratos agrários constituem norma cogente e de observância obrigatória, não podendo ser derrogado por convenção das partes contratantes. 5. O contrato de arrendamento rural destinado à pecuária de grande porte deve ter duração mínima de 5 (cinco) anos. Inteligência dos arts. 95, inciso XI, alínea "b", da Lei nº 4.504/1964; 13, incisos II e V, da Lei nº 4.947/1966 e 13, inciso II, alínea "a", do Decreto nº 59.566/1966. 6. Recurso especial provido.

com fundamento nos preceitos do Estatuto da Terra, cujo vetor interpretativo seria a proteção ao trabalhador rural.

O posicionamento da terceira turma, de fato, é coerente com o posicionamento jurisprudencial cristalizado na jurisprudência do Superior Tribunal de Justiça, com precedentes mais antigos, tais quais o julgado no REsp 112.144/SP[24], relatado pelo Ministro Carlos Alberto Menezes Direito, que, em 1997, já estabelecia que a imperatividade das normas do Estatuto da Terra não depende da hipossuficiência das partes.

Nessa celeuma, vê-se mais um caso de divergência entre as turmas julgadoras do Superior Tribunal de Justiça, a transbordar incerteza e insegurança jurídica para os agentes econômicos do agronegócio e, por conseguinte, a dificultar a tarefa de *design contratual*.

Em que pesem as críticas que incidiram sobre a divergência aberta pelo Ministro Sanseverino, a posição do jurista evidenciou a necessidade de se rediscutir o papel da autonomia privada nos contratos agrários. Nesse sentido, ZANETTE destaca haver uma situação de crise, decorrente do descompasso entre a legislação que regula os contratos agrários e os fatos econômicos e sociais que circundam as relações jurídicas em torno do arrendamento e da parceria rural, em três aspectos: a) os prazos dos contratos, seu término, renovação ou prorrogação; b) a fixação dos preços pagos pela terra pelo arrendatário ou parceiro outorgado; e c) o direito de preferência outorgado ao cessionário do imóvel. Para dissolver esse anacronismo, o autor propõe uma readequação axiológica dos contratos agrários, para que se possa dar unidade à interpretação do sistema jurídico, minorando o dirigismo contratual. Assim, na sua visão, caberia a manutenção

---

[24] Superior Tribunal de Justiça. REsp 112.144/SP, Rel. Ministro CARLOS ALBERTO MENEZES DIREITO, TERCEIRA TURMA, julgado em 24/11/1997, DJ 19/12/1997. DIREITO AGRARIO. ARRENDAMENTO RURAL. INCIDENCIA DO ESTATUTO DA TERRA. 1. NÃO TEM APOIO A TESE SUSTENTADA PELO ACORDÃO RECORRIDO SOBRE A EXCLUSÃO DO ARRENDAMENTO RURAL DO ESTATUTO DA TERRA QUANDO AS PARTES ENVOLVIDAS DESFRUTAREM DE BOA SITUAÇÃO ECONOMICA, A DISPENSAR TRATAMENTO LEGAL FAVORAVEL. A DISCIPLINA LEGAL AGASALHA A DISCRIMINAÇÃO, COM O QUE E INAPLICAVEL AOS CONTRATOS AGRARIOS O ART. 1197 DO CODIGO CIVIL. 2. A ALIENAÇÃO OU A IMPOSIÇÃO DE ONUS REAL, NA FORMA DO PARAGRAFO 5 DO ART. 92 DO ESTATUTO DA TERRA, NÃO INTERROMPE A VIGENCIA DOS CONTRATOS AGRARIOS, FICANDO O ADQUIRENTE, OU O TITULAR DO DIREITO REAL, SUB-ROGADO NOS DIREITOS E OBRIGAÇÕES DO PROPRIETARIO. 3. RECURSOS ESPECIAIS CONHECIDOS E PROVIDOS.

dos direitos estabelecidos no Estatuto da Terra aos contratantes vulneráveis, mas, aos demais, especialmente aos empresários rurais, dever-se-ia aplicar o regime comum de direito, reconhecendo a autonomia contratual com amplitude, objetivando maior equilíbrio e segurança jurídica aos contratantes[25].

O exercício hermenêutico sempre culmina na necessidade de atualização da legislação agrária. Nesse sentido, quando em discussão, no Congresso Nacional, a Medida Provisória nº 881, de 30 de abril de 2019 ("MP da Liberdade Econômica"), o relator do projeto, Deputado Jerônimo Goergen, fez incluir no bojo do projeto de lei de conversão, dispositivos orientados pelas ideias do Ministro Sanseverino anteriormente mencionadas. Propôs, assim, a inclusão de dispositivo com a seguinte redação:

> *Art. 26........*
> *§ 16. Os contratos agrários são orientados pela liberdade econômica, prevalecendo a autonomia privada, exceto quando uma das partes se enquadre no conceito de agricultor familiar e empreendedor familiar rural, conforme previsto no art. 3º da Lei nº 11.326, de 24 de julho de 2006.*

A proposta legislativa sugeria, ainda, a alteração do Art. 92 do Estatuto da Terra, que passaria a vigorar com a seguinte redação:

> *"Art. 92. A posse ou uso temporário da terra serão exercidos em virtude de contrato expresso ou tácito, estabelecido entre o proprietário e os que nela exercem atividade agrícola ou pecuária, sob forma de arrendamento rural, de parceria agrícola, pecuária, agroindustrial e extrativa, nos termos desta Lei.*
> *..*
> *§ 1º. Prevalece a autonomia privada nos contratos agrários, exceto quando uma das partes se enquadre no conceito de agricultor familiar e empreendedor familiar rural, conforme previsto o art. 3º da Lei 11.326, de 24 de julho de 2006." (NR)§ 10. Prevalece a autonomia privada nos contratos agrários, exceto quando uma das partes se enquadre no conceito de agricultor familiar e empreendedor familiar rural, conforme previsto o art. 3º da Lei 11.326, de 24 de julho de 2006."*

---

[25] ZANETTE, Antonio. *Contrato agrário*: novos paradigmas do arrendamento e da parceria rural. Porto Alegre: Livraria do Advogado, 2019. p. 94.

Caso fosse aprovada a proposta, a disciplina dos contratos agrários sofreria uma ruptura. De um lado, os agricultores familiares estariam sujeitos a um regime contratual limitado, submetido às cláusulas obrigatórias previstas pelo Estatuto da Terra; de outro lado, os demais contratantes estariam livres para contratar, com prevalência da autonomia privada, aplicável ao caso concreto em função da circunstância subjetiva das partes.

A proposta legislativa, embora tivesse fundamento em jurisprudência do Superior Tribunal de Justiça, foi duramente criticada pela comunidade jurídica agrarista, que, em grande parte, ainda cultua o Estatuto da Terra como baluarte das garantias necessárias à produção agropecuária[26]. Assim, mediante protestos, a proposta foi retirada do Projeto de Lei de conversão da Medida Provisória, que restou aprovado na redação conhecida pela Lei nº 13.874, de 20 de setembro de 2019, que trouxe novos ares à disciplina da autonomia privada, valorizando, dentre outras medidas, a função alocativa de riscos dos contratos, mas deixou de fora de seus dispositivos a disciplina específica dos contratos agrários[27].

Mantida intacta a legislação agrária, parece ser impróprio aderir ao critério de hipossuficiência para definir a disciplina dos contratos agrários e a vigência das cláusulas obrigatórias. Com efeito, a proteção social e econômica aos arrendatários cultivadores diretos e pessoais e as cláusulas obrigatórias, previstas nos Arts. 92 a 96 do Estatuto da Terra, foram paralelamente erigidas à condição de preceito de Direito Agrário, pela Lei nº 4.947/66, sem que um princípio prevaleça sobre o outro.

De fato, nos termos da mencionada Lei, a proteção social e econômica aos lavradores diretos e pessoais deve se fazer em paralelo, ou melhor, conjuntamente com a aplicação dos preceitos da legislação concernente aos contratos agrários, não se limitando um preceito a outro, mas, pelo contrário, harmonizando-se os diferentes preceitos estabelecidos como norteadores da disciplina agrária em matéria de contratos.

---

[26] Nesse sentido, vejam-se as diversas manifestações de especialistas vinculados ao portal "DireitoAgrario.com" e que culminaram no projeto "Direito Agrário Levado a Sério", com duras críticas à proposta legislativa em artigos, vídeos, aulas e entrevistas. QUERUBINI, Albenir; FERNANDES, Maurício (coords.). *Direito Agrário.com*. Projeto Direito Agrário Levado a Sério. Disponível em https://direitoagrario.com/projeto-direito-agrario-levado-a-serio/. Acesso em 15 fev. 2020.

[27] A flexibilização do dirigismo contratual previsto pela legislação agrária atualmente em vigor manteve-se como proposta do Deputado Jerônimo Goergen, na forma do Projeto de Lei nº 6.092/2019, ainda pendente de apreciação pelo Congresso Nacional e que será objeto de análise crítica no Capítulo 2.5.

Embora seja verdade que o Decreto nº 59.566/66 tenha sido editado com o espírito de garantir a proteção dos lavradores que se enquadrassem como cultivadores diretos e pessoais dos imóveis agrários (aqueles que residem no imóvel rural e, vivendo com seu conjunto familiar em mútua dependência, utilizam-se de assalariados em número que não ultrapassem o número de membros de sua família), não se pode admitir que a aplicação do Estatuto da Terra possa ser limitada pelos princípios adotados por normas posteriores, seja a Lei nº 4.947/66, seja o Decreto nº 59.566/66, ambos editados dois anos após a edição do Estatuto.

Em que pese seja urgente a rediscussão do papel da autonomia privada no tocante aos contratos agrários, não parece que a legislação atualmente em vigor possa dar suporte à corrente que enxerga que as cláusulas obrigatórias só se apliquem aos contratos celebrados com hipossuficientes. Afinal, é a agrariedade, não a hipossuficiência, que caracteriza e qualifica os contratos agrários, não podendo o regime especial aplicável aos contratos agrários ser considerado somente em função da proteção social das partes débeis.

Como demonstramos no capítulo 1 deste trabalho, há diversas cláusulas obrigatórias que não se vinculam à proteção social dos lavradores e cultivadores diretos e que, não obstante, devem ser consideradas como obrigatórias no regulamento dos contratos agrários. Adicionalmente, é de se reconhecer que a proteção dos hipossuficientes não é uma exclusividade do regime jurídico dos contratos agrários, mas deve ser compreendida como uma cláusula geral aplicável a todos os contratos[28], especialmente

---

[28] San Tiago Dantas citava a existência de uma doutrina revisionista no sentido de buscar um temperamento do princípio da obrigatoriedade dos contratos, que admite um momento posterior ao acordo de vontades com eficácia modificativa ou resolutiva, embora a prestação não se tenha tornado impossível. Nesse sentido, destacava que o direito dos contratos foi erigido sob três princípios: da autonomia da vontade; da supremacia da ordem pública; e da obrigatoriedade das convenções, limitados pela escusa de força maior. Conforme o autor, regido por esses princípios, o direito contratual ofereceu ao capitalismo industrial um poderoso instrumento de ascensão, adaptável a todas as necessidades de circulação de riquezas. Aponta o civilista uma evolução da teoria dos contratos, que adotou preceitos solidaristas preponderantes na política contemporânea dos Estados democráticos, impondo uma intervenção crescente do Estado nas relações econômicas. O autor aponta três transformações: em primeiro lugar, a condenação de contratos destinados a eliminar ou modificar arbitrariamente as condições de concorrência; em segundo lugar, a tese da proteção social dos mais fracos, destinada a corrigir as consequências desumanas do liberalismo jurídico; e, em terceiro lugar, o dirigismo contratual, que impôs a adoção de normas restritivas da liberdade contratual. DANTAS, San Tiago. Evolução contemporânea do direito contratual. In: _____. *Problemas de direito positivo*: estudos e pareceres. Rio de Janeiro: Forense, 1953. p. 13.

no regime previsto pelo Código Civil de 2002, que tem, como novos princípios norteadores do regime contratual, o equilíbrio econômico, a boa-fé e a função social[29].

Assim, cabe à doutrina agrarista buscar outros elementos, que sejam próprios ao direito agrário, para melhor definição desse regime próprio aplicável aos contratos próprio à sua disciplina, identificando como nas cláusulas obrigatórias a sua função própria, não restrita à condição subjetiva das partes, mas vinculada também ao objeto e à função econômico e social desses contratos.

2.3. Cláusulas obrigatórias do Estatuto da Terra e o critério da agrariedade

Em vez de relativizar o regime jurídico dos contratos agrários, tendo por ponto de partida a situação subjetiva das partes, de hipossuficiência, parece ser mais adequado colocar as cláusulas obrigatórias do Estatuto da Terra em perspectiva de um critério objetivo e alinhado com o elemento próprio dos contratos agrários, ou seja, a agrariedade. Como demonstramos à luz das lições de SCAFF, DE MATTIA, FERNANDEZ, MASSART e CARROZZA, os contratos agrários devem ser definidos como categoria por meio do seu envolvimento com o ciclo agrobiológico. É o ciclo agrobiológico, elemento central da agrariedade, que qualifica esses contratos, devendo desse ciclo extrair-se a sua função especial, merecedora de tutela, impondo às partes obrigações próprias, não aplicáveis aos contratos alheios ao contexto agrário[30].

Nesse sentido, parece ser fundamental distinguir, dentre as cláusulas obrigatórias previstas pela legislação agrária, aquelas que se vinculam ao ciclo agrobiológico e que, dessa forma, possuem uma razão de ser em

---

[29] Conforme Antonio Junqueira de Azevedo, os paradigmas da vontade e da liberdade de contratar não se encontram superados pelo sistema brasileiro do Código Civil de 2002. Nessa nova ordem, embora a disciplina contratual tenha passado a sofrer influência de novos princípios do direito contratual, a saber: a boa-fé objetiva, o equilíbrio econômico do contrato e a função social do contrato, esses novos princípios implicaram certa revisão dos pressupostos da teoria contratual sem, no entanto, anular os princípios seculares da disciplina contratual (obrigatoriedade do acordo de vontades, e relatividade dos efeitos dos contratos e liberdade contratual), mas uma necessária interação destes com a dinâmica da realidade social. AZEVEDO, Antonio Junqueira de. *Estudos e pareceres de Direito Privado*. São Paulo: Saraiva, 2004. p. 140.

[30] BUENO, Francisco de Godoy. *Contratos Agrários Agroindustriais*: análise à luz da teoria dos contratos atípicos. São Paulo: Almedina, 2017.

função da agrariedade, independentemente da situação subjetiva das partes ou do tipo contratual.

Vejamos, por exemplo, a regra do Art. 95, I, e 96, I, do Estatuto da Terra, que permite a extensão obrigatória dos contratos de arrendamento e de parceria para assegurar a conclusão da colheita. Essa disposição não tem qualquer relação com a hipossuficiência do lavrador, com a sua capacidade técnica, econômica ou negocial, devendo ser associada ao cumprimento da função social da terra, de um lado, e à execução da atividade agrária, de outro, por meio da conclusão do "ciclo agrobiológico". Essa cláusula obrigatória passa, assim, a ter significado a partir do fato técnico, ou seja, impõe que as relações jurídicas agrárias são estabelecidas em função das forças da natureza e as obrigações devem sofrer mutações compatíveis com a atividade agrária.

A extensão do prazo contratual para assegurar a conclusão da colheita, nesse sentido, corresponde ao preceito de que a execução do contrato deve ser continuada pelo tempo necessário para a execução da atividade agrária, permitindo ao empresário o aproveitamento integral das forças da natureza para as finalidades econômicas de seu empreendimento.

É importante chamar a atenção que a impossibilidade de realização da colheita poderia ser compreendida no âmbito de um caso fortuito, afastando o inadimplemento na devolução do imóvel em razão da cláusula geral prevista pelo Art. 393 do Código Civil, admitindo-se, assim, a devolução tardia do imóvel nos casos em que a colheita não tiver sido realizada por circunstâncias naturais, alheias à vontade dos contratantes. Não é essa a locução do Estatuto da Terra, entretanto, uma vez que não está prevista justa causa para possibilitar a prorrogação obrigatória do contrato agrário. Conforme o previsto na legislação, a prorrogação desses contratos é obrigatória sempre que for necessária para permitir a ultimação da colheita pelo arrendatário ou parceiro outorgado, independentemente da causa.

A análise mais adequada do dispositivo não identifica essa cláusula obrigatória com a proteção social do lavrador, seja ele pessoa física, cultivador direto e pessoal, em regime de economia familiar, seja ele uma grande empresa do agronegócio. A prorrogação do contrato, nesses casos, não visa a proteger o cessionário do imóvel hipossuficiente de uma eventual injustiça ou abuso da posição contratual do contratante mais forte. O bem juridicamente tutelado é a realização da colheita, a ser considerada objetivamente, independentemente da situação subjetiva das partes.

Entendemos ser pertinente, nesse sentido, um paralelo entre os contratos agrários, enquanto categoria, e os contratos empresariais. Estes são definidos em distinção dos contratos civis, em especial daqueles celebrados por consumidores finais, pelo escopo de lucro de todas as partes envolvidas. Conforme explica FORGIONI, a natureza e o espírito dos contratos empresariais são condicionados pela "vontade comum" das partes, direcionada pelo escopo de lucro que grava cada uma delas[31]. No caso dos contratos agrários, não é o lucro, mas a agrariedade, ou seja, o ciclo agrobiológico que condiciona a natureza e o espírito desses contratos[32].

A agrariedade não afasta o elemento empresarial dos contratos agrários, pelo contrário, qualifica. Assim, do mesmo modo que ocorre no caso dos contratos empresariais, a situação das partes pode ser colocada em perspectiva do poder contratual, identificado não só com o poder econômico, mas também com a situação de dependência da parte em relação ao ciclo agrobiológico. Essa definição não atende a um critério subjetivo, da situação da parte e da sua atividade, mas a um critério funcional da importância da atividade no contexto dos interesses visados pelo contrato. Assim, por exemplo, nos contratos que têm por objeto a cessão da terra, para que o terceiro realize atividade agrária no imóvel rural, deve ser reconhecido um grau de dependência entre cedente e cessionário de

---

[31] Paula Forgioni esclarece que, nos contratos consumeristas, a luta pelo lucro recai apenas sobre uma das partes; e, nos contratos civis, pode não existir ou aparecer de forma esporádica, mitigada no polo que se aproveitará economicamente do evento. Assim, nesses contratos, o escopo econômico não marca o contrato de forma tão incisiva como nos casos comerciais, pois a parte não tem a sua atividade, toda ela, voltada para o lucro, como ocorre com as empresas e sua atividade comercial. (FORGIONI, Paula A. *Contratos empresariais*: teoria geral e aplicação. 5. ed. São Paulo: Thomson Reuters Brasil, 2020. p. 39.)

[32] No caso dos contratos empresariais, a doutrina afasta a aplicação do critério da hipossuficiência, embora reconheça que poderá haver uma situação de dependência econômica, em grau maior ou menor, ou até inexistente, no caso de contratos paritários (FORGIONI, Paula A. *Contratos empresariais:* teoria geral e aplicação. 5. ed. São Paulo: Thomson Reuters Brasil, 2020. p. 67). No caso dos contratos agrários, o objetivo necessariamente econômico da atividade agrária não pode ser considerado como incompatível com a identificação da hipossuficiência de uma das partes. Com efeito, em muitas hipóteses, embora exercendo atividade agrária com fins econômicos, o lavrador, de fato, apresenta-se em situação de vulnerabilidade absoluta, não só econômica, mas informacional. É o caso, por exemplo, dos contratos agrários celebrados no âmbito da agricultura familiar ou da atividade agrária exercida por silvícolas ou integrantes de comunidades tradicionais, em que, ainda que estejam presentes os elementos econômicos da agrariedade, inclusive o objetivo de auferir lucro do ciclo agrobiológico, mostra-se imprescindível considerar também a situação subjetiva das partes de hipossuficiência.

modo a garantir a realização da empresa agrária. É preciso que se considere o grau de importância da terra como elemento de produção e a eventualidade de o cedente ter condições, por exemplo, de manter a propriedade produtiva não fosse o cumprimento do contrato pelo arrendatário ou parceiro outorgado. Deve-se reconhecer que a realização da colheita não se configura apenas sob a perspectiva da obtenção de lucro pela empresa agrária, mas é também a garantia de cumprimento da função social do imóvel rural, por meio da destinação produtiva deste.

O poder contratual e a dependência das partes em relação ao cumprimento do contrato, portanto, devem ser estabelecidos sob uma ótica de um equilíbrio entre o cumprimento da função da propriedade e o cumprimento da função da empresa. Essas funções, de fato, conjugam-se no âmbito do contrato agrário, de modo que o cumprimento da função social da empresa seja também o cumprimento da função social da propriedade. A empresa agrária, com efeito, não atingirá seus objetivos, nem cumprirá o contrato adequadamente se não concluir o ciclo agrobiológico, obtendo os frutos respectivos.

O Estatuto da Terra, ao estabelecer cláusula obrigatória no sentido de que, nos contratos de arrendamento e de parceria, as partes devem ter suas obrigações alteradas de modo a garantir a realização da colheita, prescreve um preceito elementar a todo e qualquer contrato agrário: de que o contrato agrário deve respeitar o ciclo agrobiológico, tendo seu tempo e suas obrigações ajustados ao necessário para a obtenção dos resultados econômicos pretendidos com a criação de animais ou o cultivo de vegetais.

Conforme apresentaremos a seguir, esse preceito não importa apenas aos contratos de cessão da posse e do uso da terra, pois a realização da colheita não é um interesse juridicamente relevante apenas para o cumprimento da função social do imóvel rural. Esse é um objetivo essencial a todos os contratos agrários, porque, sem a colheita, realizada na forma e no tempo adequado, ficarão frustradas as atividades de toda e qualquer empresa agrária, seja ela empenhada no cultivo de vegetais, na criação de animais ou em qualquer atividade conexa. Enfim, a colheita, ou melhor, a conclusão do ciclo agrobiológico está para as empresas agrárias, e para os contratos agrários, do mesmo modo que o lucro está para as empresas em geral, e para os contratos empresariais, é um elemento essencial, fundamental para sua natureza e espírito.

Do mesmo modo, os prazos mínimos e os limites de vigência também devem ser considerados sob a ótica da agrariedade. Nesse sentido, o Art. 95, XI, "b" é claro no sentido de que esses prazos devem ser adequados aos tipos de atividades agrícolas desenvolvidas, isso é, considerando o ciclo agrobiológico objeto da contratação. Nos termos que já apresentamos no capítulo primeiro, a observância do ciclo agrobiológico não corresponde necessariamente aos prazos mínimos estabelecidos pelo Decreto nº 59.566/66, atualmente em vigor. O regulamento do Estatuto da Terra foi editado sem considerar a agrariedade, de modo que os prazos mínimos previstos não correspondem ao tempo das atividades agrícolas e os limites de vigência não foram estabelecidos.

O conceito de agrariedade, vale dizer, é uma construção doutrinária que não depende de previsão legal, mas se prende ao reconhecimento da realidade técnica das atividades agrárias e de sua relevância jurídica. Assim, não precisamos, no nosso ordenamento, repetir os acertos e os erros do *Codice de 1942*, que levaram ao desenvolvimento desse conceito pela doutrina agrarista. Como explicita NAPPI, o código italiano cumpriu uma função importante a fim de compor um complexo orgânico normativo correspondente aos princípios e objetivos imersos na ação política normativa do período do fascismo, que promovia a intervenção do Estado na Economia. Essa intervenção, na matéria agrária, é representada pela introdução do conceito de empresa agrária, com a consequente elevação exponencial do conflito entre propriedade e empresa, induzindo os intérpretes a abandonarem a construção teórica fundada na agrariedade do objeto do contrato, para qualificar o contrato agrário sob a ótica da causa. Assim, a partir da referência à empresa agrária contida expressamente no Código, evidenciou-se a estrita relação existente entre o contrato agrário e a empresa, de modo a definir-se o contrato agrário como o contrato para o exercício da empresa agrícola, ou melhor, como contrato que possui função instrumental para a empresa, ou seja, destinado à sua constituição e ao seu exercício. Nesse turno, a causa locativa dos contratos agrários foi definitivamente abandonada e o seu posto vem sendo ocupado pela empresa agrária[33].

O reconhecimento da agrariedade dos contratos, ou seja, de sua função em termos da atividade agrária e da empresa agrária, como mencionamos anteriormente, não anula a causa locativa dos contratos agrários ou outra

---

[33] NAPPI, Pasquale. *Tutela giurisdizionale e contratti Agrari*. Milano: Giuffrè, 1994. p. 95.

função econômica que os contratos possam ter, mas qualifica essas funções em vista da importância, não só econômica, mas técnica, que o contrato assume no exercício da empresa agrária. Esse vínculo funcional é essencialmente fático, não jurídico, pelo que prescinde de norma prescritiva dessa relação, que deve ser evidenciada pela doutrina e jurisprudência, de modo a permitir uma melhor compreensão e disciplina das relações jurídicas em torno da atividade agrária, especialmente, no caso da legislação brasileira, das cláusulas obrigatórias previstas pelo Estatuto da Terra.

Conforme já expusemos anteriormente, a Lei nº 4.504/64 (Estatuto da Terra) estabelece que os contratos de arrendamento celebrados por prazo indeterminado devem ser considerados vigentes pelo prazo mínimo de três anos (Art. 95, II), mas não veda a celebração de contratos por prazo determinado inferiores a esse período. Ao regulamentar a Lei, o Decreto nº 59.566/66 previu que o prazo presumido para os contratos por prazo indeterminado devesse ser aplicado como prazo mínimo para todo e qualquer contrato de arrendamento. Essa disposição é de validade questionável. Com efeito, não caberia ao poder regulamentar a competência para definir um prazo mínimo que a Lei não previu, limitando a autonomia das partes. O dispositivo do Estatuto da Terra é no sentido de que os prazos mínimos deveriam ser estabelecidos para cada tipo de atividade agrícola, não havendo previsão legal para um prazo mínimo como regra geral para esses contratos.

Essas disposições devem ser compreendidas não sob o aspecto subjetivo, da hipossuficiência da parte cessionária da terra, mas sob o aspecto objetivo, da agrariedade, ou seja, do vínculo das obrigações previstas nos contratos agrários com a atividade de criação de animais ou cultivo de vegetais. A definição mais apropriada dessa obrigação, considerando a importância funcional, ou melhor, instrumental do prazo com a atividade agrícola importa no reconhecimento de que o prazo contratual dos contratos agrários deve ser ajustado ao tempo do ciclo agrobiológico, específico para cada tipo de atividade agrícola.

Considerando essa perspectiva, não caberia ao Poder Executivo estabelecer regras cogentes aos agentes privados, ferindo o princípio da legalidade, como ocorreu com o disposto no Decreto nº 59.566/66, mas esclarecer o fato técnico a ser incorporado ao regulamento contratual pelas partes, definindo diretrizes seguras para a implementação da política pública, orientada para a preservação do ciclo agrobiológico e da empresa agrária. Nesse particular, é de se destacar que, se não cabe ao Chefe do Poder Executivo estabelecer normas contratuais, não há qualquer óbice para que se estabeleçam em regulamento as questões técnicas necessárias ao regulamento contratual, de modo a promover a segurança jurídica dos contratos agrários e a preservação dos objetivos constitucionais respectivos ao exercício da atividade agrária.

Como corolário da função social do imóvel rural, a preservação da atividade agrária, embora não conste do texto legal, deve ser reconhecida como princípio norteador dos contratos agrários e a principal referência para a adequada aplicação das cláusulas obrigatórias. Assim, ressignificam-se, no âmbito da empresa agrária, as disposições do regulamento jurídico aplicável aos contratos agrários sob uma perspectiva funcional.

Esse preceito deve ser considerado não só em relação ao prazo dos contratos, quanto aos quais há um vínculo mais evidente e expresso, mas também em relação a todas as cláusulas obrigatórias que, no Capítulo 1.1, relacionamos ao cumprimento da função social do imóvel rural. Assim, a agrariedade deve ser reconhecida como fundamento da oponibilidade do contrato de arrendamento ou parceria a terceiros, independentemente da sua averbação ou registro em cartório de títulos e documentos ou em registro de imóveis, outorgando um direito que possui uma eficácia similar ao de um direito real, *erga omnes*, para possibilitar a continuação da exploração do imóvel.

A posse exercida pelo arrendatário ou parceiro outorgado é uma posse precária, porque dependente da relação contratual com o arrendante ou parceiro outorgante, mas é uma posse de natureza especial, que merece proteção legal própria, por ser essencial ao aproveitamento do ciclo agrobiológico em curso na propriedade. O exercício da empresa agrária, portanto, qualifica a posse do arrendatário ou do parceiro outorgado, e a faz merecedora de uma tutela especial, independentemente do que houver sido contratado pelas partes e da publicidade que se der a essa contratação. Nesse sentido, também a garantia ao direito de preferência e de continuação do contrato no caso de alienação do imóvel vincula-se à agrariedade e justificam-se como cláusulas obrigatórias desses contratos independentemente da situação de hipossuficiência de qualquer uma das partes.

Embora não reconhecido, ainda, pela jurisprudência dos nossos tribunais, o critério da agrariedade, ora proposto, restabelece a importância das cláusulas obrigatórias previstas pelo Estatuto da Terra no direito agrário moderno, que, conforme demonstrou SCAFF, se estabelece como o direito da empresa agrária[34], possibilitando, ademais, uma correlação da importância das obrigações das partes em vista de uma visão alinhada não só com a função social da propriedade, necessária para uma visão fundiária (estática) desses contratos, mas também identificada com a visão que tem em referência a dinâmica da atividade desenvolvida pelas partes no cumprimento desses contratos, no âmbito da qual o fato técnico do ciclo agrobiológico é essencial[35].

[34] SCAFF, Fernando Campos. A empresa e o direito agrário. *Revista de Direito Civil, Imobiliário, Agrário e Empresarial*, São Paulo, v. 15, nº 57, p. 60, jul./set. 1991.

[35] A passagem de um direito agrário estático, orientado pela ótica fundiária, para um direito dinâmico, orientado pela atividade, está no bojo da teoria preconizada por Fernando Campos Scaff. (*Origens, evolução e biotecnologia*. São Paulo: Atlas, 2012. p. 18). Trata-se não de uma visão que se resume à legislação brasileira. Leticia Bourges desenvolve, analisando a evolução do direito agrário espanhol e europeu, a ideia de diferentes ciclos ou fases desse direito. Nesse sentido, destaca uma primeira fase, em que o direito da agricultura significava um regime de exceção do regime de bens dentro do direito civil: o direito fundiário, da relação do agricultor com a terra. Na segunda fase, vislumbrou-se a autonomia do direito agrário em relação ao direito civil. Trata-se do movimento inaugurado pelo italiano Giangastonne Bolla, de Florença, que defendia que o direito civil era insuficiente para regular a matéria agrícola com as modernidades do Século XX. Essa rica doutrina, segunda a autora, alimentou o modernismo que levou a um código italiano único que, determinando a empresa, identificou a empresa agrária e a *azienda*. Seguindo a digressão histórica, chega-se à terceira fase, em que o direito rural está associado ao direito de uma categoria profissional. Essa fase foi influenciada pelos avanços tecnológicos que tornaram a exploração agrícola mais complexa, em que a produção se fazia claramente direcionada a mercados. As normas aplicáveis se multiplicaram, assim como se intensificou a intervenção estatal, que marcou os estatutos dos contratos agrários de arrendamento. A autora destaca a importância do Conselho de Estado Francês, para a evolução desse ramo do direito, com o reconhecimento da criação de animais como atividade agrícola, adotando o conceito de gestão do ciclo biológico. A noção de agrariedade, cunhada por Carrozza, de Pisa, a partir dos trabalhos dos argentinos Carrera e Ringuelet, desenvolve esse critério biológico para distinguir a atividade agrária. Apesar dos precedentes jurisprudenciais e da difusão teórica, esses preceitos só foram recepcionados pela Lei mais tarde, em 1988, na França, com o Art. 311-1 do *Code Rural*, e na Itália, em 2001, com o Art. 2315 do *Codice*. A consciência da importância do destino alimentário da produção agrícola levou a uma quarta fase, identificada com o direito agroalimentário, desenvolvido a partir dos trabalhos do autor espanhol Ballarín Marcial. Essa tese foi desenvolvida pelo italiano Luigi Costato, que inseriu o produto agroindustrial e o produto puramente agrícola como parte integrante do setor alimentário. As regras de comercialização desses produtos assumem, nessa esteira, um patamar de destaque. Vislumbra-se uma influência recíproca da comercialização sobre a produção e da produção sobre a comercialização. Aprofundando essa visão mercantilista Agustín Luna Serrano considera, nessa fase, que o direito rural corre risco de se converter em direito da comercialização de produtos agrícolas, invertendo-se, de um direito que tem como enfoque a proteção do agricultor, para um direito que tem por enfoque a proteção do consumidor. A autora conclui que o direito agroalimentar termina por representar uma especialidade, tanto sob o aspecto do direito rural, como alimentar, relacionado

2.4. Cláusulas obrigatórias e os contratos agrários não regulados pelo Estatuto da Terra

A compreensão do direito agrário sob o paradigma da agrariedade permitiu ao direito agrário superar as limitações impostas pelo regime jurídico da propriedade rural, assumindo papel de definir, de forma ampla, o conjunto de normas de direito privado e público que regulam as relações decorrentes da atividade agrária (abrangendo a produção, o processamento, a comercialização e a agroindustrialização dos produtos agrícolas), com vistas ao desenvolvimento agrário sustentável em termos sociais, econômicos e ambientais[36]. Conforme QUERUBINI, essa visão está orientada com um novo ciclo do agrarismo, que sucedeu a visão dominante admitida quando da edição do Estatuto da Terra, cujo foco era o enfrentamento das questões fundiárias. Esse novo ciclo, segundo o autor, é amplamente influenciado pelo contexto do agronegócio, o qual é marcado pela dinâmica das cadeias produtivas e dos complexos agroindustriais. Sob essa ótica, o direito agrário passou a ter sua atenção direcionada para o enfrentamento de temas correlatos à dinâmica das cadeias produtivas e dos complexos agroindustriais, englobando não apenas a produção, mas também a industrialização

---

especificamente com os produtos agrícolas destinados à alimentação humana, que não é a única destinação dos produtos agrícolas. A autora propõe a superação do direito rural com os nexos civis e comerciais clássicos, alocando o direito agrário na esfera do direito econômico, em que se colocaria em perspectiva os limites econômicos da atividade. Reconhece, assim, uma quinta fase, em que se configuraria uma nova autonomia funcional do direito agrário, que se ocupa da contratualização das cadeias agrícolas, abrindo um capítulo complexo que inter-relaciona regras de direito rural, agroalimentário, social, comercial e de proteção à livre concorrência, entre outros. Segundo a autora, a aceitação da atividade agrícola como atividade econômica em termos jurídicos permitirá desenvolver um tratamento eficaz, harmonioso, especialmente em relação aos aspectos fiscais, de gestão e de transmissão, com o estabelecimento de instrumentos adaptados à suas realidades e necessidades econômicas. Essa visão evolutiva do direito agrário evidencia que o tema da produção agropecuária se submete a múltiplos vieses, que se alternam no curso da evolução da atividade agropecuária e das relações econômicas e sociais em torno da mesma atividade. Na realidade, no entanto, esses enfoques não se substituem, mas se somam, tornando a definição do direito agrário tão complexa quanto a delimitação dessa atividade econômica a um único papel na organização social, econômica e política da sociedade moderna. (BOURGES, Leticia. *Evolucion del derecho de la agricultura:* las fases historicas y a redefinición del derecho de la agricultura frente a los nuevos desfíos del siglo XXI. In: ESPADA, Esther Muñiz; LLOMBART, Pablo Amat (orgs.). *Tratado de derecho agrario.* Madrid: Wolthers Kluer, 2017. p. 69)

[36] ZIBETTI, Darcy Walmor; QUERUBINI, Albenir. O Direito Agrário brasileiro e sua relação com o agronegócio. *Direito e Democracia*: Revista de Divulgação Científica e Cultural do Isulpar. Vol. 1, n. 1, jun./2016, disponível em: <http://www.isulpar.edu.br/revista/file/130-o-direito-agrario-brasileiro-e-a-sua-relacao-com-o-agronegocio.html>. Acesso em 10 fev. 2021.

e a comercialização dos produtos agrícolas, em atenção às exigências dos mercados consumidores e da legislação correlata, a exemplo da legislação ambiental e fitossanitária[37].

Ainda que se diga que novos interesses devem ser considerados pela disciplina dos contratos agrários, adequando estes à realidade da empresa agrária e das cadeias agroindustriais, seria absurdo defender a revogação do regime jurídico implementado pelo Estatuto da Terra. Nesse sentido, é de se ter em consideração que o regime previsto pela legislação agrária especial, além de possuir raízes arraigadas em nossa cultura jurídica e social, é convergente com muitas disposições da Constituição Federal, em especial no que concerne à função social da propriedade.

No direito italiano, os contratos agrários são compreendidos como o instrumento jurídico através do qual se exerce a faculdade de escolha, por parte do proprietário, do tipo de empresa ao qual se deseja dar vida. Assim, diz-se que o traço próprio dos contratos agrários está na função de disciplinar obrigações e poderes das partes visando ao desenvolvimento da atividade de empresa agrícola, quando esta é desenvolvida no fundo de terceiro. Assim, é em função da empresa agrária que se justifica a separação de uma categoria autônoma, aplicável aos contratos de *affito*, *mezzadria* e *colonía parciaria* e não aplicável, por exemplo, aos contratos de comodato[38].

No caso do direito brasileiro, também é possível estabelecer a empresa agrária como causa do contrato agrário, no sentido de que a função econômico-social dos contratos de cessão do uso da terra é a garantia de exercício de empresa agrária. Conforme ensina JUNQUEIRA DE AZEVEDO, entretanto, a causa deve ser considerada como um fator externo ao negócio jurídico que, embora possa justificar, do ponto de vista social e jurídico,

---

[37] QUERUBINI, Albenir. Os ciclos do agrarismo e o Direito Agrário brasileiro. In: PUTTINI MENDES, Pedro et al. *Agronegócio:* Direito e a interdisciplinaridade do setor. Campo Grande: Contemplar, 2018. Vale dizer, entretanto, que o reconhecimento dessa nova realidade social em torno das relações agrárias não é suficiente para anular as preocupações de ordem fundiária. De fato, o Brasil ainda enfrenta grandes desafios para a consolidação da situação jurídica do seu território e muitos dos preceitos do Estatuto da Terra iluminaram o texto constitucional brasileiro na adoção de muitas políticas importantes que norteiam, ainda, o direito agrário brasileiro, como a função social da propriedade, a realização da reforma agrária, a tributação progressiva da terra, dentre outros preceitos da legislação que tiveram a sua matéria efetivamente regulada pela Constituição Federal de 1988, inclusive substituindo preceitos importantes da Lei nº 4.504/64 por novas disposições atualizadas.

[38] ALESSI, Rosalba; PISCIOTTA, Giuseppina. *I contratti agrari*. 2. ed. Milano: Giuffrè, 2015. p. 47.

a incidência de determinadas cláusulas obrigatórias, não se mostra suficiente para a definição do regime jurídico aplicável[39]. Este, com efeito, deve ser estabelecido a partir do próprio negócio jurídico, ou seja, a partir de um dos elementos de sua existência, ou melhor, da declaração de vontade que implica o seu reconhecimento como tal.

Embora a leitura literal e isolada do Estatuto da Terra possa indicar que o elemento categorial próprio dos contratos agrários, no direito brasileiro, seja a cessão da posse e do uso dos imóveis rurais, objeto próprio dos contratos agrários típicos, de arrendamento e parceria, parece-nos ser esta uma limitação exagerada do espectro de atuação da disciplina especial aplicável aos contratos agrários. Nesse sentido, conforme apresentamos nas linhas anteriores, o direito agrário não se restringe mais unicamente à disciplina do imóvel e da sua posse, sendo difundida a compreensão da disciplina à luz da atividade agrária que lhe é peculiar, independentemente da situação do imóvel rural, o qual, atualmente, tem sua importância limitada como um dos elementos do estabelecimento agrário.

Do mesmo modo, é fundamental reconhecer que a Lei nº 4.947, de 6 de abril de 1966 não se limitou a dispor sobre esses contratos, mesmo fazendo referência às cláusulas obrigatórias próprias dos contratos de arrendamento e parceria, fixadas pelos Arts. 92 a 96 do Estatuto da Terra, elevados à condição de preceito, ou seja, princípios gerais que devem ser aplicados a todo e qualquer contrato agrário. Essa Lei, vale dizer, também faz referência à proteção social e econômica aos arrendatários cultivadores diretos e pessoais, como um dos preceitos a serem observados quanto aos contratos agrários (Art. 13, V). Nos termos já afirmados anteriormente, a circunstância subjetiva do cultivador, embora seja fundamental a determinadas cláusulas obrigatórias previstas na legislação, que podem ser vinculadas ao objetivo de garantir essa proteção, não pode ser considerada como essencial a essa categoria de contratos que, certamente, inclui também os contratos celebrados entre partes sofisticadas, como é a realidade do agronegócio atual.

O elemento categorial próprio dos contratos agrários não é, portanto, a proteção do lavrador hipossuficiente. O que distingue, de fato, esses contratos e justifica a sua disciplina é o ciclo agrobiológico. Ainda que a legislação não seja explícita a esse preceito, o que define a aplicação da

---

[39] AZEVEDO, Antonio Junqueira de. *Negócio Jurídico*: existência, validade e eficácia. 4. ed. São Paulo: Saraiva, 2002. p. 150.

disciplina própria aos contratos agrários é o vínculo entre as prestações objeto do contrato e o fato técnico decorrente da criação de animais ou do cultivo de vegetais, que atraem, para qualquer contrato agrário, independentemente de tipo ou de função própria, a aplicação de preceitos, dentre os quais aqueles representados pelas cláusulas obrigatórias previstas no Estatuto da Terra para os contratos de arrendamento e de parceria.

O preceito próprio do direito agrário, a agrariedade, está diretamente vinculado com o princípio constitucional da função social da propriedade rural, que impõe ao regulamento contratual estabelecer obrigações concernentes à garantia do aproveitamento racional e adequada da terra, com utilização adequada dos recursos naturais disponíveis, preservação do meio ambiente, atendendo a legislação trabalhista e favorecendo o bem-estar de proprietário e trabalhadores (Art. 186 da Constituição Federal). Desse modo, aos contratos agrários, independentemente do tipo, cabe aplicar uma disciplina própria, orientada para a preservação do ciclo agrobiológico e a continuidade da exploração, favorecendo a empresa agrária, inclusive, quando for necessário, mitigando as garantias inerentes ao direito de propriedade que se antagonizarem com esses outros preceitos.

Os contratos agrários, todos eles, devem ter vigência pelo tempo adequado para cada tipo de atividade agrícola. Independentemente do tipo contratual, do objeto dos contratos e das pessoas envolvidas, para se preservar a agrariedade, o prazo dos contratos agrários deve ser obrigatoriamente prorrogado para permitir a ultimação da colheita. Do mesmo modo, é fundamental que as partes estabeleçam mecanismos de garantia da preservação do estabelecimento agrário pelo seu titular, devendo o juiz ou árbitro intervir na relação para garantir a preservação do ciclo agrobiológico, fazendo prevalecer esse objetivo maior, compatível com a função social da posse e do uso dos imóveis rurais e dos contratos relativos à empresa agrária. Esses preceitos, que foram expressamente previstos pelo legislador do Estatuto da Terra para os contratos de arrendamento e de parceria, são aplicáveis a todos os contratos agrários, cujo objeto tenha relação com o ciclo agrobiológico, ainda que com objeto e função diferente dos contratos de arrendamento e de parceria, sejam eles contratos agrários típicos ou atípicos.

A identificação das cláusulas obrigatórias com o preceito da agrariedade e a aplicação a todos os contratos que possuam o ciclo agrobiológico como elemento diferencial parece ser a maneira mais adequada de inserir o desenvolvimento nacional vivenciado pelos negócios agrícolas e compatibilizar a inserção das relações agrárias nos paradigmas modernos do direito privado. Nesse sentido, é preciso não se limitar a uma visão formalista e simplista das relações agrárias. Em vez de se buscar uma autonomia ampla e irrestrita para todo os negócios jurídicos que envolvam as empresas agrárias e não se relacionam com a proteção social de lavradores hipossuficientes, parece ser mais adequado identificar, na essência das interações econômicas e sociais estabelecidas pelas partes, que os contratos agrários se propõem a regular, paradigmas para nortear a disciplina contratual.

Não é necessário impor às empresas agrárias uma nova legislação, abandonando garantias essenciais à preservação dos interesses da sociedade nas atividades agropecuárias, que foram conquistadas ao longo do desenvolvimento de nosso sistema jurídico, ou mesmo correndo o risco de uma intervenção ainda maior ou inadequada na organização da atividade das empresas agrárias[40]. É possível, com efeito, aplicar os termos da legislação em vigor às práticas contratuais modernas, conciliando com o desenvolvimento do agronegócio os objetivos da disciplina estabelecida para os contratos agrários, de modo a possibilitar o exercício da autonomia privada sem renunciar à garantia à agrariedade.

---

[40] Conforme mostram ALESSI e PSCIOTTA, os limites impostos pelo regime impositivo dos contratos agrários também é uma das preocupações do direito italiano. Naquele país, o legislador atuou de forma decisiva pela Lei nº 203, de 3 de maio de 1982, que possibilitou maior flexibilidade para os contratos agrários, com a revogação de garantias estabelecidas mediante a intervenção de organizações profissionais. Inaugurou-se, assim, um regime de derrogabilidade assistida das cláusulas obrigatórias, mediante a manifestação da vontade individual, confirmada pela manifestação do órgão coletivo, sem o qual o contrato passaria ao modelo legal, sem perder a sua existência e validade. Conforme mencionam as autoras, trata-se de uma sistemática que atualmente encontra-se sob questionamento por vício de inconstitucionalidade. Embora o direito agrário italiano tenha se mostrado como um farol para a dogmática brasileira, especialmente no que concerne à empresa agrária, também nesse particular a opção legislativa italiana parece incompatível com nossa realidade. Com efeito, aproximou-se, ainda mais, o regime contratual dos contratos agrários ao dos contratos de trabalho, submetidos a uma disciplina protetiva sindical. Trata-se, com efeito, de solução que aponta em sentido inverso ao fenômeno brasileiro, de abandono do campo por cultivadores diretos e pessoais hipossuficientes, que pudessem ser representados, e assunção de um papel cada mais pronunciado de grandes produtores, organizados como empresas. (ALESSI, Rosalba; PSCIOTTA, Giuseppina. *Il contratti agrari*. 2. ed. Milano: Giuffrè, 2015. p. 326)

2.5. Propostas de atualização do Estatuto da Terra

A defasagem da disciplina do Estatuto da Terra em matéria de contratos é uma realidade conhecida. Nada obstante, ao analisarmos as proposições legislativas em trâmite no Congresso Nacional, não vislumbramos um cenário de revisão ampla da disciplina dos contratos agrários no curto prazo. Não há, atualmente, projetos com esse objetivo em tramitação no Senado Federal. Na Câmara dos Deputados, identificamos apenas cinco projetos de lei em tramitação que visam a alterar a Lei nº 4.504/64 no tocante a temas relativos aos contratos agrários. Apresentaremos a seguir essas proposições.

O Projeto de Lei 7.038/2010, de autoria do Senador Osmar Dias – PDT/PR, está em tramitação desde 24 de março de 2010 e aguarda designação de Relator na Comissão de Constituição e Justiça e Cidadania. A proposta visa a alterar a Lei nº 4.504/64 (Estatuto da Terra), a fim de corrigir erro manifesto de redação, mediante a substituição do termo "arrendador" por arrendatário no inciso IV do seu art. 95, que estabelece o direito de preferência na renovação automática do contrato. Assim, defende-se a aprovação da propositura para constar que o prazo de 30 dias para manifestar desistência/nova proposta é do Arrendatário e não do "Arrendador", como equivocadamente constou na redação do inciso IV do Art. 95 do Estatuto da Terra, com as alterações da Lei nº 11.443, de 2007)[41]

Embora a proposta seja pouco polêmica e correspondente a simples errata do texto legal, segue em tramitação sem perspectiva de ser aprovada no curto prazo, ainda que sujeita a apreciação conclusiva pelas Comissões da Câmara dos Deputados.

O Projeto de Lei nº 7.113/2017, de autoria do Deputado Daniel Vilela – PMDB/GO, foi apresentado em 15 de março de 2017, para alterar o Artigo 95, XI, "a" da Lei 4504/64 (Estatuto da Terra) para permitir a fixação do preço do arrendamento rural em produto[42]. A proposta, entretanto, foi

---

[41] Texto proposto: IV - em igualdade de condições com estranhos, o arrendatário terá preferência à renovação do arrendamento, devendo o proprietário, até 6 (seis) meses antes do vencimento do contrato, fazer-lhe a competente notificação extrajudicial das propostas existentes. Não se verificando a notificação extrajudicial, o contrato considera-se automaticamente renovado, desde que o ARRENDATÁRIO, nos 30 (trinta) dias seguintes, não manifeste sua desistência ou formule nova proposta, tudo mediante simples registro de suas declarações no competente Registro de Títulos e Documentos.

[42] Texto Proposto: "Art. 95: na regulamentação desta Lei, serão complementadas as seguintes condições que, obrigatoriamente, constarão dos contratos de arrendamento: ... XI, a) limites da remuneração e formas de pagamento em produtos ou no seu equivalente em dinheiro".

devolvida ao autor logo após a sua apresentação, porque não estava devidamente formalizada e em termos.

Conforme apresentamos no Capítulo 1.3.1, entretanto, esse Projeto de Lei é de questionável utilidade e pertinência. A proibição que atualmente é invocada para implicar a ilegalidade da arrendamentos com fixação do preço em produto consta de norma infralegal (Decreto), não sendo necessária Lei para revogar a suposta proibição. De fato, é questionável o entendimento que considera nula a cláusula de pagamento do preço da terra em quantidade fixa de produtos, se essa modalidade de contratação é perfeitamente possível, sob a modalidade de parceria rural. Aprofundaremos essa questão adiante, no Capítulo 3.1.

O Projeto de Lei nº 7159/2017, de autoria do Deputado Eduardo da Fonte (PP/PE), foi apresentado em 16 de março de 2017, para acrescentar ao inciso II do art. 167, da Lei nº 6.015, de 1973 (Lei de Registros Públicos), a possibilidade de averbação dos contratos de arrendamento rural e parceria agrícola[43]. A proposição foi desarquivada em 20 de fevereiro

---

[43] Texto Proposto: "Art. 167........ II - a averbação: (...) 32) o contrato de arrendamento rural e/ou de parceria agrícola."

Emenda Proposta: (Deputada Gorete Pereira): "Art. 167. No Registro de Títulos e Documentos serão feitos o registro ou a averbação: (...) II – do penhor convencional e legal, arrendamento mercantil, alienação e cessão fiduciárias, reserva de domínio e demais direitos e garantias, judiciais ou extrajudiciais, incluindo penhora, arresto e indisponibilidade, sobre bens móveis corpóreos e incorpóreos; (...)

V - do contrato de parceria agrícola ou pecuária e do arrendamento rural;" (NR)"

Altera-se a redação do art. 2º do Projeto de Lei nº 7.159/2017, que passa a ter a seguinte redação:

"Art. 2º - O art. 161 da Lei nº 6.015, de 31 de dezembro de 1973, que dispõe sobre os registros públicos, passa a vigorar com a seguinte redação:

"Art. 161 - As certidões do registro integral de títulos terão a mesma eficácia e o mesmo valor probante dos originais.

§ 1º – Sempre que for suscitado incidente de falsidade de documentos registrados no Registro de Títulos e Documentos, a perícia será realizada com base nos microfilmes ou arquivos eletrônicos disponibilizados pela serventia, sendo inexigível a apresentação dos documentos originais em papel.

§ 2º - Os extratos dos registros, constituídos pelo nome das partes e respectivos números de CPF ou CNPJ, número e data do registro, serventia e natureza do título, deverão ser disponibilizados, a partir do primeiro dia útil subsequente ao registro, para pesquisa gratuita pelos interessados através da central nacional de serviços compartilhados de Registros de Títulos e documentos, que deverá encaminhar aos registradores competentes os eventuais pedidos de certidão." (NR)"

Art. 3º - Altera-se a redação do § 2º do artigo 1º da Lei nº 7.433 de 18 de dezembro de 1985, que passa a ter a seguinte redação:

de 2019, com o início da nova legislatura e não teve qualquer andamento desde então. Aguarda-se a designação de Relator na Constituição e Justiça e de Cidadania (CCJC).

O projeto possui uma justificativa importante. Com efeito, nos termos do apresentado anteriormente, algumas cláusulas obrigatórias dos contratos agrários possuem eficácia perante terceiros, sendo certo que a jurisprudência vem reconhecendo que essa eficácia deve prevalecer ainda que não se tenha dado publicidade à existência dos contratos agrários, mediante averbação dos mesmos contratos à margem da matrícula do imóvel arrendado ou cedido em parceria. Entendemos que a aprovação do projeto seria muito oportuna para que se pudesse exigir a averbação, de modo a garantir publicidade da existência do contrato, trazendo transparência e segurança jurídica aos negócios envolvendo imóveis rurais, especialmente no sentido de garantir o direito de preempção de arrendatários, bem como evitar que arrendatários ou parceiros outorgados não conhecidos venham se antepor a negócios imobiliários realizados.

O Projeto de Lei nº 6.092/2019, de autoria do Deputado Jerônimo Goergen (PP-RS), foi apresentado em 19 de novembro de 2019, como corolário das discussões do Projeto de Lei que ensejou a Lei da Liberdade Econômica, em confirmação ao entendimento estabelecido pela jurisprudência do Superior Tribunal de Justiça, relatado no Capítulo 2.2 deste trabalho. Seu objetivo principal é acrescer parágrafo ao art. 92 da Lei nº 4.504, de 30 de novembro de 1964 (Estatuto da Terra) para que a autonomia privada possa prevalecer nos contratos agrários, exceto quando uma das partes se enquadre no conceito de agricultor familiar e empreendedor familiar, conforme previsto no art. 3º da Lei 11.326, de 24 de julho de 2006, quando então o contrato continuará regulado pelo Estatuto da Terra[44]. O projeto

---

"§ 2º O Tabelião consignará no ato notarial a apresentação do documento comprobatório do pagamento do Imposto de Transmissão inter vivos, as certidões fiscais e as certidões de propriedade e de ônus reais emitidas pelo Registro de Imóveis do local do imóvel, bem como a certidão de ônus obrigacionais emitida através da Central 3 Nacional de Registro de Títulos e Documentos, ficando dispensada sua transcrição."(NR)

Art. 4º - Esta lei entra em vigor na data da sua publicação."

[44] Texto Proposto: Art. 1º Esta Lei acresce o § 10 ao art. 92 da Lei nº 4.504, de 30 de novembro de 1964, para dar autonomia privada aos contratos agrários, exceto quando uma das partes for agricultor familiar e empreendedor familiar. Art. 2º O art. 92 da Lei nº 4.504, de 30 de novembro de 1964, passa a vigorar acrescido do seguinte § 10: "Art. 92. § 10. Prevalece a autonomia privada nos contratos agrários, exceto quando uma das partes se enquadre no conceito de agricultor familiar e

não foi, ainda, mais bem debatido e aguarda designação de Relator na Comissão de Agricultura, Pecuária, Abastecimento e Desenvolvimento Rural (CAPADR), mas seu autor defende que a sua aprovação seria uma forma de atualizar a disciplina dos contratos agrários pelo Estatuto da Terra.

Como mencionamos anteriormente, no Capítulo 2.2, em que pese a defasagem dos pressupostos do Estatuto da Terra, o critério subjetivo, da condição de hipossuficiência de uma das partes nos contratos agrários, não parece o mais adequado para a definição da disciplina contratual estabelecida pela legislação agrária. Pelo contrário, há cláusulas obrigatórias que se mostram importantes e oportunas inclusiva quando a relação jurídica se dá em condições de paridade ou hipersuficiência dos cultivadores diretos, especialmente aquelas relativas ao cumprimento da função social do imóvel rural, que impõe obrigações próprias à exploração sustentável da terra e à preservação da agrariedade e da empresa agrária. Esses objetivos devem ser perseguidos em qualquer modalidade de contratação agrária, em razão da sua importância objetiva, independentemente do poder contratual das partes contratantes, ou seja, da situação subjetiva das partes.

O Projeto de Lei nº 3.097/2020, de autoria do Deputado Evair Vieira de Melo – (PP/ES), foi apresentado em 3 de junho de 2020, com a proposta de alterar a Lei nº 4.504/64 (Estatuto da Terra) no tocante aos contratos de parceria agrícola, ampliando a autonomia das partes para fixar o preço pago pelo parceiro outorgado ao parceiro outorgante. Pela proposta, a participação dos frutos da parceria será livremente estabelecida pelas partes, sem limites percentuais em relação à produção do imóvel, como atualmente prevê o Estatuto da Terra. No caso de aprovação do projeto, os percentuais máximos previstos pelo Estatuto da Terra aplicar-se-iam somente caso as partes não estabelecessem um percentual diferente, maior ou menor. Adicionalmente, o projeto prevê que o proprietário do imóvel rural poderá cobrar do parceiro, pelo seu preço de custo, os valores respectivos às despesas de transporte, de assistência técnica, de equipamentos de proteção, de combustível e de sementes empenhados na produção agropecuária objeto do contrato, deixando claro que não há limitação do reembolso de custos relativos a fertilizantes e inseticidas fornecidos, como atualmente

empreendedor familiar, conforme previsto no art. 3º da Lei 11.326, de 24 de julho de 2006, quando então o contrato continuará regulado por esta Lei. ".

a lei prevê. O Projeto estabelece com clareza, ainda, que a prestação de orientação ou assistência técnica pelo proprietário não caracteriza relação de subordinação trabalhista do parceiro em relação ao proprietário e que o parceiro poderá optar por vender ao proprietário a sua parcela da produção, observados os níveis de preços do mercado local. Além disso, o projeto estabelece que o núcleo familiar do parceiro outorgado possa ser considerado como parte no contrato de parceria[45]. A proposta está justificada na necessidade de estabelecer desburocratização da legislação e garantir que as parcerias rurais não sejam consideradas à luz da legislação laboral. O projeto aguarda designação de Relator na Comissão de Agricultura, Pecuária, Abastecimento e Desenvolvimento Rural (CAPADR) da Câmara dos Deputados.

Trata-se de proposta alinhada com a análise crítica que fizemos no presente trabalho das atuais cláusulas obrigatórias. Caso seja aprovada, sem que haja uma redução das cláusulas obrigatórias importantes respectivas ao cumprimento da função social e à preservação da agrariedade, as partes poderão ter mais autonomia na definição do regulamento contratual dos contratos de parceria rural, podendo estabelecer uma alocação mais eficiente dos custos e dos riscos envolvidos na execução do contrato. Vislumbramos, assim, que a sua aprovação seria efetiva no aperfeiçoamento e modernização da legislação em vigor.

Ainda que uma parte das modificações propostas em tramitação no Congresso Nacional mereça aplausos, quer por corrigir erros da legislação

---

[45] Texto Proposto: Art. 1º Esta Lei altera o art. 96 da Lei nº 4.504, de 30 de novembro de 1964, para dispor sobre os princípios a serem observados na parceria agrícola, pecuária, agroindustrial e extrativa. Art. 2º O art. 96 da Lei nº 4.504, de 30 de novembro de 1964, passa a vigorar com a seguinte redação: "Art. 96. ....

VI - na participação dos frutos da parceria, desde que não convencionado diferentemente pelas partes, a quota do proprietário não poderá ser superior a: ....

VIII – o proprietário poderá sempre cobrar do parceiro, pelo seu preço de custo, o valor de transporte, assistência técnica, equipamentos de proteção, combustível, sementes, fertilizantes e inseticidas fornecidos no percentual que corresponder à participação deste, em qualquer das modalidades previstas nas alíneas do inciso VI do caput deste artigo;

....

§ 6º A prestação de orientação ou assistência técnica pelo proprietário não caracteriza relação de subordinação do parceiro em relação ao proprietário.

§ 7º O parceiro poderá optar por vender ao proprietário a sua parcela da produção, observados os níveis de preços do mercado local.

§ 8º O núcleo familiar do parceiro poderá ser incluído no contrato de parceria."

em vigor, quer por promover ajustes pontuais orientados a estabelecer novos delineamentos para questões práticas recorrentes na disciplina dos contratos agrários, todas as propostas anteriormente analisadas limitam-se a ajustes pontuais da legislação em vigor, sem se preocuparem com a efetiva reordenação das bases que norteiam o dirigismo estatal do Estatuto da Terra. As propostas não se aproveitam do conhecimento dogmático acumulado pelo Direito Agrário, sendo silentes quanto ao preceito da agrariedade, de modo que, ainda que a aprovação de parte desses projetos seja levada a cabo, a legislação continuará em desacordo com a dogmática agrarista mais moderna e as necessidades do agronegócio.

De fato, como procuramos demonstrar ao longo deste Capítulo, a visão pragmática dos economistas elucida que não se pode opor de modo absoluto os diferentes arranjos contratuais que as partes se utilizam para a cessão temporária da posse e do uso da terra, já que as escolhas contratuais são estabelecidas em razão dos riscos agrários envolvidos e da mais adequada alocação desses riscos para a maximização de valor. Um melhor equilíbrio dessa equação, no entanto, depende de uma disciplina contratual apropriada, que reduza as incertezas e garantam que a exploração da empresa agrária pelo cessionário do imóvel não seja lesiva aos interesses do cedente e do proprietário. As cláusulas obrigatórias previstas pelo Estatuto da Terra, ou pelo menos uma parte dessas, visam à preservação mínima desses interesses.

De fato, a função social do imóvel rural e a preservação da destinação produtiva com sustentabilidade da terra que justificam uma parte importante das cláusulas obrigatórias estão diretamente relacionadas com o conceito central do direito agrário, qual seja, a agrariedade. Esse deve ser o paradigma a ser adotado para uma disciplina adequada e coerente dos contratos agrários, não o poder contratual das partes.

Embora a agrariedade não tenha sido expressamente prevista na legislação brasileira, a consideração do ciclo agrobiológico e da função própria das cláusulas obrigatórias como elementos norteadores da compreensão da disciplina agrarista permite adequadamente reconhecer os efeitos jurídicos das estruturas de governança do agronegócio moderno, que se dá por novas modalidades contratuais, não previstas pelo Estatuto da Terra.

3
MODALIDADES CONTRATUAIS NÃO PREVISTAS PELO ESTATUTO DA TERRA: ANÁLISE SOB A ÓTICA DOS NEGÓCIOS INDIRETOS

Nesta obra, o pressuposto é que as empresas agrárias não se limitam ao esquema contratual previsto pelo Estatuto da Terra para a estruturação dos negócios agrícolas, inclusive no tocante à cessão temporária do uso da terra. Assim, faz-se pertinente analisar, tendo em consideração os elementos da análise do regulamento contratual e das diferentes perspectivas anteriormente apresentadas, essas novas estratégias contratuais. A principal questão que se coloca é: como devem ser aplicados os preceitos de direito agrário, em especial as cláusulas obrigatórias, a novas modalidades contratuais que, embora não possuindo as características próprias dos contratos regulados pelo Estatuto da Terra, possuem elementos em comum com os contratos agrários típicos?

Para adequadamente considerar essa questão, vislumbramos ser essencial a consideração da relação entre o regulamento dos contatos típicos e a função econômico social correspondente ao tipo contratual. Os contratos típicos, como se sabe, são aqueles que possuem um regulamento contratual estabelecido em lei, ao qual as disposições das partes se remetem e devem submeter-se. A definição do tipo contratual é estabelecida não só pelo objeto do contrato, mas também pela função econômica a que este se destina. Ocorre, entretanto, que há situações em que a função econômica e social do contrato se mostra diferente da função própria do tipo contratual regulado por Lei: são os chamados negócios indiretos.

Os negócios indiretos, ou melhor, negócios com fins indiretos, são negócios jurídicos realizados com uma finalidade econômico-social distinta daquela que normalmente justifica a contratação de uma modalidade negocial. Conforme MIRANDA, atribui-se a Ihering a intuição dessa figura, que corresponde ao preenchimento desse descompasso entre o direito e a vida. Segundo os autos, as partes recorrem a um negócio típico (nominado) como meio de obterem um resultado ulterior que não é típico do negócio adotado, mas de um outro negócio típico, ou ainda, mais frequentemente, um escopo simplesmente atípico. Dessa forma, o fim ulterior, o escopo prático ou econômico, visado pelas partes é assim de fundamental importância no negócio jurídico indireto, assumindo uma importância peculiar. Assim, embora seja o objeto, e não a causa, que fixe o regime do negócio jurídico, no negócio indireto, a causa se determinante para a definição do negócio no campo da validade[1].

RUBINO apresenta que os negócios indiretos possuem um caráter de instrumentalidade, já que buscam atingir um resultado último que é alheio ao tipo do negócio empregado e que, do ponto de vista puramente negocial, não tem nada a ver com o negócio. Explicita-se, desse modo, a separação de dois aspectos fundamentais do negócio jurídico, o formal, relacionado ao tipo, e o funcional, relacionado à função econômico-social do contrato. Nos negócios indiretos, as partes, mantendo os elementos essenciais do tipo, subvertem suas funções do ponto de vista do aspecto prático. Nesse sentido, o autor estabelece que o negócio indireto se caracteriza pela particular função instrumental pela qual a causa é adotada pela vontade de forma dissociada do regulamento contratual do tipo[2].

Como explica ASCARELLI, os negócios indiretos não são uma categoria formal de negócios jurídicos, mas um conceito próprio para explicar a função especial exercida, no caso concreto, por um negócio jurídico que visa a um objetivo diverso daquele que lhe é típico, conservando, no entanto, inalterada a sua natureza. Assim, o estudo dos negócios indiretos se põe a analisar esse tipo de estratégia contratual por meio de duas abordagens: a avaliação de sua validade e a de sua disciplina. Quanto à

---

[1] MIRANDA, Custodio da Piedade Ubaldino. *Negócio jurídico indireto e negocios fiduciários*. Revista de Direito Civil, Imobiliário, Agrario e Empresarial. São Paulo. v.8. n.29. p.81-94. jul./set. 1984. P. 82.
[2] RUBINO, Domenico. *El Negocio Jurídico Indirecto*. L. Rodríguez Arias (tradutor). Santiago: Olejnik, 2018. p. 108.

validade, é fundamental a distinção dos negócios indiretos com os negócios nulos ou anuláveis, especialmente aqueles realizados com fraude à lei ou em simulação. Quanto à disciplina, por outro lado, mostra-se importante compreender de que forma o objetivo ulterior do negócio traz reflexos à disciplina do negócio jurídico, realizado sob uma forma típica, com interesse declarado das partes em submeter-se à disciplina do negócio realizado, apesar do objetivo ser outro, diferente daquele do tipo contratual[3].

É recorrente o paralelo do negócio indireto com o negócio simulado. As hipóteses, entretanto, sabidamente não se confundem. Como explicita FERRAZ JR., no caso da simulação, não há um defeito na manifestação de vontade, mas da presença de um requisito de validade aparentemente consistente com as regras de validade, mas, na verdade, inconsistente, porque o negócio simulado simplesmente não corresponde à vontade das partes, e, por isso, é nulo. Diferentemente, no caso do negócio indireto, as partes desejam celebrar o negócio sob aquela modalidade, ainda que a causa, ou melhor, o objetivo pretendido não seja exatamente aquele pressuposto pelo tipo contratual. O negócio indireto é, em princípio, válido porque corresponde de fato à vontade contratual, mas a sua validade estará sempre subordinada, em primeiro lugar, à disciplina do negócio realizado; e, em segundo lugar, à validade da causa contratual no caso concreto[4].

Conforme corretamente estabelecem PINHO e CARVALHO, na teoria do negócio jurídica o termo "causa" é empregado de forma dissociada do significado que lhe é imanente, pois não corresponde ao termo antecedente de uma relação de causalidade, mas sim aos fins pretendidos pelas partes. Os autores esclarecem que a função e o motivo do negócio jurídico são elementos meramente categoriais, que não dizem respeito à sua validade, fundamentada no objeto e na disciplina dos negócios jurídicos, mas que pode ser útil para se questionar um vício de origem, que não corresponde necessariamente ao negócio jurídico, mas ao "por que fazer" o negócio realizado. Quando se verifica que o negócio foi realizado em "abuso do direito" não se questiona a validade do negócio pelos seus requisitos

---

[3] ASCARELLI, Tullio. O negocio juridico indirecto. *Jornal do Foro*. Lisboa,1965. p. 28.
[4] FERRAZ JUNIOR, Tércio Sampaio. *Simulação e negócio jurídico indireto, no direito tributário e à luz do novo Código Civil*. In: Revista Fórum de Direito Tributário. Belo Horizonte. v.8. n.48. p.9-25. nov./dez. 2010.

de validade, mas por ser a manifestação de vontade (em princípio válida) maculada por este "por que"[5].

É importante considerar que o pressuposto de um negócio jurídico realizado em fraude à Lei ou em abuso de direito são negócios jurídicos que, sob o aspecto formal, seguem o preceito da legalidade, mas que produzem, como consequência, intencional ou não, um efeito danoso sob algum bem juridicamente tutelado. A ilicitude do ato jurídico será estabelecida, assim, pelo caráter injustificado desse dano à luz da ponderação de princípios relevantes do sistema. É sob essa ponderação que Manero e Rodriguez apontam para a possibilidade, ainda controversa de lícitos atípicos, assim considerados atos que *prima facie* são proibidos por uma regra, mas que se convertem em permitidos consideradas todas as circunstâncias juridicamente relevantes, verificadas a partir de três pressupostos: a ausência de regra proibitiva; a presença de uma razão mais forte que justifica a permissão; e a necessidade de tolerância nas situações em que a incidência razões que justificam a regra proibitiva se dão em um grau mínimo que resulte na injustificada a proibição[6].

No caso dos contratos agrários, é de se considerar a exigência legal das partes contratantes em respeitarem as cláusulas obrigatórias, a incidirem nos contratos agrários, especialmente aqueles que possuem por objeto a cessão temporária do uso da terra, um limite à autonomia da vontade a ser considerado não apenas sob o aspecto formal, mas também sob o aspecto funcional. Como se mencionou no Capítulo 1, as cláusulas obrigatórias correspondem a objetivos juridicamente determinados, de garantir o cumprimento da função social; de garantir a proteção social dos lavradores e cultivadores diretos; e de garantir preços máximos a serem pagos pela terra. A imposição de limitações à autonomia da vontade das partes contratantes deve ser considerada à luz desses objetivos legalmente determinados, a serem considerados não apenas sob o aspecto formal dos contratos celebrados sob a alcunha de arrendamentos e parcerias rurais, mas também sob o aspecto funcional, considerando a finalidade prática pretendida pelas partes e os interesses juridicamente tutelados pela legislação agrária.

---

[5] PINHO, João Ricardo Dias de; CARVALHO, Paulo de Barros. *Negócio Jurídico no Direito Tributário: Ensaio Sobre Uma Teoria Da Simulação.* São Paulo: Noeses, 2018. P. 135.

[6] MANERO, Juan Ruiz; RODRÍGUEZ, Manuel Atienza. *Para Una Teoría General De Los Ilícitos Atípicos. Jueces Para La Democracia*, no. 39 (2000): 43-49. Disponível em https://dialnet.unirioja.es/servlet/articulo?codigo=174836. Acesso em 31/03/2019.

No presente capítulo, refletimos sobre a incidência das cláusulas obrigatórias para questionar, afirmando, infirmando ou condicionando a validade e a disciplina de quatro arranjos contratuais que a prática indica serem recorrentes no agronegócio moderno aos preceitos da legislação fundiária. Consideramos, antes de tudo, na esteira da lição de JUNQUEIRA, que o intérprete e o legislador devem estar atentos ao princípio da conservação dos contratos, procurando conservar o máximo possível do negócio realizado pelas partes, salvando tudo quanto possível num negócio jurídico concreto[7].

Ao aplicar-se as cláusulas obrigatórias dos contratos agrários é preciso, portanto, evitar, nos limites dos pressupostos pela legislação, a declaração de nulidade de contratos ou de cláusulas contratuais que, sob o aspecto formal, possam parecer contraditórios ao modelo contratual pressuposto pela legislação, mas que se mostram pertinentes de subsistir, pela sua importância funcional à preservação dos interesses juridicamente tutelados pela legislação agrária.

São analisadas as seguintes hipóteses contratuais identificadas pela experiência do autor: em primeiro lugar, os contratos de arrendamento com pagamento do preço em produtos, que parte da doutrina e da jurisprudência analisam como sendo contratos nulos ou com cláusula de pagamento nulas, mas que podem ser considerados válidos sob a ótica dos contratos de parceria. Em segundo lugar, os contratos de arrendamento de curto prazo, para fins de rotação de cultura, que em princípio violam os prazos mínimos dos contratos agrários, mas realizam, de modo absolutamente efetivo os preceitos da agrariedade e do cumprimento da função social do imóvel rural; em terceiro lugar, os contratos de prestação de serviço de colheita, com pagamento em produtos, que possuem elementos típicos dos contratos agrários de arrendamento e de parceria, atraindo para si a incidência de cláusulas obrigatórias, mas que nem sempre corresponderão aos objetivos do contrato; e, por fim, os contratos de fornecimento de produtos agropecuários em campo, que também possuem elementos essenciais aos contratos agrários típicos, mas cuja finalidade contrasta com a imposição legal de certas cláusulas obrigatórias.

Consideramos, dessa forma, que essas quatro modalidades são representativas de novas formas de contratos agrários que não correspondem,

---

[7] Antonio Junqueira de Azevedo. Negócio Jurídico: existência, validade e eficácia. 4ª Edição. São Paulo: Saraiva, 2002. P. 66.

quanto à função, ao pressuposto pela dogmática do Estatuto da Terra, mas que, por outro lado, estariam submetidas às normas cogentes desse estatuto por sua tipologia. Por meio da análise dessas quatro modalidades contratuais, portanto, colocamos em discussão a tipicidade estrita dos contratos agrários, a função própria dos contratos agrários em torno da agrariedade e, especialmente, a justificação da disciplina especial por meio das cláusulas obrigatórias previstas no Estatuto da Terra, para delinear novos contornos a serem considerados na estratégia contratual das empresas agrárias nesse novo cenário.

Procuramos, assim, reposicionar a visão sobre modalidades atípicas de contratação agrária, possibilitando uma visão mais coerente com o nosso ordenamento como um todo, analisando a aplicabilidade das cláusulas obrigatórias, de um lado, e a validade de contratos que não aderem integralmente aos pressupostos do estatuto da terra sob uma ótica funcional.

3.1. Contratos de arrendamento com pagamento do preço em produtos

Como observamos anteriormente, é prática arraigada a celebração de contratos de arrendamento com pagamento do preço em produtos agrícolas. Não obstante seja disseminada entre os negócios agrários, trata-se de uma modalidade contratual que a doutrina e a jurisprudência têm reconhecido como ilegal, por entenderem que contraria o disposto no Art. 18 do Decreto nº 59.566/66, que estabelece ser vedado ajustar como preço de arrendamento quantidade fixa de frutos ou produtos, ou seu equivalente em dinheiro.

Nos termos que evidenciamos no Capítulo 1.3.1, entretanto, essa é uma falsa cláusula obrigatória. Em primeiro lugar, porque não se pode atribuir ao Decreto a força de Lei para restringir a autonomia privada. Em segundo lugar, porque, sendo assim, a limitação possui uma função meramente hermenêutica, para a definição do tipo dos contratos de arrendamento e de parceria. É preciso reconhecer, com efeito, que os contratos de arrendamento e de parceria correspondem a duas modalidades de uma mesma operação econômica: a cessão temporária do uso da terra. Assim, seria de se questionar se, de fato, faz sentido diferentes disciplinas para os contratos agrários de arrendamento e de parceria.

Em nosso entendimento, talvez fosse mais adequado que a Lei estabelecesse uma única disciplina para ambas as modalidades contratuais, com a incidência das mesmas cláusulas obrigatórias, quer para o arrendamento, quer para a parceria. Conforme pudemos observar no Capítulo 1, a jurisprudência tem atuado nesse sentido em alguns casos, embora essa opção não esteja clara no Estatuto da Terra, que previu uma disciplina própria para cada uma dessas duas modalidades contratuais.

A disciplina dos contratos de arrendamento, dessa forma, seria somente aplicável nos casos em que as partes estabelecessem um pagamento líquido e certo, em dinheiro, pela cessão da terra, afastando-se a incidência de regras pertinentes a esse tipo, no caso de contratos em que haja partilha de riscos. Quando há, todavia, partilha de riscos do empreendimento agrário, os contratos devem ser considerados à luz da disciplina das parcerias rurais.

É fundamental reconhecer, na esteira das linhas anteriores que, nos termos da reforma estabelecida pela Lei nº 11.443, de 5 de janeiro de 2007, é a partilha de riscos, não a partilha de frutos, o elemento categorial dos contratos de parceria. Nesse sentido, a Lei atualmente estabelece, expressamente, que as partes poderão, nos contratos de parceria, partilhar os riscos do empreendimento rural, em qualquer das seguintes dimensões: a) os riscos naturais, atrelados ao caso fortuito ou à força maior; b) os riscos agrários propriamente ditos, atrelados aos frutos do empreendimento (sucesso da colheita); e c) os riscos de mercado, atrelados às variações de preço dos frutos obtidos na exploração do empreendimento rural. A Lei não exige que se partilhem todos os riscos, podendo as partes partilhá-los isolada ou cumulativamente, e, assim, referendou a prática contratual de cessão da terra com pagamento em quantidade fixa de produtos.

Na realidade, a reforma do Estatuto da Terra não inovou propriamente no ordenamento jurídico. Considerando que o Decreto nº 59.566/66 não pode obrigar nem proibir a celebração de cláusulas contratuais, seu efeito deveria ser reconhecido como meramente interpretativo, para afastar o tipo legal de arrendamento dos contratos que preveem o pagamento em quantidade de produtos, mas jamais para determinar a nulidade de cláusulas que, em que pese serem incompatíveis com um tipo contratual de contrato agrário (arrendamento), não é incompatível com o outro tipo contratual (parceria), no qual a partilha de riscos é elemento categorial.

De fato, o pagamento em dinheiro não é um elemento essencial do tipo para os contratos de arrendamento, considerando a sua função agrária, que, aliás, é a mesma dos contratos de parceria (a cessão do imóvel rural para fins agrícolas). O pagamento em dinheiro é, no entanto, um elemento essencial da disciplina dos contratos de arrendamento, por duas razões: em primeiro lugar porque os contratos de arrendamento não são contratos aleatórios, no sentido de não serem as suas obrigações relacionadas ao risco da atividade agrária (essa é a sua principal distinção com os contratos de parceria); em segundo lugar porque os contratos de arrendamento possuem um limite da remuneração em dinheiro, determinado em relação ao valor cadastral do imóvel.

Ora, é de se considerar que a volatilidade dos preços de *commodities* agrícolas é naturalmente elevada, sujeita a flutuações consideráveis não só relativas a safras e entressafras, mas ao mercado internacional, ao clima das diversas regiões produtoras e à demanda variável das múltiplas cadeias agroindustriais que conectam a atividade agrária aos mercados. Se o contrato de arrendamento é, essencialmente, um contrato paritário a preço determinado, que não encampa variáveis de risco da atividade agrária, não deve o preço pago ao arrendador flutuar conforme essas cotações.

Do mesmo modo, seria impraticável aplicar o disposto no Estatuto da Terra, que estabelece um valor máximo para o arrendamento em dinheiro (percentual do valor cadastral) se as partes estabelecerem um preço móvel para os contratos de arrendamento, submetido à flutuação dos preços de mercado dos produtos agrícolas. Para que a disciplina contratual desses contratos tenha efetividade, portanto, e possa inclusive ser objeto de fiscalização pelas autoridades agrárias, especialmente pelo INCRA, a quem a Lei incumbiu o cadastro e o controle dos arrendamentos e parcerias, o valor da prestação paga pelo lavrado deve ser representado pela mesma unidade do limite legal fixado.

Assim, os contratos de arrendamento devem fixar pagamentos em dinheiro, porque em dinheiro esses pagamentos são limitados. De forma análoga, os contratos de parceria devem fixar pagamentos em produtos, porque em produtos é estimado o seu limite. Esse, a nosso ver, é o preceito do regulamento do Estatuto da Terra, cujo objetivo deve ser compreendido mais no âmbito da implementação de uma política pública agrária do que de uma disciplina contratual – a qual não caberia ser estabelecida por ato do Poder Executivo, mesmo no curso do regime militar a que estávamos submetidos à época da edição do Decreto nº 59.566/66.

Colocada em destaque essa situação, é de se questionar se a vedação estabelecida pelo parágrafo único do Art. 18 do mencionado Decreto realmente importa na nulidade desses contratos, ou melhor, dessas cláusulas contratuais, como parte da doutrina e da jurisprudência tem estabelecido. O Estatuto da Terra prevê que, nos casos de simulação ou fraude dos limites impostos pela Lei, prevalecerão as regras mais benevolentes ao cessionário, no tocante à fixação de sua contrapartida[8]. Essa regra é aplicável igualmente aos contratos de arrendamento e de parceria, de modo que não pode esse dispositivo ser invocado para condenar à pena de nulidade as cláusulas de contrato de arrendamento que fixam o pagamento em produtos, como estabelecem alguns precedentes da jurisprudência, mencionados no Capítulo 1.3.1.

De fato, mesmo que a disciplina dos contratos de arrendamento seja incompatível com a fixação do preço em produtos, essa não é uma hipótese de fraude à Lei que justifique a nulidade do ajuste. Com efeito, não se vislumbra que essa prática possa ferir qualquer dos preceitos aplicáveis aos contratos agrários, nem mesmo que limite as garantias previstas pelo ordenamento aos arrendatários e cultivadores diretos, exceto quanto aos preços máximos, se eventualmente o valor dos produtos agrícolas superar o percentual fixado na Lei para os contratos de arrendamento.

Na realidade, a contratação da cessão da terra mediante o pagamento em quantidade de produtos é uma modalidade contratual admitida por Lei, sob outro tipo contratual, a parceria agrícola. Nessa modalidade contratual, haverá possibilidade, inclusive, de se averiguar adequadamente se o preço estabelecido pelas partes está ou não de acordo com o valor máximo previsto na Lei, estipulado em quantidade de produtos, ou melhor, em percentual da produção. A conversão substancial nesse caso, portanto, mostra-se adequada porque o limite de preço, previsto pela Lei, é uma cláusula obrigatória irrenunciável, nos termos do Art. 13 da Lei nº 4.947/66, e essencial ao tipo contratual do negócio realizado pelas partes.

A simulação dependeria da divergência entre a vontade declarada e a vontade real das partes em função de um acordo simulatório[9]. Não parece ser esse o caso dos contratos agrários de arrendamento com disposição de pagamento em produtos, porque não há negócio dissimulado que as partes

---

[8] Nesse sentido. Estatuto da Terra. Art. 92, § 7º Qualquer simulação ou fraude do proprietário nos contratos de arrendamento ou de parceria, em que o preço seja satisfeito em produtos agrícolas, dará ao arrendatário ou ao parceiro o direito de pagar pelas taxas mínimas vigorantes na região para cada tipo de contrato.
[9] MENEZES CORDEIRO, Antonio Barreto. *Da simulação no direito civil*. Rio de Janeiro: Almedina, 2014. p. 65.

pretendam esconder. De fato, somente por essa disposição, seria exagerado pressupor que as partes, ao disporem que o pagamento será calculado conforme o preço de produtos agropecuários, queiram dissimular a contratação de um contrato de parceria, que envolve a partilha de riscos. A cláusula, com efeito, não oculta a vontade de partilhar o risco relativo ao preço de produtos, não podendo essa prática ser confundida com a hipótese de simulação.

Assim, ao invés de declarar a nulidade dessas cláusulas e contratos, os tribunais e a doutrina deveriam reconhecer a validade desses contratos como contratos de parceria rural, independentemente da qualificação jurídica ou do *nomen iuris* previsto pelas partes. Essa é, com efeito, a hipótese que justifica a conversão substancial, reconhecendo esses contratos de arrendamento como contratos de parceria, de modo a preservar o contrato celebrado, mas reconhecendo a qualificação jurídica adequada e, portanto, a disciplina contratual mais apropriada[10].

Quanto aos demais direitos e vantagens estabelecidos pela disciplina contratual dos contratos agrários, conforme pudemos apresentar no Capítulo 1 deste trabalho, são mais abrangentes nos contratos de arrendamento do que nos contratos de parceria rural, o que corrobora ainda mais com a validade desses contratos sob o ponto de vista da proteção social dos cultivadores diretos. Assim, é absolutamente compreensível que se reconheça a validade do contrato celebrado pelas partes, ainda que, quanto ao preço, se tenha em consideração a disciplina própria dos contratos de parceria.

De fato, como demonstramos anteriormente, ao analisar os contratos agrários sob a ótica econômica, a partilha de riscos mercadológicos é tão importante quanto a partilha de riscos do resultado agrícola, sendo esses contratos uma importante ferramenta de gestão dos riscos das empresas agrárias mais sofisticadas, para as quais é mais vantajoso estabelecer uma quantia pré-fixada em produtos do que dividir com o proprietário/cedente o resultado da produtividade adicional que obtiver

---

[10] Cf. João Alberto Schützer del Nero, a aplicação do direito não se reduz a uma questão de lógica formal. É antes uma questão de lógica complexa, na qual fatores lógicos, axiológicos e fáticos se correlacionam, segundo exigências de uma atividade dialética, desenvolvida ao nível da experiência. Nesse sentido é que se admite a conversão substancial do negócio jurídico, como procedimento de escolha, devidamente fundamentada, entre duas qualificações jurídicas, diferentes, do mesmo negócio jurídico, cujo resultado consiste na atribuição ou no reconhecimento de eficácia jurídica ao negócio jurídico. (DEL NERO, João Alberto Schützer. *Conversão substancial do Negócio Jurídico*. Rio de Janeiro: Renovar, 2001. p. 47.)

acima daquilo considerado satisfatório pelas partes na fixação do preço da cessão da terra, partilhando os riscos decorrentes da variação de preços dos produtos agrícolas, normalmente sujeitos às externalidades do mercado de *commodities*. Do mesmo modo, para os proprietários, esses contratos são mais vantajosos porque fica estabelecida uma remuneração compatível com a remuneração do seu ativo sem que haja custos para o monitoramento da partilha da safra, mas ainda assim permitem que essa remuneração seja majorada no caso de apreciação do valor de mercado dos frutos, garantindo partilhar em parte os resultados da atividade agropecuária desenvolvida em seu imóvel.

Deve-se, assim, privilegiar a conservação dos negócios jurídicos, garantindo que a atividade negocial das partes não seja inócua, preservando os efeitos do contrato tal qual estabelecido pelas partes[11]. Nesse sentido, é de se reconhecer que a fixação de preços pretendida pelas partes, em quantidade fixa de produtos não é vedada pela legislação, e mais, é própria de outra modalidade contratual[12].

Se, sob a ótica do direito privado, esses contratos devem ter sua validade reconhecida, é importante considerar, entretanto, que os órgãos tributários têm questionado essa prática sob o argumento de representarem ilícitos atípicos, a serem considerados na hipótese em que condutas estão inicialmente amparadas em uma regra permissiva, mas que, como consequência de sua oposição a algum princípio, convertem-se em ilícitos em virtude de abuso de direito, fraude à lei e desvio de poder[13]. Trata-se, igualmente, de um entendimento equivocado.

---

[11] ZANETTI, Cristiano de Sousa. *A conservação dos contratos nulos por defeito de forma*. São Paulo: Quartier Latin, 2013. p. 65.
[12] AZEVEDO, Antonio Junqueira de. *Negócio Jurídico*: existência, validade e eficácia. 4. ed. São Paulo: Saraiva, 2002. p. 65.
13 Guillermo G. Ruiz Zapatero estabelece que tanto na fraude, como na simulação, a única sobreposição dos planos é a de dois planos de legalidade – aquele do negócio aparente e o do negócio dissimulado. Nesse sentido, o autor difere os ilícitos típicos, que se identificam por serem condutas contrárias a uma regra, dos ilícitos atípicos, que seriam as condutas contrárias a princípios, em duas modalidades: a) aqueles que se estabelecem em virtude de se estender a ilicitude prevista em regras ou do resultado da ponderação entre os princípios relevantes do sistema, cujo balanço exige a geração de uma nova regra proibitiva; e b) aqueles que estão inicialmente amparados em uma regra permissiva, mas que, como consequência de sua oposição a algum princípio, convertem-se em ilícitos. A fraude deriva do exercício ou da utilização de normas constitutivas, que são normas que conferem poder normativo. Ou seja, trata-se de situação identificada com o uso de poderes de modo que esse uso resulte proibido. A norma de cobertura é (na fraude) uma regra

Nos dizeres de MANERO e ATENZA RODRIGUEZ, mesmo que se admitida a possibilidade de ilícitos atípicos, não pode haver ilícitos que se oponham a permissões[14], de modo que a vantagem tributária, eventualmente obtida com a celebração de contratos de parceria, em vez de contratos de arrendamento, não poderá ser penalizada pelo fisco, sem uma maior clareza do intuito fraudulento dessa prática contratual. Assim, deve ser visto com crítica o posicionamento dos órgãos fiscais.

A título de exemplo, veja-se o acórdão nº 2401-008.452, da 2ª Seção de Julgamento, 4ª Câmara, 1ª Turma Ordinária CARF – Conselho Administrativo de Recursos Fiscais. No caso, o contribuinte, proprietário de imóvel rural, celebrou contrato de parceria agrícola no qual ficou estabelecido que a sua quota-parte seria de 42.000 sacas de soja por safra agrícola anual. O órgão colegiado, por unanimidade, desconsiderou a tipificação do contrato prevista pelas partes, qualificando-o como contrato de arrendamento sob o argumento de que o pagamento em quantidade fixa de produtos seria incompatível com a parceria agrícola, por não haver partilha do risco do empreendimento, sendo este considerado como elemento essencial do contrato[15]. Ora, a conclusão do Conselho de recursos fiscais não considerou que a variação de preços é, de fato, um dos riscos do empreendimento agrícola e que, assim, o contrato celebrado pelas partes tinha, de fato, o elemento de partilha de riscos essencial ao tipo contratual da parceria.

Nos termos do Art. 110 do Código Tributário Nacional[16], não caberia ao órgão fiscal alterar a definição, o conteúdo e o alcance de institutos, conceitos e formas de direito privado, de modo que se mostra manifestamente inadequada a requalificação do contrato de parceria, especialmente

---

regulamentadora, que permite o uso de uma norma que confere poder. (ZAPATERO, Guillermo G. Ruiz. *Simulacion Negocial y Delito Fiscal:* Comentario a las sentencias del Tribunal Supremo de 15 de julio de 2002 y 30 de abril de 2003. Navarra: Editorial Arazandi, 2004. p. 58)

[14] RODRÍGUEZ, Manuel Atienza; MANERO, Juan Luiz. Para Una Teoría General De Los Ilícitos Atípicos. *Jueces para la democracia*, n. 39, 2000, p. 43-49. Disponível em https://dialnet.unirioja.es/servlet/articulo?codigo=174836. Acesso em 31 mar. 2019.

[15] Conselho Administrativo de Recursos Fiscais. Acórdão: 2401-008.452; Número do Processo: 10183.727756/2017-17; Data de Publicação: 23/10/2020 Contribuinte: Sady Elias Soletti; Relator(a): Rayd Santana Ferreira. No mesmo sentido, vejam-se os acórdãos: nº 2003-002.640; 2402-008.839; 2002-001.764; 2401-007.201; e 2401-007.200.

[16] Art. 110. A lei tributária não pode alterar a definição, o conteúdo e o alcance de institutos, conceitos e formas de direito privado, utilizados, expressa ou implicitamente, pela Constituição Federal, pelas Constituições dos Estados, ou pelas Leis Orgânicas do Distrito Federal ou dos Municípios, para definir ou limitar competências tributárias.

se essa requalificação é contrária a dispositivo expresso de Lei. De fato, os riscos do empreendimento agrícola, pecuário ou agroindustrial partilhados pelas partes nos contratos de parceria podem ser quaisquer entre aqueles previstos no § 1º do Art. 96 do Estatuto da Terra. Assim, correndo o proprietário os riscos decorrentes das variações de preço dos frutos obtidos na exploração do empreendimento rural, o contrato deveria ser reconhecido e qualificado como de parceria, especialmente se assim as partes efetivamente contrataram, independentemente do *nomem iuris* previsto no instrumento contratual.

Isso não significa, evidentemente, que os rendimentos auferidos pelo proprietário, na qualidade de parceiro outorgante, possam necessariamente ser declarados como rendimentos da atividade rural. Na realidade, para esse fim, caberia ao órgão fiscal identificar a natureza dos rendimentos recebidos, não a tipologia dos contratos celebrados pelos contribuintes. Nesse sentido, seria fundamental aos órgãos fiscais questionar se os valores obtidos com a venda dos produtos agropecuários recebidos pelo parceiro outorgante integram a receita bruta da atividade rural, nos termos do Art. 54 do Regulamento do Imposto de Renda (RIR - Decreto nº 9.580, de 22 de novembro de 2018).

Analisando a questão preliminarmente, já que a matéria tributária é alheia ao mérito do presente trabalho, é de se reconhecer que, tendo em vista o objeto comum desses contratos, ou seja, a cessão da posse e do uso do imóvel rural, tanto no caso dos contratos de arrendamento, como no dos contratos de parceria, os rendimentos auferidos pelos proprietários são recebidos em função da ocupação, do uso ou da exploração desses bens, de modo que caberia igualmente enquadrá-los como rendimentos de aluguéis, nos termos do Art. 41 do RIR. O elemento locativo, para fins da qualificação dos rendimentos, não parece estar atrelado ao tipo do contrato, mas à causa da renda auferida, decorrente do aproveitamento de bem ou do exercício de atividade econômica pelo contribuinte. Assim, a qualificação dos contratos não seria um critério adequado para a qualificação dos rendimentos tributáveis.

Se os rendimentos auferidos e sujeitos à tributação são efetivamente decorrentes de atividade rural, nos termos da legislação tributária, podem assim ser tributados. Se o proprietário ou possuidor, cedente do imóvel, não exerce, no caso, atividade agropecuária e, portanto, não auferiu esses rendimentos em função de atividade agropecuária, a renda deve ter outra qualificação, inclusive para fins tributários. O Art. 51 do RIR, ou melhor, o Art. 2º da Lei nº 8.023, de 12 de abril de 1990, limita, nesse sentido, as atividades rurais, para fins tributários, à agricultura; à pecuária; à extração e a exploração vegetal e animal; a exploração da apicultura, avicultura, cunicultura, suinocultura, sericicultura, piscicultura e outras culturas animais; e a transformação de produtos decorrentes da atividade rural, sem que sejam alteradas a composição e as características do produto *in natura*, feita pelo próprio agricultor ou criador, com equipamentos e utensílios usualmente empregados nas atividades rurais, utilizando exclusivamente matéria-prima produzida na área rural explorada, tais como a pasteurização e o acondicionamento do leite, assim como o mel e o suco de laranja, acondicionados em embalagem de apresentação.

Conforme reconhece LOUBET, trata-se de um critério genérico, não vinculado aos limites do imóvel rural, e que suscita diversas dúvidas, no tocante a atividades englobadas ou não nesta categoria[17]. Essas dúvidas, vale dizer, seriam mais bem respondidas caso a dogmática tributária se aproveitasse melhor do Direito Agrário e, especialmente, do conceito de agrariedade. De fato, ao passo que iguala os contratos de arrendamento e de parceria sob o aspecto da cessão do fundo rústico, diferindo esses contratos em função da alocação de riscos entre as partes, o direito agrário distingue a atividade exercida pelas partes sob o aspecto da agrariedade. Esse é o critério que define os contornos do que seria, ou não, atividade agrária, merecedora da tutela respectiva em função da intervenção direta no ciclo agrobiológico ou em uma fase necessária deste, de caráter vegetal ou animal. A atividade agrária não deve ser reconhecida sob o critério fundiário, mas pelo critério de coligação econômico-funcional da atividade com o ciclo agrobiológico[18]. É a relação do rendimento com a efetiva intervenção no ciclo agrobiológico, portanto, que o tributarista deveria considerar para qualificar a atividade como rural, independentemente da

---

[17] LOUBET, Leonardo Furtado. O novo RIR e seus reflexos no IRPF da atividade rural. In: DONIAK JR., Jimir (coord.). *Novo RIR*: Aspectos jurídicos relevantes do Regulamento do Imposto de Renda 2018. São Paulo, Quartier Latin, 2019. p. 180. O autor apresenta, por exemplo, a dúvida quanto à qualificação como atividade rural a criação, em laboratório, de vespas, utilizadas para o controle biológico de pragas, e a criação de animais de estimação ("pets") que possuem semelhanças com o critério fixado pela Lei, mas que não corresponderiam à noção de atividade rural do homem no campo.

[18] ALESSI, Rosalba; PISCIOTTA, Giuseppina. *L'impresa agrícola*. 2. ed. Milano: Giuffrè, 2010. p. 117.

tipologia dos contratos celebrados. Esses mesmos critérios devem também se aplicar ao direito brasileiro sob o aspecto do direito privado e igualmente para consideração pelo direito tributário[19].

Demonstrada a validade dessa modalidade de contratação, é de se considerar que os contratos de arrendamento com pagamento do preço em produtos são uma modalidade lícita de negócio indireto. Nesse sentido, é necessário identificar que, em que pese a vontade negocial corresponder a um contrato de parceria, marcado pela disposição ao risco compartilhado no tocante à variação de cotações de preços agrícolas, as partes elegem uma disciplina contratual de outro tipo, ou seja, dos contratos de arrendamento.

Essa disciplina contratual eleita pelas partes não poderá ser aplicada no tocante ao pagamento do preço, sob pena de infringir a disciplina cogente do ordenamento jurídico, especialmente no tocante ao preço máximo, mas deve ser considerada para a adequada interpretação e integração do negócio jurídico. A conversão substancial do negócio, assim, não deverá servir como subterfúgio para afastar direitos e garantias próprias dos contratos de arrendamento, como o direito de preferência e o direito à renovação obrigatória do contrato, reconhecidos ao arrendatário e não necessariamente ao parceiro outorgado. Do mesmo modo, também não poderá dar causa à incerteza quanto ao rompimento do vínculo contratual no caso de inadimplemento, possibilitando o despejo do cultivador direto no caso de não pagamento do preço avençado.

O regulamento contratual, nesse caso, portanto, deve considerar elementos da disciplina dos dois tipos contratuais, aproveitando-se, de um lado, a disciplina da parceria, pela melhor qualificação da vontade negocial conforme a função do contrato; e, de outro, a disciplina do arrendamento, para melhor aproveitamento da vontade negocial quanto aos direitos e obrigações preferidos pelas partes, naquilo em que não contrariar os preceitos da legislação agrária, nem a função definida pelas partes.

---

[19] Para uma consideração mais detalhada sobre a aplicabilidade do conceito de agrariedade para a definição da atividade rural no âmbito do direito tributário, considerando os preceitos doutrinários e legais aplicáveis, veja-se MANO FILHO, Ben-Hur Carvalho Cabrera. *Tributação da atividade rural*. São Paulo: Almedina, 2019. p. 23.

3.2. Contratos de arrendamento ou de parceria para rotação de cultura

O modelo contratual pressuposto pelo Estatuto da Terra para os contratos de arrendamento e de parceria estabelece a cessão da posse e do uso da terra de modo quase que definitivo, considerando o aproveitamento do imóvel rural pelo cessionário de modo exclusivo. Nesse sentido, é de rigor reconhecer que a Lei garante não somente a proteção possessória do arrendatário ou parceiro outorgado em relação ao cedente do imóvel e/ou seu proprietário enquanto durar o vínculo contratual, mas também a permanência da posse do cessionário por longo prazo. A esse respeito, remetemo-nos à obrigação de observar prazos mínimos e, igualmente, à obrigatoriedade de continuação do contrato após o vencimento do prazo contratual, em virtude da renovação obrigatória do contrato, prevista no Art. 95, IV, do Estatuto da Terra[20].

Ora, essas imposições, próprias do modelo de dirigismo contratual baseado na realidade fundiária da década de 1960, que visava a uma solução ao subaproveitamento dos imóveis rurais para fins produtivos, são, em princípio, incompatíveis com as disposições de muitos contratos agrários celebrados de modo recorrente no contexto atual, em que o arrendamento ou a parceria são contratados a curto prazo, celebrados com propósito específico, vinculado a um ciclo agrobiológico determinado, e não com a finalidade de transferir ao arrendatário ou parceiro outorgado o aproveitamento do imóvel rural de modo amplo, para que ele possa exercer atividade agrária de modo autônomo e independente do cedente do imóvel.

Esse é o caso, por exemplo, dos contratos celebrados para fins de rotação de culturas. São modalidades contratuais recorrentes, por exemplo, entre os produtores de cana-de-açúcar que, no intervalo entre a colheita da última safra do canavial e o replantio da lavoura, cedem a posse temporária e o uso do imóvel rural para o plantio de grãos de soja ou de amendoim, por exemplo. Essa prática resulta em significativa melhora nas características

---

[20] A legislação italiana, sempre utilizada como referência para a doutrina agrarista, previu expressamente que as disposições especiais referentes aos contratos agrários não se aplicam aos contratos celebrados com prazo inferior a um ano, quando se tratar de terreno sujeito a rotação de culturas. Nesse sentido é o art. 56 da Legge 3 maggio 1982 n. 203, *in verbis:* Art.56. Contratti per i quali è esclusa l'applicazione della presente legge. Le disposizioni della presente legge non si applicano ai contratti agrari di compartecipazione limitata a singole coltivazioni stagionali né alle concessioni per coltivazioni intercalari né alle vendite di erbe di durata inferiore ad un anno quando si tratta di terreni non destinati a pascolo permanente, ma soggetti a rotazione agraria. Sobre a questão, vide ALESSI, Rosalba; PISCIOTTA, Giuseppina. *Il contratti agrari.* 2. ed. Milano: Giuffrè, 2015. p. 326.

químicas, físicas e biológicas do solo, com aumento da retenção de nutrientes, controle de pragas e da erosão do solo[21]. Esses contratos correspondem, por conseguinte, a uma prática conservacionista, em que o cultivo da planta proporciona não só a obtenção de frutos próprios da lavoura (de soja, por exemplo), mas também de melhorias para uma outra cultura, que é o cultivo principal (cana-de-açúcar).

Como mencionam CRUZ e MAGALHÃES, a tratativa recorrente é entrega da área de reforma do canavial ao arrendatário no mês de agosto, para que ele faça as operações de preparo do solo e plantio até, no máximo, o mês de novembro. No caso do plantio de amendoim, o grão é colhido no mês de março, impreterivelmente, para evitar atraso no plantio da cana-de-açúcar. Trata-se de um arranjo que implica redução de custos para o produtor de cana-de-açúcar, titular original do fundo agrário, como proprietário, arrendatário ou parceiro outorgado a quem o pagamento não é feito em dinheiro, mas em serviços. O cessionário da terra, recebida em arrendamento, subarrendamento ou parceria, em vez de pagar arrendamento em espécie ou quota parte em produtos, responsabiliza-se por operações de preparo de solo (incluindo a eliminação da soqueira do canavial e a manutenção das curvas em nível), as quais lhes são úteis para o plantio dos grãos, mas também aproveitadas pelo canavieiro, com redução dos seus custos de produção. Ainda que o contrato seja de curtíssimo prazo, os rendimentos com a cultura superam esses investimentos, possibilitando ao arrendatário considerável lucro, ainda que, adicionalmente aos serviços, seja prevista uma prestação pecuniária ou em produtos agrícolas[22].

A especificidade dos investimentos necessários ao plantio de grãos, tais como máquinas plantadeiras e colheitadeiras próprias, bem como a tecnologia, a mão-de-obra e a gestão de insumos e comercialização de produtos são um incentivo adicional para que a rotação de culturas seja implementada por meio de contratos agrários de propósito específico, de

---

[21] MASCARENHAS, Hipólito A. A.; TANAKA, Roberto T. Soja e adubos verdes, uma boa opção na renovação do canavial. *O AGRONÔMICO* (Instituto Agronômico) Campinas, SP. 1941-1; 1949-2000 1-52. p. 19. Disponível em: http://www.iac.sp.gov.br/publicacoes/arquivos/oagronomico_volume_52_numero_1.pdf. Acesso em 15 dez. 2020.

[22] CRUZ, Marcos Roberto de Oliveira; MAGALHÃES, Marcelo Marques. Rotação de culturas e efeito sobre os custos na reforma de canavial na região da alta paulista. *Fórum Ambiental da Alta Paulista* (periódico eletrônico), Vol. 9, n. 7, 2013. ISSN 1980-0827. Disponível em http://amigosdanatureza.org.br/publicacoes/index.php/forum_ambiental/article/viewFile/549/574. Acesso em 15 dez. 2020.

curto prazo, celebrados com empresas agrárias especializadas, estabelecidas por pessoa física ou jurídica.

Ainda que sejam de especial importância no contexto econômico e social do agronegócio, se aplicados literalmente os preceitos do Estatuto da Terra e seu regulamento, haveria de se reconhecerem nulidades nas cláusulas desses contratos, porque é da essência desses contratos a celebração de curto prazo, não respeitando o prazo mínimo de três anos previsto pelo Art. 13 do Decreto nº 59.566/66, e em contrariedade com outras disposições das cláusulas obrigatórias. Uma análise mais profunda dessa modalidade contratual deve considerar não apenas as disposições literais da disciplina contratual, mas também o contexto socioeconômico em que o contrato se insere e os objetivos da disciplina contratual.

Os contratos de arrendamento e de parceria para rotação de cultura também podem ser considerados, em certa medida, como modalidade de negócio indireto. Nesses contratos, as partes se submetem a uma disciplina conhecida, típica, dos contratos de arrendamento ou de parceria, mas o fazem com a finalidade de regular uma operação econômica distinta daquela pressuposta pelo tipo contratual. Com efeito, o contrato de arrendamento ou parceria, nesse caso, é celebrado com a finalidade específica de rotação de cultura, de modo que a posse do cessionário é instrumental à posse do cedente, o que deve ser admitido como suficiente para modalizar o regulamento contratual. Essa finalidade, vale dizer, é diferente daquela pressuposta pelos tipos contratuais regulamentados em Lei, que consideram a cessão da posse e do uso da terra de forma plena, quase que definitiva, para gozo do arrendatário ou parceiro outorgado.

Conforme já expusemos no Capítulo 1.1.4, a exigência de prazo mínimo prevista pelo Decreto não pode ser considerada como uma imposição legal inafastável pela autonomia privada, já que a Lei (Estatuto da Terra) não estabeleceu prazo mínimo para os contratos de arrendamento e de parceria com prazo determinado. O prazo de três anos foi estabelecido apenas como premissa para os casos de contratos por tempo indeterminado (Art. 95, II, e 96, I), adotando, assim, uma regra presuntiva do interesse das partes, em prol da preservação da empresa agrária no mesmo imóvel rural. Não há elementos legais, aliás, para se afirmar categoricamente que o prazo mínimo previsto pela norma regulamentadora é um prazo inderrogável pelas partes[23], sob pena de se garantir ao decreto um efeito contrário às limitações do princípio da legalidade[24]. Assim, os contratos celebrados para rotação de cultura não devem ser considerados ilícitos com fundamento na infringência de prazos mínimos.

Com fundamento em uma leitura literal das cláusulas obrigatórias previstas pelo Estatuto da Terra, essa modalidade contratual poderia ser questionada sob o argumento de que infringe a disposição do Estatuto da Terra que condiciona a retomada do imóvel pelo cedente (mesmo que para uso próprio) à notificação formal e prévia do cessionário, registrada em cartório de títulos e documentos, com seis meses de antecedência ao término do prazo contratual. Ora, se tomadas as premissas no exemplo anteriormente mencionado, o contrato seria celebrado para vigência entre agosto de um ano e o mês de março do ano subsequente, num total de oito meses. Evidentemente, não há sentido em exigir que a parte arrendante notifique por meio de cartório de títulos e documentos o seu interesse de rescindir, no prazo contratual, um contrato que foi celebrado há menos de dois meses. Assim, apesar de a Lei, nesse particular, não estabelecer uma regra de exceção, o que pode colocar as partes em situação de insegurança jurídica se não fizerem a notificação, não faz qualquer sentido considerar esse dispositivo sem mitigação, devendo ser dispensada a notificação do arrendatário ou parceiro outorgado para a retomada do imóvel ao fim desses contratos, sob pena de imposição de custos de transação incompatíveis com a finalidade do contrato – que é a exploração do imóvel por tempo determinado e para uma finalidade própria e específica.

O Estatuto da Terra também estabelece a garantia de que o arrendatário ou parceiro outorgado seja indenizado pelas benfeitorias úteis ou necessárias realizadas no imóvel. Conforme já observado, entretanto, é da essência desses contratos a realização de investimentos pelo outorgado na terra cedida em arrendamento ou em parceria, não havendo necessariamente

---

[23] Nesse sentido, aliás, vide o julgado pelo Superior Tribunal de Justiça no Superior Tribunal de Justiça. REsp 11.101/PR, Rel. Ministro EDUARDO RIBEIRO, TERCEIRA TURMA, julgado em 08/06/1992, DJ 29/06/1992, p. 10315.

[24] Aplica-se aqui, o entendimento de Nelson Nery Jr. de que salvo as estritas hipóteses do art. 84, VI, da Constituição Federal, os decretos podem somente regulamentar lei anterior. Trata-se, com efeito, de atos normativos derivados, não servindo, pois, de meio para alterá-la, modificá-la ou acrescentar-lhe algum dispositivo. NERY JR., Nelson. Limites do poder regulamentar do presidente da república. In: _____ (org.). *Soluções Práticas de Direito*. Vol. 1/2014. p. 109-155. São Paulo: Revista dos Tribunais, set. 2014.

um desequilíbrio contratual entre os investimentos exigidos e o aproveitamento do solo. Evidentemente, caso os arrendatários ou parceiros outorgados exercessem a faculdade que lhes atribui o Estatuto da Terra de exigir indenização pelas benfeitorias úteis e necessárias, como, por exemplo, a implementação de curvas de nível, o equilíbrio do contrato e, mais ainda, a finalidade própria desses contratos, restaria certamente frustrada.

Também não parece fazer sentido que os arrendatários e parceiros outorgados, nesses casos, possam assenhorar-se do direito de preferência, nem para a renovação desses contratos, nem para a aquisição do imóvel rural. Com efeito, nos termos já explicitados, a atividade agrária desenvolvida pelo cessionário, nesses casos, é meramente instrumental à atividade agrária realizada pelo lavrador principal, cedente do imóvel, que pode, inclusive, ser ele próprio, arrendatário ou parceiro outorgado, que cede a posse ou uso temporário para terceiro, apenas com finalidade específica de rotação de cultura, como parte da sua própria atividade agrária, cuja proteção legal também deve ser preservada, talvez com prioridade.

Em prol da importância prática do reconhecimento da validade desses contratos, deve-se levar em consideração a lição de SCALISE, que definiu o novo rosto do contrato a partir de três distintas e concorrentes fases: o acordo, o interesse e a regra. Cada uma dessas fases combina com três correspondentes condições jurídicas: a relevância, a validade e a eficácia, respectivamente ordenadas a três princípios distintos e correlatos: a paridade, sem a qual não seria concebível qualquer acordo; a liberdade, sem a qual não poderia existir um interesse merecedor de tutela; e a justiça, sem a qual qualquer regra perderia sua própria função e jamais poderia encontrar acolhida pelo direito[25]. Reconhecendo a função das normas restritivas da autonomia privada, o intérprete ou julgador deve investigar, no caso concreto, a incidência de interesses juridicamente relevantes, não sendo possível aplicar a nulidade, ainda que prevista em lei, sem uma análise axiológica da causa da nulidade[26].

---

[25] SCALISI, Vincenzo. *Il Contratto in Trasformazione*: invaliditá e inneficacia nella transizione al diritto europeo. Milano: Giuffrè, 2011. p. 333.
[26] SOUZA, Eduardo Nunes de. *Teoria Geral das Invalidades do Negócio Jurídico*. São Paulo: Almedina, 2017. p. 278. O autor defende uma análise funcional das nulidades negociais, de modo a identificar as invalidades negociais no âmbito dos mecanismos do controle valorativo que são impostos de forma mais rígida aos atos de natureza negocial. Em seu entender, a teoria das invalidades não se presta unicamente a legitimar efeitos produzidos pelo poder da vontade individual, mas pode

No caso dos contratos agrários, o intérprete, ao considerar as cláusulas obrigatórias, não deve lhes garantir uma força obrigatória cogente, sem lhes conferir um sentido próprio no âmbito dos interesses juridicamente protegidos por essa disciplina. Assim, deverão sempre levar em conta o ciclo agrobiológico, a função social da propriedade e, quando necessária, a proteção social dos cultivadores diretos hipossuficientes, que, respectivamente, devem orientar e justificar a imposição das cláusulas obrigatórias aos contratos individualmente considerados.

De fato, não basta a cessão temporária da terra para fins agrícolas para impor às partes um regime jurídico absolutamente restritivo de direitos e deveres. É preciso que se analise, cláusula a cláusula, se as estipulações contratuais estão compatíveis com o exercício da agrariedade de forma adequada, preservando, assim a função social da propriedade rural por meio do exercício da empresa agrária, sem afetar o equilíbrio contratual que favorece os interesses jurídicos das partes considerados no caso concreto.

Assim, muitos outros contratos agrários celebrados por curto prazo podem fazer sentido no âmbito da atividade agrária moderna, que não pressupõe necessariamente o uso continuado do fundo rústico por uma única cultura ou empresa rural, mas, ao contrário, depende do uso eficiente das disponibilidades agropecuárias da terra.

Na esteira desse pensamento, não só na agricultura, mas também na pecuária, deve ser reconhecida a possibilidade jurídica de celebração de contratos temporários com finalidade específica, por exemplo, para o aproveitamento, pelo gado, da palhada remanescente ao cultivo de grãos após a colheita, como é próprio dos sistemas de integração lavoura-pecuária; ou, ainda, para o aproveitamento da pastagem existente nas entrelinhas de cultivos florestais de *pinus*, eucaliptos, teka ou mesmo seringais, como é próprio nos sistemas de integração lavoura-pecuária-floresta. Essas novas modalidades de exploração da terra, vale dizer, incentivadas pelo Poder Público por seus benefícios produtivos e ecossistêmicos[27], devem ser reconhecidas

---

também destinar-se ao controle valorativo de atos em que a vontade desempenha papel secundário, o que tange a produção de efeitos.

[27] Veja, nesse sentido, o importante incentivo realizado pelo "Plano ABC – Agricultura de Baixo Carbono", considerando a integração lavoura-pecuária-floresta, dentre outros modelos, como práticas sustentáveis com benefícios para o equilíbrio de emissão de gases efeito estufa. (BRASIL. Ministério da Agricultura, Pecuária e Abastecimento. Sustentabilidade. Plano ABC - Agricultura de Baixa Emissão de Carbono. Disponível em https://www.gov.br/agricultura/pt-br/assuntos/

como práticas contratuais legais, com mitigação da aplicação das cláusulas obrigatórias do Estatuto da Terra que lhes forem incompatíveis.

Desse modo, portanto, vislumbramos nessa modalidade contratual também mais um exemplo de negócio indireto lícito, a ensejar uma consideração especial e diferenciada pela doutrina agrarista e pela jurisprudência. De fato, diante da tipicidade restrita a que estão submetidos os contratos agrários e a cessão temporária da terra, as partes ficam impossibilitadas de buscar outros modelos contratuais diferentes que não os contratos típicos de arrendamento e de parceria para atender os seus objetivos. A distinta funcionalidade desses contratos, que justifica mudanças importantes no regulamento contratual típico, não pode, entretanto, ser considerada fraudulenta, mesmo que não observadas integralmente as cláusulas obrigatórias desses contratos.

A finalidade própria e distinta dessa modalidade contratual, com efeito, é compatível não só com a faculdade dos proprietários e possuidores dos imóveis rurais, inclusive cultivadores diretos na condição de arrendatários e parceiros outorgados primários, mas também com o seu dever de melhor aproveitamento possível da utilização do solo e dos recursos naturais, promovendo a exploração racional e adequada e adoção de práticas conservacionistas favoráveis à proteção do meio ambiente e à melhoria dos índices de produtividade.

3.3. Contratos de prestação de serviço de colheita, com pagamento em produtos

Os contratos de prestação de serviço de colheita com pagamento em produtos representam outra modalidade contratual recorrente no agronegócio moderno e que, do mesmo modo, podem ser analisados como negócios indiretos, com identificação em separado da função e da disciplina contratual.

Nesse caso, as partes, ao celebrarem contratos de prestação de serviço, visam a uma finalidade que não é simplesmente a realização da obra, ou seja, da colheita, mas buscam efetivamente uma parceria agrícola, mediante a partilha dos frutos da atividade agrária e, consequentemente, dos riscos respectivos ao ciclo agrobiológico. Embora sejam contratos com objeto

sustentabilidade/plano-abc/plano-abc-agricultura-de-baixa-emissao-de-carbono. Acesso em 20 dez. 2020.)

distinto dos contratos agrários típicos, devem ser reconhecidos como contratos agrários, porque as prestações são diretamente vinculadas ao fato técnico, que justifica a incidência de uma disciplina compatível com a agrariedade.

É de se destacar que a prestação realizada pelo contratado é de natureza essencialmente agrária porque somente será reputada satisfatória se feita no tempo e na forma adequados ao ciclo agrobiológico. Além disso, se mal executados os serviços, não só o ciclo agrobiológico em questão poderá ser afetado, com prejuízos ao resultado da exploração do imóvel rural, mas também a preservação dos recursos naturais, mediante o pisoteio excessivo, a compactação do solo e da sua superfície, provocação de erosões e outros danos ambientais, causados pela intervenção inadequada das partes contratantes no meio ambiente agrário.

Ainda que não seja o cultivador direto pressuposto pelo Estatuto da Terra, o prestador de serviços que executa a colheita de produtos vegetais, seja no caso de colheita manual, seja no caso de colheita mecanizada, exerce uma atividade reconhecida como atividade agrária, que deve submeter-se aos preceitos próprios dessa disciplina especial, inclusive no tocante às obrigações contratuais. Assim, ainda que não sejam contratos de arrendamento ou de parceria, os preceitos relativos à exploração racional e adequada da terra, da conservação dos recursos naturais e da adoção de boas práticas agrícolas devem ser, portanto, aplicados ao regulamento desses contratos.

Aplica-se, dessa forma, a esses contratos, a regra própria dos contratos agrários, de que o tempo das obrigações contratuais devem se adaptar ao tempo dos ciclos agrobiológicos. Os contratos devem ter sua duração e prazos das prestações vinculados ao fato técnico da atividade agrária. A realização do serviço fora do período adequado para a colheita, por exemplo, importará em inadimplemento, seja porque anterior ao amadurecimento dos frutos, seja porque atrasado em relação ao ponto ótimo de colheita, devendo o tempo das obrigações contratuais se ajustar conforme o ciclo produtivo e o aproveitamento adequado do ciclo agrobiológico e dos recursos naturais.

Dito de outra forma, de forma análoga ao que ocorre com os contratos agrários típicos, deve ser reconhecido que os prazos desses contratos devem sofrer variações conforme os ciclos agrobiológicos da empresa agrária, prorrogando-se a sua duração sempre que não seja possível, no prazo incialmente previsto, ultimar a colheita.

No tocante à contraprestação dos contratados, esses contratos podem também ser colocados em perspectiva com os contratos agrários, especialmente nos casos, recorrentes na dinâmica das empresas agrárias, em que a prestação de serviço de colheita é paga em produtos, sendo usuais arranjos contratuais que estabeleçam uma quantidade fixa, como remuneração mínima dos serviços, acrescida de uma quantidade variável, na forma de uma participação no sucesso da colheita. Esse tipo de disposição aproxima esses contratos dos contratos de parceria, na medida em que o prestador do serviço passa a partilhar com o proprietário da lavoura, seja ele proprietário do fundo rústico, arrendatário ou parceiro outorgado, os mesmos riscos que definem os contratos agrários de parceria.

De certa forma, os contratos em análise se assemelham muito aos contratos de parceria, porque também implicam a cessão temporária de um elemento essencial do estabelecimento agrário, ou seja, a lavoura plantada, para que o cessionário possa colher os frutos em benefício do cedente e próprio, mediante retribuição vinculada ao sucesso da execução dos seus serviços. Assim, também sob essa ótica, parece ser adequada a aplicação subsidiária, naquilo que for compatível com a contratação, das cláusulas obrigatórias previstas pelo Estatuto da Terra, inclusive aquelas respectivas à proteção social do lavrador, cujas vantagens a Lei nº 4.947/66 estabeleceu como inderrogáveis.

Destacam-se, entre as cláusulas obrigatórias previstas pelo Estatuto da Terra, aquelas que estabelecem a titularidade da safra e determinam que o cultivador direto deve ter amplo poder de disposição da sua quota-parte na colheita, não sendo possível a contratação de preferências cativas ou exclusividades que possam ensejar o desequilíbrio do contrato em prejuízo da parte mais vulnerável, no caso, o prestador de serviço que atua também, temporariamente, como parceiro outorgado, especificamente para a realização da colheita.

Ao analisar esses contratos sob essa ótica, evidenciamos que o regulamento contratual, mesmo dos contratos típicos, não pode ser definido apenas pelo objeto do contrato. A função econômica e social do contrato e a operação econômica mostram-se determinantes inclusive para que se possa aplicar, no caso dos contratos agrários, as cláusulas obrigatórias previstas pelo Estatuto da Terra e que são essenciais para a preservação da agrariedade e das finalidades sociais pressupostas pelo ordenamento jurídico para a criação de animais e o cultivo de vegetais.

Cabe, assim, ao intérprete dos contratos, considerar, conjuntamente com a disciplina típica dos contratos de prestação de serviços, neste caso, a disciplina dos contratos agrários aos quais a finalidade desses contratos se remete necessariamente em virtude da intenção das partes em partilhar frutos.

Diferentemente do que ocorre nos contratos de arrendamento com pagamento em produtos agrícolas, a conversão substancial não é cabível nesse caso. O contrato deve ser considerado como de prestação de serviços, tal qual fora contratado, não sendo pertinente considerá-los como contratos de parceria. A finalidade de partilha de riscos, embora se manifeste e seja suficiente para justificar a agrariedade desses contratos e, nos termos anteriormente apresentados, justifique a aplicação de determinadas disposições obrigatórias do Estatuto da Terra, não é suficiente para a redefinição do tipo contratual. A aplicação dos preceitos da parceria agrícola, portanto, será residual, ou melhor, complementar à disciplina dos contratos de prestação de serviços, naquilo que for compatível com as disposições negociais das partes e a finalidade do contrato.

3.4. Contratos de fornecimento de produtos agropecuários em campo

Os contratos de fornecimento de produtos agropecuários em campo, no qual empresas agropecuárias vendem seus produtos diretamente na lavoura, cabendo aos adquirentes, normalmente agroindústrias, fazer a colheita, o carregamento e o transporte, representam também uma modalidade contratual recorrente de organização das empresas agrárias no contexto moderno que merece ser considerada sob a ótica do negócio indireto.

Conforme estabelecem TRENTINI e DARIO, ao analisarem especificamente esses contratos na cadeia da cana-de-açúcar, na qual é recorrente, trata-se de contrato atípico que configura uma quase integração entre produtor e usina, já que a indústria processadora deixa de ser mera adquirente e passa a integrar ativamente as atividades agrícolas[28].

Esses contratos correspondem, assim, ao que os economistas chamam de formas híbridas de governança, uma vez que a relação comercial não se realiza nem em um sistema de mercado, baseado em transações autônomas

---

[28] TRENTINI, Flávia; DARIO, Bruno Baltieri. Contrato de fornecimento de cana-de-açúcar: a importância, classificação e implicações jurídicas. In: CASTRO, Rogério Alessandre de Oliveira (org.). *O contrato de fornecimento de cana-de-açúcar*. São Paulo: Atlas, 2014. p. 70.

estabelecidas unicamente em função do sistema de preços, nem em um sistema de integração vertical, baseado em hierarquias. Nos termos apresentados por WILLIAMSOM, essas formas caracterizam-se por um grau intermediário, em que os mecanismos de incentivo são presentes, mas de forma menos forte do que nas transações em regime de mercado; em que controles administrativos podem ser evidenciados, mesmo que de forma menos intensa do que nas transações hierarquizadas, de modo a permitir a adaptação da transação a diferentes situações impostas pelas necessidades empresariais[29].

No agronegócio moderno, as três modalidades de governança podem ser reconhecidas de modo recorrente. Cada sistema agroindustrial se estabelece mediante um modelo de governança que seja mais apropriado. Na bovinocultura de corte, por exemplo, a maior parte das transações de comercialização do rebanho é realizada em sistema de mercado, em que os pecuaristas e os frigoríficos celebram contratos de compra e venda independentes, a cada transação, conforme o melhor preço pago naquela circunstância para o rebanho disponível, sem estabelecer qualquer compromisso de longo prazo ou outra forma de integração vertical[30]. Em situação oposta, são recorrentes os contratos de integração vertical nas cadeias de pecuária suína e avícola, em que os ciclos produtivos são mais curtos, e os mercados consumidores demandam produtos mais padronizados,

---

[29] WILLIAMSON, Oliver E. *The mechanisms of governance*. New York: Oxford University Press, 1996. p. 105.

[30] É importante mencionar que a ausência de integração vertical não necessariamente implica que não haja dominância entre as partes contratantes. Nesse sentido, apesar de a jurisprudência alemã relutar em reconhecer posição dominante relativa em função de relações contratuais de longo prazo, essa dominância pode existir, em especial quando o volume de mercado do adquirente é suficiente para restringir o acesso da outra parte a outros mercados. Nesse sentido, BOUSCANT aponta que esse tipo de dominação existe especialmente nas relações entre os fabricantes e seus concessionários. A dependência é particularmente forte porque o contrato de concessão implica, durante um longo período, uma exclusividade de aquisições à custa do concessionário, de modo que este fica impedido de estabelecer outros laços de clientela. (BOUSCANT, Rémy. *Le contrôle des entreprises en position dominante dans la République Fédérale d'Allemagne*. Bruxelles: Bruylant, 1991. p. 275.) Ora, a mesma situação poderá acontecer também em relação aos contratantes do agronegócio, em especial em situações em que o contrato de fornecimento se estabelece em situação de monopólio natural, em que não há outras agroindústrias instaladas que possibilitem ao produtor escoar sua produção de forma adequada. Especialmente em mercados como os de cana-de-açúcar e de florestas plantadas, por exemplo, há uma especificidade de ativos considerável, em virtude de uma máxima distância viável entre o fundo agrícola e a unidade de processamento, em virtude do peso, do valor e da perecibilidade dos produtos agrícolas respectivos.

justificando a adoção de mecanismos de governança mais complexos, pelos quais as indústrias controlam o fornecimento de insumos, as técnicas de produção e garantem um fornecimento de matéria-prima agropecuária adequada aos seus processos produtivos individualmente considerados[31].

Do ponto de vista do regulamento contratual, as duas modalidades contratuais mencionadas, consideradas pelos economistas como situações extremas de governança, possuem disciplinas também diferentes. De um lado, aos contratos de compra e venda celebrados em regime de mercados aplica-se a disciplina própria do Código Civil, em que o sinalagma da contratação é o elemento essencial, como é próprio dos contratos comutativos. De outro lado, os contratos de integração vertical passaram a submeter-se a uma disciplina própria, estabelecida pela Lei nº 13.288, de 16 de maio de 2016[32], estabelecida para os aspectos organizacionais desses contratos, privilegiando regras de conduta a serem observadas na contratação, orientadas para promover a transparência das obrigações assumidas pelas partes, de modo a evidenciar a alocação de riscos promovida pelo contrato e garantir paridade entre as partes dos contratos agroindustriais, em que pese a situação de hierarquia estabelecida entre o produtor integrado e a agroindústria integradora[33]. A Lei nº 13.288/16 exige que os contratos de integração sejam precedidos de documentos preparatórios[34]; estabeleçam-

---

[31] A maior complexidade das operações econômicas dos sistemas agroindustriais tem sido apontada como um fator para que os conflitos decorrentes dos contratos de integração vertical sejam resolvidos por arbitragem, e não pelo juízo estatal. Nesse sentido, veja-se a lição de Thiago Marinho Nunes, para quem a arbitragem surge como meio adequado para solucionar tais tipos de controvérsias, permitindo a oitiva de técnicos do setor e garantindo a confidencialidade do procedimento, com contenção a eventuais consequências dos conflitos em escala. (NUNES, Thiago Marinho. Arbitragem Como Método Adequado de Resolução de Conflitos nos Contratos Agroindustriais. *Revista Brasileira de Arbitragem*. Volume XVI. n. 62. 2019)

[32] A esses contratos, vale dizer, não se aplicam os preceitos dos contratos agrários disciplinados pelo Estatuto da Terra. Nesse sentido, vide o decidido no REsp 865.132/SC, Rel. Ministro RAUL ARAÚJO, Quarta Turma, julgado em 13/09/2016, *DJe* 29/09/2016.

[33] BUENO, Francisco de Godoy. *Contratos Agrários Agroindustriais:* análise à luz da teoria dos contratos atípicos. São Paulo: Almedina, 2017. p. 163.

[34] Nos sistemas agroindustriais integrados, o integrador deve obrigatoriamente apresentar ao produtor interessado em aderir ao sistema o DIPC – Documento de Informação Pré-Contratual, contendo, dentre outras disposições, a descrição do sistema de produção integrada e das atividades a serem desempenhadas pelo produtor integrado, os requisitos sanitários e ambientais e riscos econômicos inerentes à atividade e a estimativa dos investimentos em instalações zootécnicas ou áreas de cultivo e dos custos fixos e variáveis do produtor integrado na produção (Lei nº 13.288/16, Art. 9º).

-se como contratos completos, que prevejam detalhadamente as condições de produção, seguindo o roteiro de cláusulas necessárias previstas pela Lei[35]; e tenham o seu cumprimento registrado em relatórios obrigatórios de apresentação de resultados[36], a serem controlados não só pelas partes,

[35] O Art. 4º da Lei nº 13.288/16 estabelece que os contratos de integração, sob pena de nulidade, devem ser escritos com clareza, precisão e ordem lógica, e devem dispor sobre as seguintes questões, sem prejuízo de outras que as partes contratantes considerem mutuamente aceitáveis: as características gerais do sistema de integração e as exigências técnicas e legais para os contratantes; as responsabilidades e as obrigações do integrador e do produtor integrado no sistema de produção; os parâmetros técnicos e econômicos indicados ou anuídos pelo integrador com base no estudo de viabilidade econômica e financeira do projeto; os padrões de qualidade dos insumos fornecidos pelo integrador para a produção animal e dos produtos a serem entregues pelo integrado; as fórmulas para o cálculo da eficiência da produção, com explicação detalhada dos parâmetros e da metodologia empregados na obtenção dos resultados; as formas e os prazos de distribuição dos resultados entre os contratantes; deverá ser cumprido pelo integrador o valor de referência para a remuneração do integrado, na forma do art. 12 desta Lei; os custos financeiros dos insumos fornecidos em adiantamento pelo integrador, não podendo ser superiores às taxas de juros captadas, devendo ser comprovadas pela Cadec; as condições para o acesso às áreas de produção por preposto ou empregado do integrador e às instalações industriais ou comerciais diretamente afetas ao objeto do contrato de integração pelo produtor integrado, seu preposto ou empregado; as responsabilidades do integrador e do produtor integrado quanto ao recolhimento de tributos incidentes no sistema de integração; as obrigações do integrador e do produtor integrado no cumprimento da legislação de defesa agropecuária e sanitária; as obrigações do integrador e do produtor integrado no cumprimento da legislação ambiental; os custos e a extensão de sua cobertura, em caso de obrigatoriedade de contratação de seguro de produção e do empreendimento, devendo eventual subsídio sobre o prêmio concedido pelo poder público ser direcionado proporcionalmente a quem arcar com os custos; o prazo para aviso prévio, no caso de rescisão unilateral e antecipada do contrato de integração, deve levar em consideração o ciclo produtivo da atividade e o montante dos investimentos realizados, devidamente pactuado entre as partes; a instituição de Comissão de Acompanhamento, Desenvolvimento e Conciliação da Integração - CADEC, a quem as partes poderão recorrer para a interpretação de cláusulas contratuais ou outras questões inerentes ao contrato de integração; as sanções para os casos de inadimplemento e rescisão unilateral do contrato de integração. O disposto na legislação, vale dizer, não corresponde com a imposição de cláusulas obrigatórias no mesmo sentido do Estatuto da Terra, orientadas em prever *ex lege* direitos e obrigações para as partes. Nesse sentido, é de se reconhecer que a lei estabelece apenas um esquema contratual mínimo, determinando quais matérias o contrato deve regular, mas o regulamento contratual propriamente dito é legado para a autonomia privada, podendo ser estabelecido pelas Partes, ou melhor, pelo integrador, conforme os interesses econômicos e sociais a serem perseguidos pelo contrato. É por isso que, do ponto de vista da disciplina jurídica, esses contratos, embora nominados, podem ser considerados à luz da teoria dos contratos atípicos. Nesse sentido, BUENO, Francisco de Godoy. *Contratos Agrários agroindustriais:* análise à luz da teoria dos contratos atípicos. São Paulo: Almedina, 2017. p. 165.

[36] Adicionalmente ao DIPC, instrumento pré-contratual, a Lei nº 13.288/16 obriga o integrador a elaborar, a cada ciclo produtivo do produtor integrado, um instrumento pós-contratual, denominado Relatório de Informações da Produção Integrada - RIPI relativo a cada ciclo produtivo

mas também por seus representantes setoriais, reunidos localmente, no âmbito de cada unidade produtiva da agroindústria (CADECs), e nacionalmente, em fóruns de cada cadeia produtiva (FONIAGRO)[37].

No caso de contratos de fornecimento de longo prazo, celebrados frequentemente nos sistemas agroindustriais da cana-de-açúcar, das florestas plantadas e de citrus, não se estabelece propriamente uma relação de integração vertical que justifique a aplicação dos preceitos da Lei nº 13.288/16, mesmo nos casos em que os produtores recebam auxílio das agroindústrias, por meio de financiamento, fornecimento de insumos ou execução de serviços de colheita. Nesse sentido, é fundamental reconhecer que o traço característico dos sistemas integrados é exatamente a governança hierárquica de uma parte pela outra, que define os fatores de produção. Assim, em que pese a manutenção de uma relativa autonomia pela empresa integrada, diante da sua responsabilidade patrimonial e condução do negócio em nome próprio, a organização da sua empresa é determinada pelos pressupostos estabelecidos pela empresa integradora em contrato.

Nos contratos de integração, embora haja transação de bens e serviços entre as partes, por meio do fornecimento de insumos e produtos, o vínculo contratual é eminentemente organizacional, sendo o controle do modo de produção o elemento categorial fundamental para a identificação desses contratos. Diferentemente, nos contratos de fornecimento, embora possam ser reconhecidos elementos organizacionais, de modo a conciliar os interesses entre fornecedor e adquirente, prevalecem as obrigações de ordem comutativa, uma vez que a atividade agrária exercida pelo fornecedor, ainda que facilitada pelo adquirente, não sofre uma coordenação, uma orientação ou um gerenciamento próprio dos sistemas integrados.

---

do produtor integrado, contendo as informações sobre os insumos fornecidos pelo integrador, os indicadores técnicos da produção integrada, as quantidades produzidas, os índices de produtividade, os preços usados nos cálculos dos resultados financeiros e os valores pagos aos produtores integrados relativos ao contrato de integração, dentre outros elementos respectivos à execução do contrato (Lei nº 13.288/16, Art. 7º).

[37] Ao reconhecer a evidente assimetria contratual entre as Partes, a Lei nº 13.288/16 estabelece diferentes mecanismos de reequilíbrio e garantia do produtor integrado, reconhecido como parte contratante mais débil. Nesse sentido, não só foram previstas obrigações procedimentais no sentido de garantir a adesão consciente do produtor integrado ao sistema de integração, mas também estruturas de governança própria, com objetivo de assistir os interesses do produtor integrado, inclusive, no tocante a fiscalização dos termos contratuais e do seu cumprimento pelos integradores.

Diferentemente do que acontece com o produtor de frangos e suínos, que tem o dever de seguir as determinações do sistema integrado, o produtor de cana-de-açúcar, por exemplo, mas também o de florestas plantadas e de *citrus*, possui autonomia para organizar sua atividade agrária. Nesses casos, as agroindústrias não estabelecem contratos visando à fiscalização do cumprimento de diretrizes de produção estabelecidas por um sistema integrado. As obrigações de cunho organizacional estabelecidas entre as partes estão diretamente vinculadas à finalidade própria da compra e venda, especialmente no sentido de garantir o cumprimento adequado do contrato, a fim de preservar o fluxo de fornecimento de matéria prima da agroindústria, de modo a adequar a quantidade e a qualidade de produtos fornecidos ao processamento agroindustrial. Nesse sentido, sem prejuízo de exigir o cumprimento do contrato por meio do cumprimento de quotas diárias ou semanais de entrega de produtos fixadas em planejamento de safra considerando a totalidade dos fornecedores de matéria-prima da agroindústria, de modo a fracionar a obrigação de entrega de produtos agropecuários e garantir o fluxo contínuo de fornecimento compatível com a capacidade de processamento, é comum que as agroindústrias realizem o monitoramento das atividades agrárias de seus fornecedores[38].

Em que pese a diferenciação desses contratos em relação aos contratos de integração, não se pode refutar a agrariedade desses contratos. A operação econômica de fornecimento, com efeito, qualifica-se pela agrariedade

---

[38] Analisando o sistema agroindustrial da cana-de-açúcar, Marcos Fava Neves e Marco Antonio Conejero esclarecem que o padrão dominante de governança dessa transação até recentemente foi o da integração vertical. Nesse caso, não por meio de contratos de integração, mas por meio da produção de cana própria, que atingia 65% das áreas cultivadas pelas usinas. Segundo os autores, essa predominância da verticalização pode ser explicada pela necessidade de fluxo constante no fornecimento de matéria-prima, pela especificidade dos ativos, em função do peso do transporte no custo do produto (especificidade locacional) e perecibilidade da cana-de-açúcar (especificidade temporal), que implica a necessidade de um vínculo de proximidade entre a área agrícola e a industrial. Os autores analisam oito possíveis arranjos para o suprimento de cana-de-açúcar pelas indústrias, desde o modelo de integração plena (produção de cana própria, em terras próprias) até o modelo de mercado, mediante aquisição de cana no mercado "spot". As principais características desses contratos são analisadas em função das práticas recorrentes nesse setor. No caso dos contratos de fornecimento, o autor apresenta diversas possíveis estratégias que uma usina pode adotar para estimular a coordenação contratual, tais como: suporte para o desenvolvimento de tecnologia (insumos, sementes, técnicas de produção, levantamento e controle de custos, etc); atuação conjunta nas atividades de CCT (corte, carregamento e transporte), dentre outros. (NEVES, Marcos Fava; CONEJERO, Marco Antonio. *Estratégias para a cana no Brasil*: um negócio classe mundial. São Paulo: Atlas, 2010. p. 45.)

porque o cumprimento do contrato se mostra dependente do ciclo agrobiológico gerenciado pela empresa dos fornecedores. Nesse sentido, é de salientar que, enquanto nos contratos de integração vertical, a intervenção do empresário agrário no ciclo agrobiológico é determinada pelas diretrizes estabelecidas pelo integrador, nos contratos de fornecimento, a agroindústria possui apenas um interesse mediato, de acompanhamento, inclusive para fins de antecipar-se às modificações que o ciclo biológico pode implicar no contrato.

Nesse sentido, é de se destacar que ainda que o contrato não seja descumprido, mediante a falta de entrega dos bens comprometidos ao fornecimento, a adequada realização do ciclo agrobiológico é essencial à operação econômica subjacente ao contrato. O resultado da safra, a quantidade e a qualidade dos produtos obtidos pela atividade da empresa agrária implicarão diretamente o interesse das partes do contrato. No caso, por exemplo, de a plantação do fornecedor sofrer perda de produtividade, seja por fatores naturais, como a seca, as pragas ou as intempéries, seja por fatores acidentais, como a ocorrência de incêndios e a intervenção inadequada de terceiros ou mesmo por fatores decorrentes do insucesso empresarial agrário, mediante a realização mal sucedida de operações de cultivo, o cumprimento do contrato será afetado, porque os produtos agrícolas estimados para entrega, quando da celebração do contrato ou do planejamento da safra, mostrar-se-ão indisponíveis.

Essa relação entre obrigações das partes, finalidade do contrato e agrariedade deve ser considerada pela disciplina dos contratos de fornecimento. O contrato deve sofrer alterações, de modo a compatibilizar o vínculo obrigacional com o ciclo agrobiológico, respeitando, assim, os preceitos aplicáveis à sua natureza vinculada com a agrariedade. A entrega insuficiente de produtos agrícolas esperados, mas não colhidos, em função da frustração de safra pelo produtor deve ser considerada como uma complicação inerente ao risco da atividade agrária, ao qual ambas as partes estão vinculadas. O prejuízo decorrente da frustração de safra deve, assim, ser reciprocamente suportado pelas partes, que se comprometeram com prestações vinculadas e dependentes do ciclo agrobiológico dos vegetais cultivados ou animais criados.

Do mesmo modo, é de se reconhecer que o tempo de realização das prestações também deverá ser compreendido em razão do ciclo agrobiológico. Nesse sentido, não se pode exigir do produtor-fornecedor que promova a colheita antes do momento certo, nem exigir que este aguarde a colheita indevidamente, sujeitando os frutos de sua atividade ao perecimento por senescência. Reiteramos que o ciclo agrobiológico deve ser considerado também como fator de eficácia desses contratos, de modo a alterar a exigibilidade das prestações, prorrogando ou antecipando prazos para torná-las compatíveis com o fato técnico essencial à atividade agrária.

Ao reconhecer esses contratos como contratos agrários, os contratos de fornecimento passam a ser dignos de uma disciplina especial em virtude da sua importância para o cumprimento da função social da propriedade rural. De fato, ainda que a opção das partes seja pela disciplina da operação econômica por uma modalidade de compra e venda[39], a função econômica do contrato deve ser considerada pelo intérprete para que a agrariedade tome relevância na disciplina contratual. Esses contratos são essenciais, não só para a circulação de mercadorias e fornecimento de matéria-prima, mas também, sob a ótica da empresa agrária, para o cumprimento da função social da propriedade rural.

Essas notas são importantes para definir que, ainda que o adquirente dos produtos agrícolas não exerça diretamente qualquer relação, ou mesmo o direcionamento das atividades de cultivo de vegetais ou criação de animais, os contratos de fornecimento de produtos agropecuários deverão ser considerados sob a ótica da agrariedade, sobretudo quando for contratado não só o fornecimento, mas também obrigações acessórias que correspondam à atividade rural, como é o caso da colheita da produção agrária.

Quando a colheita é feita pelo adquirente dos produtos, ainda que não seja esta a finalidade própria do contrato, os contratos de fornecimento importam também a prestação típica dos contratos de arrendamento e de parceria, ou seja, a transferência da posse e do uso da terra, para que este possa proceder à colheita, encerrando o ciclo agrobiológico.

---

[39] Cf. GOMES, Orlando. *Contratos*. Rio de Janeiro: Forense, 2009, p. 285. Os contratos de fornecimento são uma modalidade dos contratos de compra e venda caracterizada pela repetição ou continuidade. Segundo o autor, o contrato de fornecimento origina obrigações interdependentes para ambas as partes, sendo, por consequência, sinalagmático e oneroso. O preço das mercadorias fornecidas não é devido *ex ante*, mas proporcionalmente a cada prestação cumprida pelo fornecedor. O contrato de fornecimento pode contemplar regras de exclusividade de qualquer uma das partes, comprador ou do fornecedor. Devido à interdependência das obrigações, o inadimplemento de qualquer uma das prestações imporá o descumprimento e a resolução do contrato, pois afeta a certeza dos posteriores cumprimentos.

Embora o objeto desses contratos também envolva a transferência temporária da posse e do uso do imóvel rural para que o cessionário realize atividade de natureza eminentemente agrária (a colheita dos frutos pendentes), não podem esses contratos se confundir com os contratos agrários típicos, de arrendamento e de parceria. De fato, tal como ocorre nos contratos de prestação de serviço retromencionados, a cessão da posse da terra faz-se de modo meramente instrumental, com vistas a possibilitar a realização da colheita dos produtos adquiridos.

É importante observar que, no âmbito do sistema agroindustrial, a colheita de determinados produtos agropecuários deve ser considerada em função da especialização de investimentos em máquinas e mão de obra qualificada, o que representa um incentivo para que os produtores rurais "terceirizem" essa operação para prestadores de serviços especializados ou para as agroindústrias. Essa estratégia de realização da atividade agrária por meio de contratos é também um fator de sucesso da necessária coordenação entre a atividade agropecuária e a atividade agroindustrial, pela necessidade de sincronia entre as atividades de colheita e as atividades de processamento. De fato, a colheita não é só o momento decisivo de conversão do ciclo agrobiológico em bens sujeitos ao comércio, mas também o momento decisivo para que a matéria-prima resultante do ciclo agrobiológico possa ser obtida na forma e no tempo adequados ao seu processamento agroindustrial.

A disciplina contratual desses contratos deve considerar essa particularidade, concedendo ao adquirente, que também é cessionário da posse da terra com o propósito específico de realização da colheita, condições para adequadamente conduzir o ciclo agrobiológico, possibilitando, assim, o adequado e efetivo cumprimento da função social da propriedade e a conclusão do ciclo agrobiológico, não apenas sob o ponto de vista físico, mediante o recolhimento dos frutos, mas também sob o ponto de vista econômico, que deve contemplar o processamento agroindustrial.

Assim, é de se reconhecer, também nesses contratos, a incidência de obrigações próprias da disciplina dos contratos de arrendamento e de parceria, tais como a obrigatoriedade de um prazo compatível com o ciclo agrobiológico, a possibilidade de permanência no imóvel até a ultimação da colheita, a oponibilidade perante terceiros interessados na posse ou no uso do imóvel, independentemente de registro ou publicidade, bem como a obrigatoriedade de preservação dos recursos naturais e a adoção de boas práticas agrícolas. Essas obrigações, vale dizer, devem ser reconhecidas como incorporadas ao regulamento contratual desses contratos independentemente de previsão contratual expressa, no texto contratual, mas como corolário dos preceitos aplicáveis a todos os contratos agrários, conforme disciplina especial do Estatuto da Terra e da Lei nº 4.947/66.

Essa disciplina especial, vale dizer, não se justifica pelo tipo contratual eleito pelas partes, que continua correspondendo àquela própria da compra e venda, mas pela função própria que esses contratos assumem no contexto econômico e social e também no contexto agrário, sendo essencial ao intérprete identificar essa função própria peculiar para adequadamente compreender a disciplina desses contratos.

Por meio da análise de diferentes modalidades contratuais recorrentes no agronegócio moderno, demonstramos a importância de se considerar as cláusulas obrigatórias do Estatuto da Terra sob uma perspectiva funcional. Em primeiro lugar, para afastar a nulidade de cláusulas contratuais que apresentam uma aparente antinomia com os preceitos da legislação quando é possível enquadrar a contratação em uma modalidade contratual típica diferente daquela estabelecida pelas partes sem prejuízo a nenhuma diretriz de ordem pública. O instituto da conversão dos contratos deve ser considerado para que os contratos de arrendamento com pagamento da terra em quantidade fixa de produtos sejam reconhecidos como plenamente válidos, sob a disciplina dos contratos de parceria rural.

De igual modo, é preciso considerar sob a perspectiva funcional e coerente com a função social da propriedade a exigência de que as partes observem prazos mínimos nos contratos agrários de arrendamento ou de parceria. Não se mostra juridicamente adequado submeter as partes a prazos discricionariamente estabelecidos por decreto regulamentador sem previsão expressa em Lei. O prazo mínimo obrigatório aos contratantes de contratos agrários deve ser aquele do ciclo agrobiológico, o que justifica o reconhecimento da legalidade de contratos agrários de prazo curto, inferior a três anos, especialmente quando a contratação visa a rotação de culturas, ou seja, promove o aproveitamento racional e adequado do solo agrícola e a preservação dos recursos naturais disponíveis.

A consideração das cláusulas obrigatórias sob o aspecto funcional não deve refletir apenas na disciplina dos contratos agrários típicos, de arrendamento e de parceria. Essas cláusulas também devem influir o regulamento contratual de contratos agrários não regulados pelo Estatuto da Terra, mas cuja relação do seu objeto e da sua função com a agrariedade implica a necessidade de consideração de regras próprias dos contratos agrários. Assim, os contratos de prestação de serviços de colheita com pagamento em produtos e os contratos de fornecimento de produtos agropecuários em campo, que são, na realidade, contratos atípicos, mas que possuem elementos dos contratos agrários típicos devem também submeter-se à disciplina própria dos contratos agrários.

CONSIDERAÇÕES FINAIS

Como alertou CALVO, as Leis são feitas para os Homens e não estes últimos para a Lei[1]. O italiano ensina que é preciso estar atento para que o direito não caia na armadilha de isolar-se na esfera do neopopulismo, em que o trabalho do jurista, ao invés de aproveitar-se da prática, alimenta-se de fontes de especulação, criando um hiato entre o mundo do direito e a materialidade das coisas, as quais devem constituir o imprescindível ponto de referência do legislador. Devemos estar atentos para que a Lei, que iguala os cidadãos perante o Poder, continue como guia útil para a solução de controvérsias, mas sem perder de vista a realidade.

No caso do Direito Agrário essa ressalva é muito importante por duas razões. De um lado, é preciso revisitar a Lei. Não se pode admitir postulados normativos que interferem na iniciativa privada por meio da imperatividade de Decretos, os quais, por definição, visam à organização do Estado, não dos interesses particulares. De outro lado, é preciso evitar a criação de soluções jurídicas que desconsiderem a Lei em virtude de uma visão de impertinência, seja em razão de preceitos ideológicos, seja em razão de preceitos econômicos.

Desse ponto de vista, é preciso questionar a doutrina e a jurisprudência cristalizada que impõe às partes contratantes deveres contratuais previstos pelo Decreto nº 59.566/66 sem uma preocupação com o seu paralelismo com a Lei e as limitações dessa hierarquia normativa. Do mesmo modo,

---

[1] CALVO, Roberto. *L'autorevole codice civile*: giustizia ed equità nel diritto privatto. Milano: Giuffrè, 2013. p. 6.

também não se pode ceder ao negacionismo pregado por aqueles que, na doutrina e na jurisprudência, limitam a disciplina contratual prevista pelo Estatuto da Terra (Lei nº 4.504/64) às relações entre hipossuficientes, desconsiderando a importância das cláusulas obrigatórias para a preservação, em todas as relações jurídicas agrárias, dos preceitos constitucionais da função social da propriedade.

Evidentemente, não se trata de defender a aplicação literal irrestrita das diretrizes do Estatuto da Terra, mas identificar, na sua importância enquanto disciplina para os contratos agrários, de que modo o direito contratual deve intervir na autonomia privada.

É preciso associar as obrigações legais impostas aos contratantes não só a uma ideia pressuposta das qualidades subjetivas das partes, mas essencialmente à situação objetiva da agrariedade, de modo que o regulamento contratual se ponha a promover resultados práticos convergentes com as diretrizes do ordenamento jurídico.

É preciso considerar o regulamento contratual dos negócios jurídicos celebrados pelas empresas agrárias a partir da dinâmica dessa atividade. Não basta implementar regras cogentes pela sua própria autoridade, mas é preciso conciliar a disciplina e a função dessas regras no âmbito dos contratos agrários e dos fins sociais que movem as partes contratantes e o ordenamento jurídico.

Trata-se de uma tarefa complexa, que não pode se limitar à análise dos pressupostos estabelecidos na doutrina e na jurisprudência clássica, que se mostra com uma visão arcaica das atividades agrárias, diferente da realidade nacional hodierna. A criação de animais e o cultivo de vegetais não se estabelecem mais de modo preponderante como uma atividade de subsistência de lavradores vulneráveis ou ocupação de terras incultas havidas por latifundiários, e a disciplina contratual não deve ser colocada em torno apenas dessa realidade ainda existente, mas restrita a situações marginalmente importantes.

A situação majoritária da agropecuária brasileira dos dias atuais é outra, de uma atividade agrária e empresarial, que realizada em pequena ou em grande escala, orienta-se pelos mercados, não mais para a ocupação de terras. As decisões contratuais não se estabelecem na realidade agrária brasileira em função de relações de poder, mas em virtude de interesses empresariais de alocação de custos e riscos inerentes à atividade realizada e aos ativos transacionados.

Assim, faz-se necessário reposicionar a disciplina dos contratos agrários no Brasil, sem, no entanto, prescindir do Estatuto da Terra, que é, e continua sendo, o guia normativo para a definição dos direitos e obrigações das partes contratantes de contratos agrários.

No presente trabalho demonstramos que é possível conciliar a Lei com essa nova realidade da agropecuária brasileira, por meio de uma leitura moderna da disciplina dos contratos agrários prevista pelo Estatuto da Terra, sem pressupor uma nova disciplina contratual, fruto das especulações dogmáticas ou políticas das pessoas engajadas. Para isso, buscamos, em primeiro lugar, reposicionar a compreensão das cláusulas obrigatórias estabelecidas pelo regime legal, associando-as aos preceitos do direito agrário moderno e à realidade da empresa agrária. Agrupamos as cláusulas obrigatórias em três categorias.

A primeira categoria corresponde às cláusulas pertinentes ao cumprimento da função social do imóvel rural, em suas múltiplas vertentes, conforme explicitado no Capítulo 1.1. Essas cláusulas devem ser consideradas como diretrizes essenciais de todo e qualquer contrato que se estabelece em torno de atividades agrárias, não podendo jamais ser afastadas, quer pelas partes, quer pelo intérprete, pois possuem uma hierarquia constitucional.

A segunda categoria corresponde às cláusulas pertinentes à proteção especial dos lavradores e cultivadores diretos, conforme explicitado no Capítulo 1.2. Essas cláusulas devem ser consideradas à luz de sua função, ou seja, como garantias sociais a uma das partes, supostamente hipossuficiente. Ao reconhecer essa peculiaridade, permite-se relativizar a prevalência dessas disposições no regulamento contratual, possibilitando às partes afastar a sua adoção. Evidentemente, não se trata de relativizar a aplicação da Lei, mas adotar o regime legal nos limites da sua peculiaridade. Essas disposições, assim, poderão ser afastadas por contratantes que não sejam hipossuficientes, bem como no caso de prevalência dos interesses do arrendatário ou parceiro outorgado, conforme a operação econômica realizada pelas partes.

A terceira categoria de cláusulas obrigatórias difere das duas primeiras. Conforme explicitado no Capítulo 1.3, enquanto as primeiras são cláusulas gerais, referentes ao objeto ou às partes dos contratos agrários (a cessão temporária da posse ou do uso do imóvel rural ou do estabelecimento agrário[2] determina a necessidade de incorporação das diretrizes próprias da função social da propriedade; e a hipossuficiência de uma das partes determina a necessidade de proteção especial do lavrador ou cultivador direto), a terceira categoria refere-se ao tipo contratual individualmente considerado, de arrendamento e de parceria, regulando, de modo específico, o preço pago pelo cessionário pela cessão do uso da terra. São cláusulas que representam em mais absoluto grau a intervenção estatal na esfera privada dos contratantes, não apenas ampliando as obrigações das partes contratantes, em função da natureza ou da peculiaridade da relação jurídica, mas restringindo a alocação de custos e de riscos da empresa agrária, promovendo um equilíbrio pressuposto de direitos de propriedade.

Embora incidam com intensidade diferente em cada modalidade de contratação, essas três modalidades de cláusulas obrigatórias devem ser consideradas no regulamento contratual de todo e qualquer contrato agrário e, por conseguinte, definir a estratégia contratual das empresas agrárias. De fato, são obrigações que devem se compatibilizar com a alocação de riscos e de custos, levando em consideração a operação econômica, razão pela qual o melhor critério para a definição do regulamento contratual desses contratos é aquele da doutrina agrarista moderna, que enxerga as relações agrárias à luz do fato técnico, ou seja, da agrariedade.

O critério da agrariedade mostra-se efetivo não apenas na aplicação dos preceitos jurídicos necessários aos contratos agrários, mas também especialmente para o melhor aproveitamento das cláusulas obrigatórias previstas pelo Estatuto da Terra. Assim, deve ser preferido a outros critérios adotados pela doutrina e pela jurisprudência, tais como a hipossuficiência

---

[2] A consideração do estabelecimento como objeto dos contratos agrários, ampliando a visão apenas da cessão do uso da terra, está implícita não só na leitura das cláusulas obrigatórias que evidenciamos no Capítulo 1.1.4, mas também na regra prevista pelo Art. 95, IX do Estatuto da Terra, no sentido de que, nos contratos de arrendamento, há a obrigatoriedade de o arrendatário restituir, ao final do contrato, os animais de cria, de corte ou de trabalho que lhe foram entregues juntamente com o imóvel, em igual número, espécie e valor. Esse dispositivo evidencia que o objeto do contrato não se limita à cessão da posse da terra ou do imóvel rural, mas pode contemplar a cessão de todos os elementos materiais e imateriais necessários à empresa agrária que compõem o estabelecimento, inclusive animais, ferramentas, máquinas e implementos. Nesse caso, deve o arrendatário, ao final do contrato, recompor o patrimônio do cedente ao *status quo ante* quando do encerramento do contrato, respondendo, portanto, pela deterioração e perecimento não só do imóvel rural, mas também dos bens móveis e semoventes que forem cedidos acessoriamente, os quais deverão ser indenizados ou substituídos.

das partes, ou mesmo a natureza e objeto do contrato individualmente considerado.

A concepção atual dos contratos permite compreender os negócios jurídicos além dos seus elementos próprios formais, de modo que se defina o regulamento contratual a partir não apenas da disciplina jurídica, mas também da função econômico-social. Como demonstram os autores que alertaram para ocorrência de negócios indiretos, nem sempre a função corresponde à finalidade típica dos contratos, sendo recorrente que as partes se utilizem de modalidades contratuais conhecidas para novos objetivos contratuais.

Nesses casos, a função deixa de ser um elemento suficiente para a qualificação dos contratos e passa a ser também essencial para a definição da disciplina contratual, especialmente no tocante aos requisitos de validade da contratação. Assim, do mesmo modo que os contratos lícitos podem se tornar ilícitos, se celebrados com fins fraudulentos, é necessário que se reconheça que os contratos celebrados para finalidades que não sejam apenas lícitas, mas também de acordo com os objetivos programáticos do ordenamento jurídico, devem ter uma disciplina compatível com a sua realização, ainda que se situe além dos limites próprios da disciplina dos tipos contratuais.

Essa situação é de especial interesse para a disciplina dos contratos agrários no direito brasileiro. O Estatuto da Terra define a tipologia e a disciplina dos contratos agrários de modo manifestamente defasado e insuficiente para a complexidade das relações contratuais realizadas na agropecuária moderna, inserida no contexto do agronegócio. Nesse sentido, mesmo a reforma do Estatuto da Terra promovida em 2007, pela Lei nº 11.443/07, e o recente reconhecimento dos contratos agroindustriais de integração vertical (Lei nº 13.288/16), não foram suficientes para que pudesse haver uma adequada disciplina dos contratos agrários.

As empresas agrárias e os agentes do agronegócio continuam carentes de uma disciplina contratual que considere as peculiaridades da prática contratual e, por isso, acabam por adotar estratégias de *design* contratual para a realização de operações econômicas por meio de negócios indiretos. Na falta de uma disciplina mais abrangente dos negócios agrários, assume a disciplina contratual dos contratos típicos, de arrendamento, de parceria, de prestação de serviço ou de compra e venda, para atingir finalidades próprias distintas, marcadas pela finalidade agrária diferente daquela pressuposta pelo tipo contratual. Fixam, assim, na *praxis* contratual, modalidades contratuais novas, que se estabelecem nos entremeios da disciplina dos contratos agrários.

Considerando a dinâmica das atividades empresariais agrárias, entendemos que seria inútil e sempre insuficiente redefinir as novas modalidades contratuais a partir de tipos contratuais, com multiplicação das disciplinas legais. Entendemos ser possível encontrar soluções mais adequadas às situações concretas com as quais o agrarista se depara por meio da definição das relações contratuais a partir do conceito de agrariedade. Será em função desta, ou melhor, do fato técnico e dos preceitos jurídicos que visam a preservá-lo que se poderá fixar a disciplina adequada dos contratos agrários.

Defendemos, nesse sentido, que é preciso uma melhor consideração das cláusulas obrigatórias, relacionando estas com a sua função própria e o contrato, no intuito de preservar de forma mais adequada as intenções negociais. Essa abordagem, de função e disciplina, possibilita renovar a importância das cláusulas obrigatórias previstas pelo Estatuto da Terra, abrangendo não só os contratos típicos entre hipossuficientes, mas todo e qualquer contrato de empresa agrária, inclusive novas modalidades contratuais, estabelecidas por meio de negócios indiretos.

O direito agrário deve reconhecer a licitude dessas novas modalidades contratuais em virtude dos seus próprios fundamentos constitucionais, mesmo que sejam arranjos contratuais diferentes do modelo previsto pelo Estatuto da Terra. Nesse sentido, devem prevalecer, sob qualquer preceito de dirigismo contratual, as diretrizes constitucionais de preservação da atividade agrária e de cumprimento da função social do imóvel rural enquanto terra produtiva. A necessidade de preservação da atividade agrária deve implicar a incidência de normas típicas para os contratos de arrendamento e de parceria, mesmo no caso de tipos contratuais que não seriam em princípio regulados pelo Estatuto da Terra.

Analisadas sob seu aspecto funcional, as cláusulas obrigatórias previstas pelo Estatuto da Terra deixam de ser uma simples restrição à autonomia privada, para se estabelecerem como arco de ligação entre os contratos agrários e os objetivos constitucionais de preservação do ciclo agrobiológico e da empresa agrária. Esse novo enfoque sob a disciplina dos contratos agrários prevista do Estatuto da Terra permite afirmar que a edição de um novo diploma não é necessária para que os novos interesses sociais em torno do agronegócio sejam adequadamente disciplinados e juridicamente reconhecidos.

PROPOSTA DE NOVA REGULAMENTAÇÃO DO ESTATUTO DA TERRA

Como procuramos demonstrar ao longo do presente trabalho, a abordagem funcional das cláusulas obrigatórias previstas pelo Estatuto da Terra permite uma renovação do significado e da relevância da disciplina dos contratos agrários no direito brasileiro. Nesse sentido, mostra-se fundamental não só o reconhecimento do conceito de agrariedade, como elemento central do reconhecimento, da interpretação e integração dos contratos agrários, mas também dos requisitos concernentes à função social da propriedade, como fatores de orientação da disciplina contratual.

Para que essas premissas se mostrem compatíveis com o ordenamento jurídico brasileiro é recomendável que sejam expressamente superadas as diretrizes do Decreto nº 59.566, de 14 de novembro de 1966, com a revogação nessa norma que, a despeito de ter hierarquia inferior, definiu diretrizes para a autonomia contratual sem previsão legal. Propomos, assim, que seja o mencionado Decreto revogado e substituído por uma nova regulamentação, limitada aos pressupostos legais, e de cunho meramente interpretativo e informativo, que possa adequar e compatibilizar a disciplina contratual ao novo contexto econômico e social do agronegócio, atualizando conceitos importantes para a disciplina agrária sem prever regras de conduta que possam limitar a autonomia das partes.

O regulamento proposto é dividido em três capítulos: um primeiro, de definições, que visa à adequação do contexto normativo com a dogmática jurídica moderna; um segundo, relativo a cláusulas gerais aplicáveis aos contratos agrários, as quais consolidam o entendimento de aplicação das cláusulas obrigatórias relativas à preservação da empresa agrária a todas as modalidades de contratos agrários; e um terceiro capítulo, que trata especificamente dos contratos de arrendamento e de parceria rural, como modalidades da cessão temporária da terra.

Embora o regulamento tenha uma eficácia limitada na esfera jurídica, subordinada à Lei, entendemos que a substituição do Decreto nº 59.566/66 por uma nova disciplina seja mais efetiva do que a simples revogação da legislação atual. Considerando, nesse sentido, que a simples revogação poderia gerar um vazio normativo insuficiente para que se possa ter uma visão renovada das cláusulas obrigatórias e dos contratos agrários, ampliando a insegurança jurídica no sentido da relativização das cláusulas obrigatórias em função de critérios subjetivos, como a hipossuficiência do arrendatário ou parceiro outorgado.

A edição de uma nova norma regulamentadora, por outro lado, pode ter a eficácia definitiva para ampliar os horizontes da disciplina dos negócios agrários, por meio do reconhecimento de conceitos importantes da dogmática agrarista, que se mostram implícitos ao nosso ordenamento, mas cuja aplicação pelos agentes públicos e privados carecem de melhor reconhecimento.

Encaminhamos, assim, a seguinte proposta de texto:

DECRETO Nº ..., ... DE ... DE 2021.

Dispõe sobre os contratos agrários.

O PRESIDENTE DA REPÚBLICA, no uso das atribuições que lhe confere o art. 84, caput, incisos IV da Constituição Federal, e tendo em vista o disposto nas leis números 4.504, de 30 de novembro de 1964 e 4.947, de 6 de abril de 1966, e legislações posteriores:
DECRETA:

CAPÍTULO I
Princípios e Definições

Art 1º
Para os efeitos deste regulamento, considera-se:
I   Ciclo agrobiológico: processos naturais influenciados, alterados ou modificados por força da alteração humana, para a obtenção de

produtos agropecuários, mediante a criação de animais ou cultivo de vegetais ou assemelhados.

II Atividade agrária: atividade empresarial realizada por pessoa física ou jurídica que explore o ciclo agrobiológico de seres vivos, mediante a criação de animais ou cultivo de vegetais ou assemelhados, inclusive silvicultura e psicultura.

III Atividade agrária conexa: atividade empresarial realizada por pessoa física ou jurídica essencialmente vinculada a uma atividade agrária, por meio do fornecimento ou da aquisição de bens, serviços ou ativos essenciais a qualquer atividade agrária, bem como da transformação, comercialização e a armazenagem de produtos advindos da atividade agrária.

IV Estabelecimento agrário: conjunto de bens, direitos e obrigações necessárias à realização da atividade agrária, incluindo o imóvel rural, as benfeitorias, o ativo biológico, as marcas e as patentes, os direitos de uso de bens móveis e imóveis, etc.

IV Empresa agrária: pessoa física ou jurídica que, sendo titular do estabelecimento agrário exerce atividade agrária profissionalmente, de modo não eventual, mediante o emprego de recursos e trabalho próprio e/ou de terceiros.

VI Cultivador direto e pessoal: agricultor familiar e empreendedor familiar rural que pratica atividades agrárias no meio rural, mediante emprego da sua força de trabalho e a mão-de-obra da própria família, explorando área que não seja superior a 4 (quatro) módulos fiscais, e que tenha metade da renda familiar originada de atividades econômicas do seu estabelecimento ou empreendimento rural, na forma da Lei nº 11.326, de 24 de julho de 2006.

VII Contratos agrários: negócios jurídicos celebrados por pessoas naturais ou jurídicas que têm por objeto a execução do ciclo agrobiológico, por meio de prestações relativas à terra, aos insumos, aos serviços, à tecnologia, à propriedade intelectual ou industrial e quaisquer outros elementos do estabelecimento agrário ou para a comercialização dos produtos produzidos por esses estabelecimentos.

VIII Contratos agrários de arrendamento e de parceria rural: contratos que a lei reconhece para o fim de cessão temporária da posse ou uso temporário da terra, entre o proprietário, quem detenha a posse ou tenha a livre administração de um imóvel rural, e aquele que nela exerça, em benefício próprio, qualquer atividade agrícola, pecuária, agro-industrial, extrativa ou mista, mediante pagamento de renda ou partilha de frutos (art. 92 da Lei nº 4.504 de 30 de novembro de 1964 - Estatuto da Terra - e art. 13 da Lei nº 4.947 de 6 de abril de 1966).

IX Contrato agrários agroindustriais ou contratos de integração: os contratos que estabelecem a relação entre produtores integrados e integradores, que visam a planejar e a realizar a produção e a industrialização ou comercialização de matéria-prima, bens intermediários ou bens de consumo final, com responsabilidades e obrigações recíprocas estabelecidas em contratos de integração, a serem estabelecidos na forma da Lei nº 13.288, de 16 de maio de 2016.

IX Contratos agrários empresariais: contratos regulamentados ou não pelo Código Civil ou pela legislação extravagante que, possuindo relação com o ciclo agrobiológico, servem à realização e à organização da atividade agrária realizada de forma empresarial, tais como: contrato de fornecimento, contratos de prestação de serviços, contratos de *leasing* etc.

Parágrafo Único – São atividades agrárias conexas por extensão o fornecimento de produtos e serviços de turismo rural, incluindo hospedagem e fornecimento de bens que visam a promover a visitação de estabelecimentos agrários e a valorização das atividades neles desenvolvidas; e a prestação de serviços ambientais, que visam à proteção e à preservação dos recursos naturais.

Art. 6º

Os contratos agrários, em todas as suas tipologias, serão regidos pelos preceitos da autonomia privada, ressalvadas as disposições em Lei Especial, devendo sempre observar os seguintes preceitos:

I Garantia do aproveitamento racional e adequado da terra, mediante a preservação do ciclo agrobiológico;

II Utilização adequada dos recursos naturais disponíveis e preservação do meio ambiente;

III Observância das disposições que regulam as relações de trabalho rural;

IV Exploração que favoreça o bem-estar dos proprietários e dos trabalhadores;

V Proibição de renúncia, por parte do arrendatário ou do parceiro não-proprietário, de direitos ou vantagens estabelecidas em leis ou regulamentos;
VI Proteção social e econômica aos arrendatários cultivadores diretos e pessoais.

Parágrafo Único – Os direitos e vantagens estabelecidos pela legislação especial serão interpretados sob a ótica sistemática dos preceitos acima, não prevalecendo caso se mostrem incompatíveis com a função social do contrato, com a função social da propriedade, com a boa-fé ou com o equilíbrio contratual.

Art. 7º

Salvo forma prescrita em Lei Especial, os contratos agrários poderão ser escritos ou verbais. Nos contratos verbais, os interesses das Partes serão considerados conforme os usos e costumes da região, observados os preceitos da Lei e deste Regulamento.

CAPÍTULO II
Das Cláusulas gerais aplicáveis aos contratos agrários

Art. 3º

Os contratos agrários deverão ser celebrados considerando o prazo de cada tipo de atividade agrária, resguardando-se a sua vigência pelo tempo necessário para:
I   O preparo do solo, mediante as medidas técnicas necessárias para a sua conservação, evitando o aparecimento de erosões;
II O plantio de sementes, mudas ou a implantação de espécies, de acordo com a cultura e a tecnologia prevista pelo contrato;
III A realização adequada dos tratos culturais, considerando as recomendações técnicas agronômicas aplicáveis para cada atividade;
IV A realização da colheita integral dos frutos produzidos, inclusive no tocante ao recolhimento de sobras, biqueiras e outros resíduos que não sejam expressamente dispensados pelo titular dos frutos da exploração agrária;

V   O transbordo dos produtos colhidos em campo para armazéns ou locais de embarque adequados ao método de transporte e armazenamento dos produtos, considerando a minimização dos impactos sobre o solo e a preservação da qualidade dos produtos colhidos;
VI O término da parição de vacas prenhes, no caso de contratos envolvendo pecuária de cria para a obtenção de bezerros;
VII A desmama dos bezerros, no caso de contratos envolvendo pecuária de cria para a obtenção de bezerros desmamados;
VIII O término do período de lactação das vacas, no caso de contratos envolvendo pecuária de leite;
IX A terminação dos animais em regime de engorda, no caso de contratos envolvendo pecuária de engorda.

§ 1º O Ministério da Agricultura Pecuária e Abastecimento, ouvida a Embrapa – Empresa Brasileira de Pesquisa Agropecuária, deverá estabelecer, para cada tipo de cultura ou atividade, prazos mínimos para os contratos agrários, considerando o tempo necessário para cada uma das atividades previstas no *caput* por um ciclo produtivo.

§ 2º Os contratos agrários, ainda que celebrados por tempo certo e determinado, terão sempre sua vigência e execução para a preservação do ciclo agrobiológico, devendo os prazos contratuais ser estendidos para a conclusão da etapa do ciclo agrobiológico pretendido pelas partes.

CAPÍTULO III
Dos contratos de Cessão do Uso da Terra

Seção I
Disposições Gerais

Art. 4º

Os contratos de cessão do uso da terra serão celebrados por quem estiver na posse do imóvel rural e dos bens, a qualquer título que lhes dê o direito de exploração e de destinação aos fins contratuais.

Art 12º

Os contratos escritos deverão conter as seguintes indicações:

I   Qualificação dos contratantes, contendo os nomes, os prenomes, o estado civil, a existência de união estável, a profissão, o número de inscrição no Cadastro de Pessoas Físicas ou no Cadastro Nacional da Pessoa Jurídica, o endereço eletrônico, o domicílio e a residência;

II A identificação do imóvel, contendo o seu número de matrícula (se registrado), o número de cadastro no SNCR (Sistema Nacional de Cadastro Rural), administrado pelo INCRA, no CAFIR (Cadastro Fiscal de Imóveis Rurais), administrado pela Receita Federal, e no CAR (Cadastro Ambiental Rural), administrado pelo Serviço Florestal Brasileiro.

IV A identificação da gleba cedida, com área, limites, confrontações e outros elementos descritivos, se houver, bem como a situação da gleba (terra nua ou preparada);

V   O tipo de atividade de exploração e destinação da gleba objeto do contrato;

VI A enumeração das benfeitorias (inclusive edificações e instalações), dos equipamentos especiais, dos veículos, máquinas, implementos e animais de trabalho e, ainda, dos demais bens e ou facilidades com que concorre o arrendador ou o parceiro-outorgante;

VIII O Prazo de duração, a ser determinado em dias, meses e anos, com indicação das safras e ciclos produtivos pretendidos pelas partes;

IX O preço do arrendamento ou condições de partilha dos frutos, produtos ou lucros havidos, com expressa menção dos modos, formas e épocas desse pagamento ou partilha;

X   Demais cláusulas obrigatórias enumeradas neste regulamento ou na legislação especial;

XI Lugar e data da assinatura do contrato;

XII assinatura dos contratantes ou de pessoa a seu rôgo e de 4 (quatro) testemunhas idôneas, se analfabetos ou não puderem assinar.

Art. 13º

Os contratos agrários de que trata este Capítulo deverão estabelecer expressamente a responsabilidade das partes quanto às normas estabelecidas pela Leis nº 6.938, de 31 de agosto de 1981 e 12.651, de 25 de maio de 2012, mediante a alocação de responsabilidades respectivas:

I   A demarcação, a preservação e a recuperação, quando necessárias, das áreas de preservação permanente e de reserva legal;
II A obtenção de licenças, outorgas e alvarás para uso do solo e dos recursos naturais;
III A fiscalização da observância das normas protetivas do meio ambiente por terceiros, inclusive no tocante à caça, à pesca e ao desmatamento ilegal e não autorizado.

Parágrafo Único – A alocação de riscos prevista no contrato deverá ser considerada para fins de imputação da responsabilidade administrativa e pessoal pelas infrações ambientais verificadas no imóvel.

Art. 14º
Caberá aos cessionários, na qualidade de arrendatários ou parceiros outorgados, responsabilizar-se pela observância de práticas agrícolas adequadas.

Art. 15º
Os contratos agrários, qualquer que seja o seu valor e sua forma, poderão ser provados por testemunhas (artigo 92, § 8º, do Estatuto da Terra), ficando dispensado o seu registro para o reconhecimento dos seus efeitos perante os órgãos da administração.

Art. 16º
Presumem-se contratados pelo prazo de 3 (três) anos os contratos celebrados por tempo indeterminado.
§ 1º Os contratos celebrados serão sempre considerados como sendo celebrados por prazo indeterminado, com vigência pelo prazo de 3 (três) anos, salvo prova em contrário.
§ 2º Os prazos dos contratos agrários terminarão sempre depois de ultimada a colheita, inclusive a de plantas forrageiras cultiváveis, após a parição dos rebanhos ou depois da safra de animais de abate. Em caso de retardamento da colheita por motivo de força maior esses prazos ficarão automaticamente prorrogados até o final da colheita (art. 95, I, do Estatuto da Terra).
§ 3º Os cessionários que, no curso do contrato, pretenderem iniciar nova cultura cujos frutos não possam ser colhidos antes de terminado o prazo contratual, deverão ajustar, previamente, com o cedente, a forma de pagamento do uso da terra por esse prazo excedente (art. 95, III do Estatuto da Terra.).

Seção II
Dos Contratos de Arrendamento Rural

Art. 17º

O arrendamento rural é o contrato agrário pelo qual uma pessoa se obriga a ceder a outra, por tempo determinado ou não, o uso e gozo de imóvel rural, parte ou partes do mesmo imóvel, incluindo, ou não, outros bens, benfeitorias e ou facilidades, com o objetivo de nele ser exercida atividade de exploração agrícola, pecuária, agroindustrial, extrativa ou mista, mediante certa retribuição ou aluguel em dinheiro.

§ 1º Subarrendamento é o contrato pelo qual o Arrendatário transfere a outrem, no todo ou em parte, os direitos e obrigações do seu contrato de arrendamento.

2º Chama-se Arrendador o que cede o imóvel rural ou o aluga; e Arrendatário a pessoa ou conjunto familiar, representado pelo seu chefe que o recebe ou toma por aluguel.

§ 3º O Arrendatário outorgante de subarrendamento será, para todos os efeitos, classificado como arrendador.

Art. 18º

Para fins de definição do limite da renda anual a ser observada nos contratos de arrendamento, as partes deverão considerar o valor declarado para o imóvel e suas benfeitorias constante do Documento de Informação e Apuração do ITR – DIAT, declarado anualmente, nos termos da Lei nº 9.393, de 19 de dezembro de 1996.

§ 1º Poderão os contratos ser anualmente corrigidos a partir da data da assinatura, pelos índices oficiais de correção monetária, desde que observado o limite mencionado no *caput*.

Art. 19º

O preço do arrendamento só pode ser ajustado em quantia fixa de dinheiro, mas o seu pagamento pode ser ajustado que se faça em dinheiro ou em quantidade de frutos cujo preço corrente no mercado local, nunca inferior ao preço mínimo oficial, equivalha ao do aluguel, à época da liquidação.

Parágrafo Único – Os contratos de arrendamento em que for ajustado o pagamento da remuneração do arrendador em quantidade fixa de produtos será considerado como contrato de parceria, na forma do Art. 20, § 4º deste Regulamento.

Seção III
Dos Contratos de Parceria Rural

Art. 20º

Parceria rural é o contrato agrário pelo qual uma pessoa se obriga a ceder à outra, por tempo determinado ou não, o uso específico de imóvel rural, de parte ou partes dele, incluindo, ou não, benfeitorias, outros bens e/ou facilidades, com o objetivo de nele ser exercida atividade de exploração agrícola, pecuária, agroindustrial, extrativa vegetal ou mista; e/ou lhe entrega animais para cria, recria, invernagem, engorda ou extração de matérias-primas de origem animal, mediante partilha, isolada ou cumulativamente, dos seguintes riscos:

I   Caso fortuito e de força maior do empreendimento rural;
II   Dos frutos, produtos ou lucros havidos nas proporções que estipularem, observados os limites percentuais estabelecidos na legislação agrária;
III   Variações de preço dos frutos obtidos na exploração do empreendimento rural.

§ 1º No caso do inciso I, as partes poderão segurar os riscos decorrentes do caso fortuito e de força maior do empreendimento rural, não descaracterizando o contrato de parceria a partilha da indenização paga pelo segurador.

§ 2º No caso do inciso II, as partes poderão estabelecer a prefixação, em quantidade ou volume, do montante da participação do proprietário, desde que, ao fim do contrato, seja realizado o ajustamento do percentual pertencente ao proprietário, de acordo com a produção.

§ 3º Eventual adiantamento do montante prefixado não descaracteriza o contrato de parceria.

§ 4º No caso do inciso III, as partes deverão estabelecer que a contrapartida do parceiro outorgado seja paga em produtos, não descaraterizando o contrato de parceria o pagamento no valor equivalente em dinheiro, de acordo com as cotações públicas dos produtos agrícolas objeto do contrato.

§ 5º Os contratos que prevejam o pagamento do trabalhador, parte em dinheiro e parte em percentual na lavoura cultivada ou em gado tratado, são considerados simples locação de serviço, regulada pela legislação trabalhista, sempre que a direção dos trabalhos seja de inteira e exclusiva responsabilidade do proprietário, locatário do serviço a quem cabe todo o risco, assegurando-se ao locador, pelo menos, a percepção do salário mínimo no cômputo das 2 (duas) parcelas.

§ 5º O disposto neste artigo não se aplica aos contratos de parceria agroindustrial, de aves e suínos, regulados pela Lei nº 13.288, de 16 de maio de 2016.

Art 21º

Dá-se a parceria:

I   Agrícola, quando o objeto da cessão for o uso de imóvel rural, de parte ou partes do mesmo imóvel, com o objetivo de nele ser exercida a atividade de produção vegetal;

II   Pecuária, quando o objetivo da cessão forem animais para cria, recria, invernagem ou engorda;

III   Agroindustrial, quando o objeto da sessão for o uso do imóvel rural, de parte ou partes do mesmo imóvel, ou maquinaria e implementos, com o objetivo de ser exercida atividade de transformação de produto agrícola, pecuário ou florestal;

IV   Extrativa, quando o objeto da cessão for o uso de imóvel rural, de parte ou partes do mesmo imóvel, e ou animais de qualquer espécie, com o objetivo de ser exercida atividade extrativa de produto agrícola, animal ou florestal;

V   Mista, quando o objeto da cessão abranger mais de uma das modalidades de parceria definidas nos incisos anteriores.

Art 22º

Ocorrendo entre as mesmas partes e num mesmo imóvel rural avenças de arrendamento e de parceria, serão celebrados contratos distintos, cada qual regendo-se pelas normas específicas estabelecidas no Estatuto da Terra, na Lei nº 4.947/66 e neste Regulamento.

§ 1º Ocorrendo a contratação de contratos de arrendamento que disponham a partilha dos riscos mencionados no Art. 20, isolada ou cumulativamente, o contrato deverá ser considerado como se de parceria fosse, com conversão das cláusulas de arrendamento à disciplina dos contratos de parceria agrícola.

§ 2º Ocorrendo a contratação de contratos de parceria que não disponham da partilha de riscos mencionados no Art. 20, isolada ou cumulativamente, o contrato deverá ser considerado como se de arrendamento fosse, com conversão das cláusulas de parceria à disciplina dos contratos de arrendamento.

§ 3º Reger-se-ão pelas normas do presente Regulamento os direitos e obrigações dos atuais meeiros, terceiros quartistas, parcentistas ou de qualquer outro tipo de parceiro-outorgado, cujo contrato estipule, no todo ou em parte, os riscos mencionados no Art. 23, incluindo, mas não se limitando à partilha em frutos, em produtos ou no seu equivalente em dinheiro, de modo cumulativo ou isolado.

§ 4º Quando o uso ou posse temporária da terra for exercida por qualquer outra modalidade contratual, diversa dos contratos de Arrendamento e Parceria, serão observadas pelo proprietário do imóvel as mesmas regras aplicáveis a arrendatários e parceiros.

Seção IV
Dos Registros Cadastrais

Art 23º

Caberá ao Ministério da Agricultura Pecuária e Abastecimento – MAPA estabelecer, por meio de portaria, as normas para a implantação e atualização do registro cadastral dos contratos de uso temporário da terra.

§ 1º O cadastro dos contratos de arrendamento e de parceria será facultativo para a eficácia do contrato entre as Partes, mas obrigatório para eficácia do contrato perante as autoridades públicas federais.

§ 2º As áreas objeto de contratos de arrendamento e de parceria registrados no Ministério da Agricultura, Pecuária e Abastecimento – MAPA serão consideradas com grau de eficiência na exploração igual a 100%, independentemente da quantidade colhida, da lotação de animais e dos demais índices de produtividade mencionados na Lei nº 8.629, de 25 de fevereiro de 1993.

§ 3º Caberá ao Ministério da Agricultura, Pecuária e Abastecimento – MAPA fiscalizar o cumprimento da função social da propriedade pelos arrendatários e parceiros outorgados, ficando vedado o acesso a programas de incentivo aos produtores que não atingirem os índices de produtividade exigidos pela legislação agrária, autorizada a celebração de convênios com Prefeituras Municipais, Federações de Agricultura, Sindicatos e Federações de Trabalhadores na Agricultura.

§ 4º No caso de descumprimento da função social da propriedade por arrendatários e parceiros outorgados, o Ministério da Agricultura, Pecuária e Abastecimento – MAPA deverá intimar os interessados da desconformidade, para que apresentem projeto técnico, nos termos do Art. 7º da Lei nº 8.629, de 25 de fevereiro de 1993.

§ 5º O projeto técnico devidamente aprovado deverá constar de termo de compromisso a ser firmado pelo arrendatário ou parceiro outorgado, com ciência do proprietário do imóvel, com medidas de saneamento e incremento de produtividade a serem implementadas no prazo de até 3 (três) anos.

§ 6º A execução do projeto técnico prevista no § 4º deverá ser iniciada após a homologação e assinatura do Termo de Compromisso.

Art. 24º

Fica revogado o Decreto nº 59.566, de 14 de novembro de 1966.

Art. 25º

Este Decreto entrará em vigor na data de sua publicação, revogadas as disposições em contrário.

REFERÊNCIAS

Bibliografia

ALABRESE, Mariagrazia. *Riflessioni sul tema del rischio nel diritto agrario*. Pisa: ETS, 2009.

ALESSI, Rosalba; PISCIOTTA, Giuseppina. *Il contratti agrari*. 2. ed. Milano: Giuffrè, 2015.

――――. *L'impresa agrícola*. 2. ed. Milano: Giuffrè, 2010.

ALLEN, Douglas W.; LUECK, Dean. *The nature of the firm*: contracts, risk and organization in Agriculture. London: MIT Press, 2003.

ALMEIDA, A. P. L.; BUENO, F. G.; MILITELLO, D.; NUNES, J. R. Resilição unilateral e investimentos: análise da aplicação do parágrafo único do art. 473 do Código Civil pela jurisprudência empresarial. In: FORGIONI, Paula Andrea et al. (orgs.). *Fundamentos Econômicos do Direito de Empresa*. Curitiba: Juruá, 2019.

ALPA, Guido. *Il contrato in generale*: fonti, teorie, metodi. Milano: Giuffrè, 2014.

ALVES, Eliseu Roberto de Andrade; CONTINI, Elisio; GASQUES, José Garcia. Evolução da produção e produtividade da agricultura brasileira. In: ALBUQUERQUE, A. C. S.; SILVA, A. G. da (orgs.). *Agricultura tropical*: quatro décadas de inovações tecnológicas, institucionais e políticas. Brasília, DF: Embrapa Informação Tecnológica, 2008. v.1, p. 67. Disponível em https://ainfo.cnptia.embrapa.br/digital/bitstream/item/153552/1/Evolucao-da-producao.pdf. Acesso em 20 fev. 2021.

ANDRADE, Darcy Bessone de Oliveira. *Do contrato*. Rio de Janeiro: Forense, 1960.

ASCARELLI, Tullio. *O negocio juridico indirecto*. Lisboa: Jornal do Foro, 1965.

AZEVEDO, Antonio Junqueira de. *Negócio Jurídico*: existência, validade e eficácia. 4. ed. São Paulo: Saraiva, 2002.

――――. *Estudos e pareceres de Direito Privado*. São Paulo: Saraiva, 2004.

BANCO CENTRAL DO BRASIL. *Manual de Crédito Rural*. Disponível em https://www3.bcb.gov.br/mcr. Acesso em 20 fev. 2021.

BANDEIRA, Paula Greco. O contrato como instrumento de gestão de riscos e o princípio do equilíbrio contratual. *Revista de Direito Privado*. Vol. 17, n. 65. p. 195-208. jan-mar, 2016.

BARENTS, Rene. *The agricultural law of the EC*: an inquiry into the administrative law of the European Community in the field of agriculture. Zuidpoolsingel, Netherlands: Kluwer Law International, 1994.

BARRETO FILHO, Oscar. *Teoria do Estabelecimento Comercial*: Fundo de comércio ou Fazenda Mercantil. São Paulo: Max Limonad, 1969.

BARROSO, Luís Roberto. Disposições constitucionais transitórias (natureza, eficácia e espécies), delegações legislativas (validade e extensão) poder regulamentar (conteúdo e limites). *Revista de Direito Público*. v. 24. n. 96. p. 69-80. São Paulo, out./nov. 1990.

BELLEMARE, Marc F. Sharecropping. In: DARITY JR., W. A. (editor). *International Encyclopedia of the Social Sciences*. 2. ed. 9 v. Vol. 7 RABIN, Yitzhak-SOCIOLOGY, Micro. McMillan Reference USA, 2008. p. 490-492. Disponível em: http://elibrary.bsu.az/books_163/N_117.pdf. Acesso em 20 dez. 2020.

BOLIVAR, Analluza Bravo. A teoria do "design" contratual: sua aplicabilidade face às regras de interpretação do contrato no Brasil. *Revista de Direito Empresarial*. São Paulo. v. 4. n. 18. p. 123-49. set. 2016.

BOURGES, Leticia. Evolucion del derecho de la agricultura: las fases historicas y a redefinición del derecho de la agricultura frente a los nuevos desfíos del siglo XXI. In: ESPADA, Esther Muñiz; LLOMBART, Pablo Amat (orgs.). *Tratado de derecho agrario*. Madrid: Wolthers Kluer, 2017.

BOUSCANT, Rémy. *Le contrôle des entreprises en position dominante dans la République Fédérale d'Allemagne*. Bruxelles: Bruylant, 1991.

BRASIL. Ministério da Agricultura, Pecuária e Abastecimento. Sustentabilidade. Plano ABC. Disponível em https://www.gov.br/agricultura/pt-br/assuntos/sustentabilidade/plano-abc/plano-abc-agricultura-de-baixa-emissao-de-carbono. Acesso em 20 dez. 2020.

BUENO, Francisco de Godoy. Propriedade e empresa rural: separação das funções a partir dos contratos de arrendamento e de parceria. *Revista Forense*, vol. 404, julho/agosto 2009.

——————. A extrafiscalidade e progressividade do Imposto Territorial Rural: progressividade e produtividade In: ANAN JR., Pedro; PEIXOTO, Marcelo Magalhães (coords.). *Imposto sobre a Propriedade Territorial Rural*: à luz da jurisprudência do Conselho Administrativo de Recursos Fiscais. São Paulo: MP, 2015.

———. *Contratos Agrários Agroindustriais*: análise à luz da teoria dos contratos atípicos. São Paulo: Almedina, 2017.

BUENO, Francisco de Godoy; CABRAL, Ana Lúcia Tinoco. A função social do imóvel rural na Constituição da República Federativa do Brasil de 1988. In: _____ (orgs.). *Direito e Linguagem*: a constituição de 1988. Londrina: Toth, 2019.

BURANELLO, Renato. A autonomia do direito do agronegócio. *Revista de Direito Mercantil, Industrial, Econômico e Financeiro*. São Paulo, v. 46, n. 145, p. 185-93.

CALLE, Esther Gómez. *Desequilíbrio contractual y tutela del contratante débil*. Pamplona: Aranzadi, 2018.

CALVO, Roberto. *L'autorevole codice civile*: giustizia ed equità nel diritto privatto. Milano: Giuffrè, 2013.

CÂMARA DOS DEPUTADOS. Comissão de Agricultura, Pecuária e Abastecimento. Projeto de Lei nº 5191/2005. Disponível em https://www.camara.leg.br/proposicoesWeb/prop_mostrarintegra?codteor=348669&filename=Tramitacao-PL+5191/2005. Acesso em 22 ago. 2020.

CARRARA, Giovanni. *I contratti Agrari*. 3. ed. Torino: UTET, 1954.

CARROZZA, Antonio; ZELEDÓN, Ricardo Zeledón. *Teoría general e institutos de derecho agrario*. Buenos Aires: Astrea, 1990.

COASE, Ronald. The Nature of the firm. In: _____. *The firm, the market and the law*. Chicago: The University of Chicago Press, 1990.

CRUZ, Marcos Roberto de Oliveira; MAGALHÃES, Marcelo Marques. Rotação de culturas e efeito sobre os custos na reforma de canavial na região da alta paulista. *Fórum Ambiental da Alta Paulista* (periódico eletrônico), vol. 9, n. 7, 2013. ISSN 1980-0827. Disponível em http://amigosdanatureza.org.br/publicacoes/index.php/forum_ambiental/article/viewFile/549/574. Acesso em 15 dez. 2020.

DANTAS, San Tiago. Evolução contemporânea do direito contratual. In: _____. *Problemas de direito positivo*: estudos e pareceres. Rio de Janeiro: Forense, 1953.

DE GIOVANNI, Biagio. *Fatto e Valutazione nella teoria del negozio giuridico*. Napoli: Jovene, 1958.

DE MATTIA, Fabio Maria. A modernidade dos contratos agrários. *Revista da Faculdade de Direito da Universidade de São Paulo*. São Paulo. v. 99. p. 87-132. 2004.

DEL NERO, João Alberto Schützer. *Conversão substancial do Negócio Jurídico*. Rio de Janeiro: Renovar, 2001.

DI CIOMMO, Francesco. *Efficienza allocativa e teoria giuridica del contratto*: Contributto allo studio dell'autonomia privata. Torino: Giappichelli, 2012.

EMBRAPA. Embrapa Hortaliças. A Cultura da Batata. Como plantar batata. Cultivares. Disponível em https://www.embrapa.br/hortalicas/batata/cultivares. Acesso em 02 jun.2020.

————. Embrapa Hortaliças. A Cultura do Tomate. Como plantar tomate de mesa. Cultivares. Disponível em https://www.embrapa.br/hortalicas/tomate-de-mesa/cultivares2. Acesso em 02 jun. 2020.

————. Embrapa Hortaliças. Como plantar alho. Cultivares e épocas de plantio. Disponível em https://www.embrapa.br/hortalicas/alho/cultivares. Acesso em 02 jun. 2020.

————. Embrapa Solos. Formação do Solo. Disponível em https://www.embrapa.br/solos/sibcs/formacao-do-solo. Acesso em 22 ago. 2020.

————. *Sistemas de Produção* 11. Tecnologias de Produção de Soja – Região Central do Brasil 2007. Londrina: Embrapa, 2006. Disponível em https://www.agencia.cnptia.embrapa.br/Repositorio/tpsoja_2007_000g0v67mto02wx5ok00gmbp4qhts2gj.pdf. Acesso em 02 jun. 2020.

FEDERICO, Giovanni. The 'real' puzzle of sharecropping: why is it disappearing? *Continuity and Change*, vol. 21, issue 2, p. 261-285, ago. 2006. doi:10.1017/S0268416006005947. Disponível em https://www.cambridge.org/core/journals/continuity-and-change/article/real-puzzle-of-sharecropping-why-is-it-disappearing/3B5F2E85CD0DFB22ADDC40BB2B64F45F. Acesso em 09 abr. 2021.

FERRAZ JUNIOR, Tércio Sampaio. *Simulação e negócio jurídico indireto, no direito tributário e à luz do novo Código Civil. Revista Fórum de Direito Tributário*. Belo Horizonte. v.8. n.48. p.9-25. nov./dez. 2010.

FORGIONI, Paula A. *Contratos empresariais*: teoria geral e aplicação. 5. ed. São Paulo: Thomson Reuters Brasil, 2020.

FUKUNAGA, Keita; HUFFMAN, Wallace E. The Role of Risk and Transaction Costs in Contract Design: Evidence from Farmland Lease Contracts in U.S. Agriculture. *American Journal of Agricultural Economics*, vol. 91, n. 1, p. 237––249, 2009. Disponível em https://dx.doi.org/10.1111/j.1467-8276.2008.01164.x. Acesso em 09 abr. 2021.

GARCIA, Augusto Ribeiro. Os contratos agrários nominados e inominados sob a ótica contemporânea e pragmática. In: GRECHI, Frederico Price; ALMEIDA, Maria Cecília Ladeira de (orgs.). *Direito Agrário*: homenagem a Octávio Mello Alvarenga. Rio de Janeiro: LMJ Mundo Jurídico, 2016.

GASQUES, José Garcia et al. Tendências do agronegócio brasileiro para 2017--2030. In: RODRIGUES, Roberto (org.). *Agro é paz*: análises e propostas para o Brasil alimentar o mundo. Piracicaba: ESALQ, 2018.

GERBASI, Thiago Soares. *Contratos de parceria rural*: qualificação, regime jurídico e questões polêmicas. Dissertação de Mestrado. Orientador: Fernando Campos Scaff. São Paulo: Universidade de São Paulo, Faculdade de Direito, 2016.

GERMANÒ, Alberto. *Manuale di diritto agrario comunitario*. 3. ed. Torino: G. Giappichelli Editore, 2014.

GRASSI NETO, Roberto. *Contratos Agrários*. 2. ed. Santo André: Esetec, 2007.

GRASSI NETO, Roberto. O "direito de preferência" nos contratos agrários. *Revista de Direito Civil, Imobiliário, Agrário e Empresarial*. São Paulo. v. 18. n. 68. p. 108-23. abr./jun. 1994.

GRASSI NETO, Roberto. O futuro dos contratos agrários: rumo à empresa agrária, à unificação típica e à uniformização legislativa. *Revista da Escola Paulista da Magistratura*. São Paulo. vol. 7. n. 1. p. 69-83. jan./jun. 2005.

HEINEMANN FILHO, André Nicolau. A atuação do juiz na interpretação e integração dos contratos. *Revista de Direito Privado*, vol. 37, p. 9-26, jan-mar. 2009. *Doutrinas Essenciais*: Obrigações e Contratos. vol. 2, p. 45-62, jun. 2011 DTR\2009\104.

HIRONAKA, Giselda Maria Fernandes Novaes. A função social do contrato. *Revista de Direito Civil, Imobiliário, Agrário e Empresarial*. São Paulo. v. 12. n. 45. p. 1412-52. jul./set. 1988.

————. Arrendamento rural na jurisprudência do STJ. *Revista do Advogado*. Ano XXXIX, nº 141, p. 115-120, abril 2019.

IBF Instituto Brasileiro de Florestas. Mogno Africano. Disponível em https://www.ibflorestas.org.br/conteudo/mogno-africano. Acesso em 04 ago. 2020.

IBGE Instituto Brasileiro de Geografia e Estatística. *Pesquisas Agropecuárias*. 3. ed. Série Relatórios Metodológicos, vol. 6. Rio de Janeiro: IBGE, 2018. Disponível em https://biblioteca.ibge.gov.br/visualizacao/livros/liv101552.pdf. Acesso em 04 ago. 2020.

————. Levantamento Sistemático da Produção Agrícola LSPA. Séries históricas. Dezembro de 2020. Disponível em https://www.ibge.gov.br/estatisticas/economicas/agricultura-e-pecuaria/9201-levantamento-sistematico-da--producao-agricola.html?=&t=series-historicas. Acesso em 09 abr. 2021.

JANK, Marcos S. et al. Competitividade internacional do agronegócio brasileiro, visão estratégica e políticas públicas. In: RODRIGUES, Roberto (org.).

Agro é paz: análises e propostas para o Brasil alimentar o mundo. Piracicaba: ESALQ, 2018.

KRAUS, Jody; SCOTT, Robert. Contract Design and the structure of Contractual Intent. *New York University Law Review*, vol. 84, p. 1023-110, 2009.

LOUBET, Leonardo Furtado. O novo RIR e seus reflexos no IRPF da atividade rural. In: DONIAK JR., Jimir (coord.). *Novo RIR*: Aspectos jurídicos relevantes do Regulamento do Imposto de Renda 2018. São Paulo: Quartier Latin, 2019.

MAIOLINO, Isabela; TIMM, Luciano Benetti. Contribuições da análise econômica do direito para a Lei da Liberdade Econômica – instituições e custos de transação. In: SALOMÃO, Luis Felipe; CUEVA, Ricardo Villas Boas; FRAZÃO, Ana (coords.). *Lei da Liberdade Econômica e seus impactos no Direito Brasileiro*. São Paulo: RT, 2020.

MANERO, Juan Ruiz; RODRÍGUEZ, Manuel Atienza. *Para Una Teoría General De Los Ilícitos Atípicos. Jueces Para La Democracia*, no. 39 (2000): 43-49. Disponível em https://dialnet.unirioja.es/servlet/articulo?codigo=174836. Acesso em 31/03/2019.

MANO FILHO, Ben-Hur Carvalho Cabrera. *Tributação da atividade rural*. São Paulo: Almedina, 2019.

MARCIAL, Alberto Ballarín. *Estudios de Derecho Agrario e Politica Agraria*. Zaragoza: Madrid, 1975.

MASCARENHAS, Hipólito A.A.; TANAKA, Roberto T. Soja e adubos verdes, uma boa opção na renovação do canavial. *O AGRONÔMICO* (Instituto Agronômico) Campinas, SP. 1941-1; 1949-2000 1-52. p. 19. Disponível em: http://www.iac.sp.gov.br/publicacoes/arquivos/oagronomico_volume_52_numero_1.pdf. Acesso em 15 dez. 2020.

MENEZES CORDEIRO, Antonio Barreto. *Da simulação no direito civil*. Rio de Janeiro: Almedina, 2014.

MESSINEO, Francesco. *Il Contrato in genere*. T. I. Milano: Giuffrè, 1973.

MIRANDA, Custodio da Piedade Ubaldino. Negócio jurídico indireto e negócios fiduciários. Revista de Direito Civil, Imobiliário, Agrário e Empresarial. São Paulo. v.8. n.29. p.81-94. jul./set. 1984.

NAPPI, Pasquale. *Tutela giurisdizionale e contratti agrari*. Milano: Giuffrè, 1994.

NERY JR., Nelson. Limites do poder regulamentar do presidente da república. In: _____ (org.). *Soluções Práticas de Direito*. Vol. 1/2014. p. 109-155. São Paulo: Revista dos Tribunais, set. 2014.

NEVES, Marcos Fava; CONEJERO, Marco Antonio. *Estratégias para a cana no Brasil*: um negócio classe mundial. São Paulo: Atlas, 2010.

NUNES, Thiago Marinho. Arbitragem Como Método Adequado de Resolução de Conflitos nos Contratos Agroindustriais. *Revista Brasileira de Arbitragem.* Volume XVI. n. 62. 2019.

OPITZ, Oswaldo; OPITZ, Silvia C. B. *Contratos Agrários no Estatuto da Terra.* 2. ed. São Paulo: Borsoi, 1971.

OPITZ, Silvia C. B.; OPITZ, Oswaldo. *Curso Completo de Direito Agrário.* 6. ed. São Paulo: Saraiva, 2012.

PENTEADO, Joel (org.); PICHELLI, Katia; SOARES, Simone (ed.). Embrapa. Transferência de Tecnologia Florestal. Eucalipto. Perguntas e Respostas. Disponível em https://www.embrapa.br/florestas/transferencia-de-tecnologia/eucalipto/perguntas-e-respostas. Acesso em 04 ago. 2020.

PERES, Tatiana Pires Bonattti. *Direito Agrário:* direito de preferência legal. São Paulo: Almedina, 2016.

PINHO, João Ricardo Dias de; CARVALHO, Paulo de Barros. *Negócio Jurídico no Direito Tributário Ensaio Sobre Uma Teoria Da Simulação.* São Paulo: Noeses, 2018.

PONTES DE MIRANDA, Francisco Cavalcanti. *Tratado de Direito Privado.* T. 45. 3. ed. Rio de Janeiro: Borsoi, 1972.

POSNER, Richard. *Economic Analysis of law.* 6. ed. New York: Aspen, 2003.

QUERUBINI, Albenir. Os ciclos do agrarismo e o Direito Agrário brasileiro. In: PUTTINI MENDES, Pedro et al. *Agronegócio:* Direito e a interdisciplinaridade do setor. Campo Grande: Contemplar, 2018.

QUERUBINI, Albenir; FERNANDES, Maurício (coords.). *Direito Agrário.com.* Projeto Direito Agrário Levado a Sério. Disponível em https://direitoagrario.com/projeto-direito-agrario-levado-a-serio. Acesso em 09 abr. 2021.

REBOUÇAS, Rodrigo Fernandes. *Autonomia privada e a análise econômica do contrato.* São Paulo: Almedina, 2017.

RIZZARDO, Arnaldo. *Curso de Direito Agrário.* Edição 2014, versão on-line. Disponível em https://proview.thomsonreuters.com/launchapp/title/rt/monografias/94425579/v2/document/99580672/anchor/a-99580672. Acesso em 07 jun. 2020. [s.p.]

RODRÍGUEZ, Manuel Atienza; MANERO, Juan Luiz. Para Una Teoría General De Los Ilícitos Atípicos. *Jueces para la democracia,* n. 39, p. 43-49, 2000. Disponível em https://dialnet.unirioja.es/servlet/articulo?codigo=174836. Acesso em 31 mar. 2019.

ROPPO, Vicenzo. *Il contrato del duemila.* 3. ed. Torino: G. Giappichelle Editore, 2011.

―――. *Il Contrato.* 2. ed. Milano: Giuffrè, 2011.

ROSS, Alf. *Direito e Justiça*. Bauru: Edipro, 2000.

RUBINO, Domenico. *El Negocio Jurídico Indirecto*. ARIAS, L. Rodríguez (tradutor). Santiago: Olejnik, 2018.

SALGADO, Bernardo. A frustração do fim do contrato no direito brasileiro. *Revista de Direito Civil Contemporâneo*. vol. 23/200. p. 173-197. abr-jun, 2020.

SANCHEZ, Fernando M. Aragon; RESTUCCIA, Diego; e RUD, Juan Pablo. Are Small Farms Really More Productive Than Large Farms?. *NBER working paper No. 26331*. September 2019. Disponível em https://www.nber.org/papers/w26331; acesso em 09 out. 2019.

SCAFF, Fernando Campos. A empresa e o direito agrário. *Revista de Direito Civil, Imobiliário, Agrário e Empresarial*. São Paulo, v. 15, n. 57, p. 60, jul./set. 1991.

―――. A função social dos imóveis agrários. *Revista dos Tribunais*, vol. 94. n. 840. p. 107-13. out. 2005.

―――. *Origens, evolução e biotecnologia*. São Paulo: Atlas, 2012.

―――. *Direito à saúde no âmbito privado*: contratos de adesão, planos de saúde, seguro-saúde. São Paulo: Saraiva, 2010.

SCALISI, Vincenzo. *Il Contratto in Trasformazione*: invaliditá e inneficacia nella transizione al diritto europeo. Milano: Giuffrè, 2011.

SCHREIBER, Anderson. Da imprevisão ao equilíbrio contratual. In: MENEZES, Joyciane Bezerra de; TEPEDINO, Gustavo (coords.) *Autonomia privada, liberdade existencial e direitos fundamentais*. Belo Horizonte: Fórum, 2019.

SENADO FEDERAL. Gabinete do Senador Osmar Dias. Parecer ao PLC nº 46/2006. Disponível em https://legis.senado.leg.br/sdleg-getter/documento?dm=4754800&ts=1594018470044&disposition=inline. Acesso em 22 ago. 2020.

SERRANO, Augustíns Luna. La actividad agraria. In: ESPADA, Esther Muñiz; LLOMBART, Pablo Amat (orgs.). *Tratado de derecho agrario*. Madrid: Wolthers Kluer, 2017.

SILVA, Ana Carolina Teixeira. *Contratos de Arrendamento e Parceria*. Trabalho de conclusão de curso (Técnico em agronegócio), Instituto Federal de São Paulo, Campus Barretos, 2017.

SMITH, Adam. *A riqueza das nações*: investigação sobre sua natureza e suas causas. São Paulo: Abril Cultural, 1996.

SODERO, Fernando Pereira. *Direito Agrário e Reforma Agrária*. 2. ed. Florianópolis: OAB/SC, 2006.

SOUZA, Eduardo Nunes de. *Teoria Geral das Invalidades do Negócio Jurídico*. São Paulo: Almedina, 2017.

STAJN, Rachel. *Teoria Jurídica da Empresa*. São Paulo: Atlas, 2004.

STEFANINI, Luiz. Principiologia do Direito Agrário. In: GRECHI, Frederico Price; ALMEIDA, Maria Cecília Ladeira de (coords.). *Direito agrário*: homenagem a Octavio Mello Alvarenga. Rio de Janeiro: LMJ Mundo Jurídico, 2016.

TRENTINI, Flávia; DARIO, Bruno Baltieri. Contrato de fornecimento de cana-de-açúcar: a importância, classificação e implicações jurídicas. In: CASTRO, Rogério Alessandre de Oliveira (org.). *O contrato de fornecimento de cana-de-açúcar*. São Paulo: Atlas, 2014.

VEIGA FILHO, Alceu de Arruda. Quando Reformar um Canavial?, Disponível em http://www.iea.sp.gov.br/out/TerTexto.php?codTexto=110. Acesso em 04 ago. 2020.

WILLIAMSON, Oliver E. *The Mechanisms of Governance*. New York: Oxford University Press, 1996.

ZANETTE, Antonio. *Contrato agrário*: novos paradigmas do arrendamento e da parceria rural. Porto Alegre: Livraria do Advogado, 2019.

ZANETTI, Cristiano de Sousa. *A conservação dos contratos nulos por defeito de forma*. São Paulo: Quartier Latin, 2013.

ZAPATERO, Guillermo G. Ruiz. *Simulacion Negocial y Delito Fiscal*: Comentario a las sentencias del Tribunal Supremo de 15 de julio de 2002 y 30 de abril de 2003. Navarra: Aranzadi, 2004.

ZELEDÓN, Ricardo Zeledón. *Sistemática del Derecho Agrario*. Mexico: Porrúa, 2002.

ZIBETTI, Darcy Walmor; QUERUBINI, Albenir. O Direito Agrário brasileiro e sua relação com o agronegócio. *Direito e Democracia*: Revista de Divulgação Científica e Cultural do Isulpar. Vol. 1, n. 1, jun./2016, disponível em: http://www.isulpar.edu.br/revista/file/130-o-direito-agrario-brasileiro-e-a-sua-relacao-com-o-agronegocio.html. Acesso em 10 fev. 2021.

Decisões de tribunais judiciais e administrativos

BRASIL. Superior Tribunal de Justiça. Recurso Especial 1336293/RS, Rel. Ministro João Otávio de Noronha, Terceira Turma, julgado em 24/05/2016, *DJe* 01/06/2016.

BRASIL. Superior Tribunal de Justiça. Recurso Ordinário em Mandado de Segurança 848/CE. Rel. Min. Garcia Vieira; rel. para o acórdão Min. Demócrito Reinaldo. Primeira Turma, julgado em 11/12/1991; *DJ* 16/3/1992.

BRASIL. Superior Tribunal de Justiça. Recurso Especial 650.728/SC, Rel. Ministro Herman Benjamin, Segunda Turma, julgado em 23/10/2007, DJe 02/12/2009.

BRASIL. Superior Tribunal de Justiça. Recurso Especial 195.177/PR, Rel. Ministro Barros Monteiro. Rel. para o acórdão Ministro Ruy Rosado Aguiar, Quarta Turma, julgado em 03/02/2000. DJ 28/08/2000.

BRASIL. Superior Tribunal de Justiça. AgInt no REsp 1319234/MG, Rel. Ministra Maria Isabel Gallotti, Quarta Turma, julgado em 14/03/2017, DJe 20/03/2017.

BRASIL. Superior Tribunal de Justiça. Recurso Especial 904.810/PR, Rel. Ministro Humberto Gomes de Barros, Terceira Turma, julgado em 15/02/2007, DJ 19/03/2007.

BRASIL. Superior Tribunal de Justiça. Recurso Especial 164.442/MG, Rel. Ministro Luis Felipe Salomão, Quarta Turma, julgado em 21/08/2008, DJe 01/09/2008.

BRASIL. Superior Tribunal de Justiça. Agravo Regimental no Recurso Especial 717.860/RS, Rel. Ministro Ricardo Villas Bôas Cueva, Terceira Turma, julgado em 18/12/2014, DJe 05/02/2015.

BRASIL. Superior Tribunal de Justiça. Recurso Especial 37.867/RS, Rel. Ministro Barros Monteiro, Quarta Turma, julgado em 31/05/1994, DJ 05/09/1994.

BRASIL. Superior Tribunal de Justiça. Recurso Especial 264.805/MG, Rel. Ministro Cesar Asfor Rocha, Quarta Turma, julgado em 21/03/2002, DJ 17/06/200.

BRASIL. Superior Tribunal de Justiça. Recurso Especial 1.339.432/MS, Rel. Ministro Luis Felipe Salomão, Quarta Turma, julgado em 16/04/2013, DJe 23/04/2013.

BRASIL. Superior Tribunal de Justiça. Recurso Especial 22.730/RS, Rel. Ministro Claudio Santos, Terceira Turma, julgado em 16/03/1993, DJ 19/04/1993.

BRASIL. Superior Tribunal de Justiça. Recurso Especial 171.396/SP, Rel. Ministro Waldemar Zveiter, Terceira Turma, julgado em 04/03/1999, DJ 10/05/1999.

BRASIL. Superior Tribunal de Justiça. Recurso Especial 721.231/SP, Rel. Ministro João Otávio De Noronha, Quarta Turma, julgado em 08/04/2008, DJe 28/04/2008.

BRASIL. Superior Tribunal de Justiça. Recurso Especial 144.326/PR, Rel. Ministro Eduardo Ribeiro, Terceira Turma, julgado em 01/06/2000, DJ 21/08/2000.

BRASIL. Superior Tribunal de Justiça. REsp 1.755/PR, Rel. Ministro Sálvio de Figueiredo Teixeira, Quarta Turma, julgado em 06/03/1990, DJ 02/04/1990.

BRASIL. Superior Tribunal de Justiça. Recurso Especial 1.459.668/MG, Rel. Ministro Ricardo Villas Bôas Cueva, Terceira Turma, julgado em 05/12/2017, DJe 18/12/2017.

REFERÊNCIAS

BRASIL. Superior Tribunal de Justiça. Recurso Especial 1.175.438/PR, Rel. Ministro Luis Felipe Salomão, Quarta Turma, julgado em 25/03/2014, *DJe* 05/05/2014.

BRASIL. Superior Tribunal de Justiça. Recurso Especial 23.333/RJ, Rel. Ministro Sálvio de Figueiredo Teixeira, Quarta Turma, julgado em 29/06/1992, *DJ* 10/08/1992.

BRASIL. Superior Tribunal de Justiça. Recurso Especial 72.461/SP, Rel. Ministro Eduardo Ribeiro, Terceira Turma, julgado em 10/06/1997, *DJ* 18/08/1997.

BRASIL. Superior Tribunal de Justiça. Recurso Especial 8.105/SP, Rel. Ministro Fontes de Alencar, Quarta Turma, julgado em 11/12/1995, *DJ* 08/04/1996.

BRASIL. Superior Tribunal de Justiça. Recurso Especial 1182967/RS, Rel. Ministro Luis Felipe Salomão, Quarta Turma, julgado em 09/06/2015, *DJe* 26/06/2015.

BRASIL. Superior Tribunal de Justiça. Recurso Especial 30.229/RS, Rel. Ministro Barros Monteiro, Quarta Turma, julgado em 24/08/1993, *DJ* 11/10/1993.

BRASIL. Superior Tribunal de Justiça. Agravo Regimental no Agravo em Recurso Especial 654.953/SP, Rel. Ministro Moura Ribeiro, Terceira Turma, julgado em 25/08/2015, *DJe* 03/09/2015.

BRASIL. Superior Tribunal de Justiça. Agravo Interno no Agravo em Recurso Especial 1.000.062/TO, Rel. Ministro Ricardo Villas Bôas Cueva, Terceira Turma, julgado em 27/04/2017, *DJe* 04/05/2017.

BRASIL. Superior Tribunal de Justiça. Recurso Especial 1.266.975/MG, Rel. Ministro Ricardo Villas Bôas Cueva, Terceira Turma, julgado em 10/03/2016, *DJe* 28/03/2016.

BRASIL. Superior Tribunal de Justiça. Agravo Interno no Recurso Especial 1.397.715/MT, Rel. Ministro Ricardo Villas Bôas Cueva, Terceira Turma, julgado em 12/09/2017, *DJe* 21/09/2017.

BRASIL. Superior Tribunal de Justiça. Recurso Especial 1.692.763/MT, Rel. Ministro Moura Ribeiro, Rel. p/ Acórdão Ministra Nancy Andrighi, Terceira Turma, julgado em 11/12/2018, *DJe* 19/12/2018.

BRASIL. Superior Tribunal de Justiça. Recurso Especial 231.177/RS, Rel. Ministro Luis Felipe Salomão, Quarta Turma, julgado em 26/08/2008, *DJe* 15/09/2008.

BRASIL. Superior Tribunal de Justiça. Recurso Especial 127.561/SP, Rel. Ministro Barros Monteiro, Quarta Turma, julgado em 03/06/2003, *DJ* 01/09/2003.

BRASIL. Superior Tribunal de Justiça. Recurso Especial 128.542/SP, Rel. Ministro Ruy Rosado de Aguiar, Quarta Turma, julgado em 14/10/1997, *DJ* 09/12/1997.

BRASIL. Superior Tribunal de Justiça. Recurso Especial 80.145/SP, Relator Ministro Carlos Alberto Menezes Direito, Terceira Turma, julgado em 06/05/1997, DJ 30/06/1997.
BRASIL. Superior Tribunal de Justiça. Recurso Especial 1.447.082/TO, Rel. Ministro Paulo de Tarso Sanseverino, Terceira Turma, julgado em 10/05/2016, DJe 13/05/2016.
BRASIL. Superior Tribunal de Justiça. Agravo Interno no Recurso Especial 1.568.933/MS, Rel. Ministro Antonio Carlos Ferreira, Quarta Turma, julgado em 28/09/2020, DJe 01/10/2020.
BRASIL. Superior Tribunal de Justiça. Recurso Especial 1.455.709/SP, Rel. Ministro Ricardo Villas Bôas Cueva, Terceira Turma, julgado em 05/05/2016, DJe 13/05/2016.
BRASIL. Superior Tribunal de Justiça. Recurso Especial 112.144/SP, Rel. Ministro Carlos Alberto Menezes Direito, Terceira Turma, julgado em 24/11/1997, DJ 19/12/1997.
BRASIL. Superior Tribunal de Justiça. Recurso Especial 865.132/SC, Rel. Ministro Raul Araújo, Quarta Turma, julgado em 13/09/2016, DJe 29/09/2016.
BRASIL. Superior Tribunal de Justiça. Súmula 623, Primeira Seção, julgado em 12/12/2018, DJe 17/12/2018.
CARF Conselho Administrativo de Recursos Fiscais. Acórdão: 2401-008.452; Número do Processo: 10183.727756/2017-17; Data de Publicação: 23/10/2020 Contribuinte: Sady Elias Soletti; Relator(a): Rayd Santana Ferreira.
CARF Conselho Administrativo de Recursos Fiscais. Acórdão: 2003-002.640; Número do Processo: 14120.000182/2006-61; Data de Publicação: 20/10/2020; Contribuinte: Neidio Freitas Dias; Relator(a): Não informado.
CARF Conselho Administrativo de Recursos Fiscais. Acórdão: 2402-008.839; Número do Processo: 10820.003495/2007-11; Data de Publicação: 11/2009/2020; Contribuinte: Manoel Olinto Wanderley; Relator: não informado.
CARF Conselho Administrativo de Recursos Fiscais. Acórdão: 2002-001.764; Número do Processo: 12571.720082/2018-54; Data de Publicação: 21/01/2020; Contribuinte: Ricardo de Aguiar Wolter; Relator(a): Thiago Duca Amoni.
CARF Conselho Administrativo de Recursos Fiscais. Acórdão: 2401-007.201; Número do Processo: 15868.720142/2012-14; Data de Publicação: 14/01/2020; Contribuinte: Neuza Frazilli Benes; Relator(a): Jose Luis Hentsch Benjamin Pinheiro.
CARF Conselho Administrativo de Recursos Fiscais. Acórdão: 2401-007.200; Número do Processo: 15868.720141/2012-61; Data de Publicação: 13/01/2020; Contribuinte: Devadir Eduardo Benes; Relator(a): Jose Luis Hentsch Benjamin Pinheiro.

SÃO PAULO (Estado). Tribunal de Justiça do Estado de São Paulo. Apelação Cível 0016080-22.2009.8.26.0132; Relator (a): Clóvis Castelo; Órgão Julgador: 35ª Câmara de Direito Privado; Foro de Catanduva 1ª. Vara Cível; Data do Julgamento: 27/08/2012; Data de Registro: 27/08/2012.

SÃO PAULO (Estado). Tribunal de Justiça do Estado de São Paulo. Apelação Cível 0001325-28.2014.8.26.0484; Relator (a): Sá Moreira de Oliveira; Órgão Julgador: 33ª Câmara de Direito Privado; Foro de Promissão, 2ª Vara Judicial; Data do Julgamento: 18/07/2016; Data de Registro: 18/07/2016.

SÃO PAULO (Estado). Tribunal de Justiça do Estado de São Paulo. Apelação Cível 1000267-02.2017.8.26.0311; Relator (a): Lino Machado; Órgão Julgador: 30ª Câmara de Direito Privado; Foro de Junqueirópolis, Vara Única; Data do Julgamento: 30/10/2019; Data de Registro: 01/11/2019.

SÃO PAULO (Estado). Tribunal de Justiça do Estado de São Paulo. Apelação Cível 1002033-42.2016.8.26.0306; Relator (a): Daise Fajardo Nogueira Jacot; Órgão Julgador: 27ª Câmara de Direito Privado; Foro de José Bonifácio, 1ª Vara; Data do Julgamento: 04/02/2020; Data de Registro: 05/02/2020.

SÃO PAULO (Estado). Tribunal de Justiça do Estado de São Paulo. Apelação Cível 1002534-83.2016.8.26.0568; Relator (a): Claudio Hamilton; Órgão Julgador: 25ª Câmara de Direito Privado; Foro de São João da Boa Vista, 2ª Vara Cível; Data do Julgamento: 30/01/2020.

SÃO PAULO (Estado). Tribunal de Justiça do Estado de São Paulo. Apelação Cível 1034249-04.2017.8.26.0506; Relator (a): Walter Exner; Órgão Julgador: 36ª Câmara de Direito Privado; Foro de Ribeirão Preto, 5ª Vara Cível; Data do Julgamento: 19/11/2020; Data de Registro: 19/11/2020.

SÃO PAULO (Estado). Tribunal de Justiça do Estado de São Paulo. Apelação Cível 1003261-55.2019.8.26.0077; Relator (a): Pedro Baccarat; Órgão Julgador: 36ª Câmara de Direito Privado; Foro de Birigui, 2ª Vara Cível; Data do Julgamento: 10/12/2020; Data de Registro: 11/12/2020.

SÃO PAULO (Estado). Tribunal de Justiça do Estado de São Paulo. Apelação Cível 0010922-38.2011.8.26.0189; Relator (a): Oscild de Lima Júnior; Órgão Julgador: 11ª Câmara de Direito Público; Foro de Fernandópolis, 2ª Vara Cível; Data do Julgamento: 19/02/2019; Data de Registro: 25/02/2019.

SÃO PAULO (Estado). Tribunal de Justiça do Estado de São Paulo. Agravo de Instrumento 2125513-46.2020.8.26.0000; Relator (a): Paola Lorena; Órgão Julgador: 3ª Câmara de Direito Público; Foro de Assis, Vara da Fazenda Pública; Data do Julgamento: 05/07/2020; Data de Registro: 05/07/2020.

PARANÁ (Estado). Tribunal de Justiça do Estado do Paraná. Agravo de Instrumento 1268345-9 Engenheiro Beltrão, 11ª Câmara Cível, Rel. Desembargador Gamaliel Seme Scaff, v.u., julgamento em 08/7/2015, *DJ* 22/7/2015.